봉황의 나라 대륙을 품다

장계황 지음

봉황의 나라 대륙을 품다

초판 1쇄 인쇄 / 2018년 4월 3일
초판 1쇄 발행 / 2018년 4월 10일

지은이 / 장계황

펴낸이 / 한국영토재단
02-575-2698 · 010-5183-3466
ckh0502@naver.com
https://www.facebook.com/redpos

펴낸 곳 / 도서출판 나루터
펴낸 곳 주소 / 서울시 중구 퇴계로 180-15 동화빌딩 4층
펴낸 곳 전화 / 010-9278-8730 · 010-8223-8839

등록 / 2004년 4월 16일(제2-3970호)
정가 / 20,000원

ISBN 978-89-92973-23-6(03340)

＊잘못된 책은 바꿔드립니다.
＊저자와의 협의하에 인지 생략합니다.

영토 축소의 슬픈 역사
그리고
광복과 분단
한·러공생국을 통한
통일까지

鳳凰의 나라 대륙을 품다

지은이 | 장계황 (행정학 박사)

민족에 있어 잠재적 영토관은 미래를 열어가는 중요한 요소이다.

역사에서 우리 영토는 만주, 연해주를 포함한 드넓은 땅이다.
이곳은 우리 선조들의 얼과 문화가 살아 숨 쉬는 곳이다.

역사가 살아 숨 쉬는 고유한 판도는
일본이 간도협약을 통하여 압록과 두만강 북쪽을 청에 내주며
우리는 지금껏 그 선을 대한국토로 인식하고 있다.

따라서 우리 국민 모두는 북방영토를 포함한
대고구려의 판도를 잠재적 영토관으로 인식하여야 한다.

도서출판 나루터   한국역사영토재단

깨달음

_____ 님께

_____ 드림

깨달을 각(覺)자를 형상화한 디자인

공부는 내 인생에 대한 예의이다

머리말

　남북분단의 역사가 점차 고착화 되어가는 시점에 북한의 핵개발로 한반도는 다시 세계 각국으로부터 주목을 받고 있다. 미국과의 전쟁이라도 한판 벌일 듯 연일 말 폭탄을 늘어놓는다. 멀리 미국에서 살고 있는 친구들이 전화를 해서 별 일 없냐고 물어본다. 그러나 우리 사회는 너무나 평온하다. 안보 불감증일까?

　통일은 우리의 소원이다. 어려서부터 '꿈에도 소원은 통일' 이라고 늘 노래하고 외치고 하였다. 과연 통일은 오는 것일까? 그리고 어떻게 해야 통일이 되는 걸까? 지인들 중에 통일 전문가가 참으로 많다. 그러나 손에 잡히는 통일론은 찾아보기 어렵다. 많은 사람들이 통일을 염원하고 주장하고 외치지만 정작 통일의 방법론을 제시 하라면 입을 다문다.

　고작 통일 교육은 북한 체제의 정보를 알려주고, '통일이 되면 좋다' 라는 식의 막연한 말만 늘어놓는다. 통일에 대한 관심이 높아 통일 교육을 매번 받는다는 젊은이와의 대화 속에서 통일 방법론을 제시 해야겠다는 생각을 했다. 통일의 문제는 정치인들의 문제가 아닌 것 같다. 통일론에 대해 나름대로 연구를 해 보았더니 모두 정치적 논리의 통일론이다. 대부분 국가체제의 문제등을 말하곤 하는데 통일까지 실질적인 로드맵이나 방법론이 없다는 것이 문제다.

나는 김대중 전 대통령의 햇볕정책을 신뢰한다. 논리적이나 실제적인 방법론에서 가장 통일에 가까이 갈 수 있는 방법론이라 생각한다. 그러나 국내에서 퍼주기 논란으로 햇볕정책을 함부로 말하기가 그리 쉬운 여건은 아닌 것 같아 씁쓸하다.

햇볕정책의 결과는 이미 나타나고 있다. 대단한 성공인 셈이다. 북한 사회 내부에 '장마당'이 만들어 지고 우리의 문화가 들어가 우리 가요나 드라마가 인기리에 그들의 생활 속으로 들어가 있는 것이다. 그로 말미암아 탈북자가 속출하고 있다. 이 모든 것이 햇볕정책 덕분인 것이다. 앞으로도 햇볕정책 같은 경제적 접근만이 통일을 가져 올 수 있다.

우리사회에 한때 '통일 대박'이라는 웃지 못 할 구호로 통일을 외치고 주장한 적이 있다. 통일은 짝사랑도 아니다. 상대와 함께 하는 가치 있는 일이다.

대한민국 통일론에 대하여 필자는 실질적으로 접근 가능한 방법론을 제시한다. 필자는 영토학자이다. 영토를 중심으로 경제적 접근방법을 제시 하고자 한다.

제1부에서는 영토의 강역 변경사를 정리한 부분으로 자세히 살펴보면 대한국토는 우리 의지와 상관없이 강대국의 이해관계에 따라 영토의 축소를 가져왔다는 것을 알 수 있다. 또한 우리 사회가 잠재적 영토관과 민족사적 생활영토론에 대한 인식 부족으로 미래사회에 대한 준비가 부족하다는 점을 알리고자 한다.

제2부에서는 한반도를 둘러싸고 주도권 전쟁을 치르는 미국과 중국, 그리고 러시아와 일본 등 4대 강국이 벌리고 있는 한반도 정세와 지금 북한 사회 내부의 문제를 자세히 둘러보고자 한다.

제3부은 통일론을 제시하는데 경제에 의한 통일론으로서 한·러공

생국 건립을 통한 통일론에 대한 이론을 제시하고자 한다.

제4부에서는 지금까지 각 정부의 통일정책과 통일을 위한 정부, 학계, 시민단체 등의 기능과 역할 등에 대해서 알아보고 국민들의 염원인 통일 대한민국의 위상을 살펴보고자 한다.

본 연구는 통일 대한민국을 만들어 내기 위한 통일 방법론이다. 정치적으로 분단이 된 한반도를 경제적 개념을 도입해 통일을 이루자는 논리인 것이다. 이미 김대중 전 대통령이 제시 했던 '햇볕정책론' 보다 더 진보된 개념인 '글로벌햇볕정책' 을 통해 북한 사회 내부 시스템 변화에 의한 통일을 주장하는 것이다. '글로벌개성공단' 시스템이라고 보아도 무방하다.

통일은 전 국민의 염원이다. 그러나 말로만 그리고 구호를 외친다고 통일이 오는 것이 아니다. 통일은 전 국민이 실현 가능한 통일정책을 한 방향으로 바라볼 때 가능한 일이다. 통일은 정부가 혼자 할 수 있는 일이 아니다. 정부와 학계 그리고 시민단체가 함께 만들어 갈 때 이루어지는 민족의 대사인 것이다.

연구에 도움을 주신 모든 분들께 감사드리고 코레드플러스 김현숙 대표, 끝까지 필자를 믿어주신 유정암 최보연 님, 이윤지 님께 특히 감사 드린다.

마지막 탈고를 하던 날 부산의 기장 앞바다에 떠오르는 태양을 바라보며 통일을 기원했는데 좋은 기운과 함께 통일을 노래해 본다.

覺永堂 學人
靑島 장계황 / 行政學博士

차 례

제1부 영토의 강역 변경사

제1장 잠재적 영토관

1. 잠재적 영토관이란? ···18
   1) 잠재적 영토관의 정의 ··18
   2) 대한민국 국민들의 잠재적 영토관 ·······················21
2. 외국의 잠재적 영토관 사례 ····································23
   1) 이스라엘 국민의 잠재적 영토관 ···························23
   2) 구소련 해체와 잠재적 영토관 ·······························24
   3) 국가분열론과 분리론 ··26
3. 우리가 가져야 할 잠재적영토관 ·····························34
   1) 문화영토론으로 본 역사적 개념의 우리영토 ········34
   2) 대고려국으로 본 잠재적 영토관 ···························47
   컬럼 '잠재적 영토관'과 북방영토 ······························50
        잠재적 영토관과 포클랜드전쟁 그리고 독도 ······53

제2장 민족사적 생활영토론

1. '민족사적 생활영토론'이란? ····································57
   1) 민족사적 생활영토론 정의 ···································57
   2) 경제영토론 ··58
2. 중국의 차이나타운 성공사례 ·································60
   컬럼 '민족사적 생활영토론'과 아르헨티나의 대한민국 국토 ······63

제3장 영토의 축소역사

1. 국제법에 의한 영토 성립 ·········· 68
   1) 청나라와의 유조변책 ·········· 68
2. 백두산정계비 ·········· 72
   1) 백두산정계비 설치 ·········· 72
   2) 백두산정계비에 의한 영토 축소 ·········· 73
3. 아이훈 조약과 연해주 ·········· 80
   1) 아이훈 조약과 북경조약 ·········· 80
   2) 잃어버린 영토 연해주 ·········· 81
4. 메이지 유신과 대마도 ·········· 83
   1) 메이지 유신 ·········· 83
   2) 대마도와 판적봉환 ·········· 84
5. 간도협약과 북간도 ·········· 87
   1) 을사늑약과 간도협약 ·········· 87
   2) 간도 땅을 전부 잃어버리다 ·········· 104
6. 광복과 남북분단의 역사 ·········· 105
   1) 승전국의 패전국에 대한 분할통치 ·········· 105
   2) 한반도 분할 통치 ·········· 109
7. 샌프란시스코 조약과 독도 문제 ·········· 113
   1) 샌프란시스코 조약이란? ·········· 113
   2) 독도는 분쟁 지역인가? ·········· 115
8. 한국전쟁과 남북분단 ·········· 121
   1) 한국 전쟁 발발 원인 ·········· 121
   2) 한국전쟁 ·········· 122
   3) 남북한의 군사력 증강 ·········· 123

제4장 한국전쟁과 휴전선

1. 휴전선의 의미 ·· 126
   1) 휴전과 휴전협정 ·· 126
   2) 휴전협정 당사자국과 그 지위 ························· 132
2. 국제법과 북한의 붕괴 ······································· 135
   1) 북한 붕괴와 중국의 자동 진주권 ···················· 135
   2) 미국과 중국의 북한 붕괴의 대응전략 ············· 136
   3) 중국 동북공정의 숨은 뜻 ······························· 143

제2부 위기의 한반도

제1장 강대국의 한반도 통일에 대한 시각 ········ 148

1. 미국의 시각 ·· 153
2. 중국의 시각 ·· 155
3. 일본의 시각 ·· 156
4. 러시아의 시각 ··· 157
5. 자강과 균세에 의한 통일전략 ··························· 157

제2장 북한사회의 내부

1. 주체사상과 자력갱생 ·· 159
   1) 주체사상과 자력갱생 ····································· 159
   2) 북한의 핵 포기는 가능한가? ·························· 167
2. 북한의 경제체제 변화 ······································· 168
   1) '장마당'과 '포전담당제' ································· 168
   2) 한류 문화와 탈북인 ······································· 171

제3장 한국사회의 통일운동
  1. 한국 사회의 통일운동······173
  2. 북한의 통일정책······178
  3. 김대중 전 대통령의 햇볕정책 통일대박······179

제3부 한 · 러공생국을 통한 통일론

제1장 러시아의 위기
  1. 크림반도 사태와 러시아의 위기······184
    1) 크림반도 사태······184
    2) 러시아의 영토와 인구문제······187
  2. 팍스 차이나······188
    1) 세계중심 국가 중국 – 팍스 차이나······188
    2) 신 실크로드–일대일로······189
    3) 중국의 동침전략······191

제2장 공생국이란?
  1. 공생국이란?······193
  2. 한 · 러공생국 제안의 탄생 배경······195
    1) 러시아의 인구 동태학적 문제 대두······195
    2) 중국인의 시베리아 진출······197

제3장 한·러공생국 이유

1. 역사학자 블라디미르 수빈 · 203
2. 왜 한·러공생국인가? · 206
   1) 러시아가 공생국 파트너로 한국을 선택한 이유 · 207
   2) 한·러공생국 건설에 따른 영향과 일·러공생국 제안 · 217
3. 한·러공생국을 위한 제2의 코리아선언 필요성 · 219
   1) 코리아 선언 · 219
   2) 제2의 코리아 선언 · 220

제4장 문재인 정부의 북방정책

1. 9-브릿지 정책 · 226
   컬럼 한·러공생국과 나인브릿지 · 230

제4부 통일 대한민국

제1장 경제통일론

1. 한국사회의 통일론 · 242
   1) 김대중 대통령의 통일정책 · 242
   2) 노무현 정부의 통일정책 · 253
   3) 비핵개방 3000 및 남북 신뢰프로세스 · 254
2. 한·러공생국 건립을 통한 경제통일 · 256
   1) 정치적 분단인 한반도-정치적 통일의 한계 · 256
   2) 경제적 통일론 · 257
   3) 공생국 이익 배분구조와 북한지원 · 258
3. 경제통일론에 의한 북한 내부 변화론 · 261

제2장 한·러공생국 건립을 위한 역할과 기능
   1. 학계의 역할과 기능 ···263
   2. 정부의 역할과 기능 ···264
   3. 시민단체의 역할과 기능 ···266

제3장 통일대한민국의 위상
   1. 2050년 G2국가 위상론 ··268

鳳凰의 나라

대륙을 품다

1

영토의 강역 변경사

제1장 　　　　　　　　　　　　　　　잠재적 영토관

1. 잠재적 영토관이란?

1) 잠재적 영토관의 정의

'잠재의식'(潛在意識 Subconsciousness)이라는 말이 있다. 잠재의식의 잠재는 겉으로 드러나지 않고 숨겨져 있거나 잠겨 있는 것이다. 잠재의식은 의식조차 접근할 수 없는 정신의 영역으로 의식 세계에 존재하는 개인에게도 자각되지 않은 채 활동하고 있다고 추정되는 정신 세계이다. 현실에서 자아는 인식할 수 있는 표상에 대해 의식적이라고 부른다. 반면, 의식의 잠재적인 표상에 대해서 인식하지 못하지만 그럼에도 존재한다는 증거나 징후를 근거로 무의식적 세계를 설정한다. 이 세계에 잠재의식이 존재한다.[1]

영토는 국가를 구성하는 가장 중요한 요소 중에 하나이다. 학자에 따라서는 영토가 곧 국가라고 주장하는 설도 있다. 국가를 구성하는 3

---

[1] 지그문트 프로이트, 『무의식에 관하여』, 윤희기 역, 열린책들, 1997년

대 요소로는 국민과 국토와 주권이다. 다른 말로 표현하면 국민을 관리하는 것은 호적이요, 국토를 관리하는 것은 지적이다. 그래서 호적과 지적을 판적이라고 한다. 영토란 국가의 법이 정하는 국토의 범위 중에서 주권이 미치는 영역을 의미한다. 또한 영토를 기준으로 하여 바다가 경계의 기선을 중심으로 12해리 까지를 영해라고 하며 영토의 범위에서 대기권 까지를 영공이라고 한다. 영토와 영해 그리고 영공은 국제법적으로 규정되어 있으며 국제법에 의해 보호를 받는다.

국토와 영토에 대하여 많은 국민들이 혼돈하거나 같은 의미로 받아들이는데 다르다. 국토는 헌법에 의하여 규정되어진 나라의 땅을 말한다. 우리의 헌법에도 국토를 규정하고 있는데 헌법 제3조에는 "대한민국 영토는 한반도와 그 부속도서로 한다."라고 언급되고 있다. 여기서 말하는 한반도는 뒤에 따로 규정 하겠지만 우리 국민들이 인식하고 있는 범위는 압록강과 두만강을 기준으로 하고 있다. 헌법 제3조 규정에 의하여 북한의 토지도 우리의 영토로 규정하고 있다. 영토의 정의에서는 주권이 미치는 곳을 영토라고 규정 했는데 사실 북한토지는 우리의 주권이 미치지 않는다. 엄밀하게 말하면 북한토지는 국토이다. 지금 대한민국 영토는 우리의 주권이 미치는 휴전선 이남이다.

한 국가의 국토는 국가나 정부가 영유권을 주장하고 인정할 때 성립이 된다. 예를 들어 무인도를 개인이 선점 했다고 하여 개인이 소속한 국가에 무인도가 저절로 귀속되는 것은 아니다. 그 개인이 소속된 국가에서 영유권을 인정 할 때 지적에 등록하고 영토가 되는 것이다. 따라서 한국인이 대마도를 찾겠다고 대마도 전체를 사 들여도 대마도는 한국의 영토가 될 수 없다. 이미 일본이 영유권을 확보 하고 있는 상태이고 한국은 그 지역에 대해 특별히 영유권을 주장하지 않기 때문에 개별 국적의 개인이 소유권을 전부 확보해 영토는 될 수가 없는 것이다. 영유권은 반드시 국가나 정부가 선언을 해야 성립되기 때문에 일본은 독도에 대해 국가차원에서 영유권을 선언해 분쟁지역화를 만들려고 하는 것이다.

따라서 국가가 법으로 정한 국토와 실질적으로 주권이 미치는 영토는 다르다. 그러나 국민들이 느끼는 역사적 사실에 입각한 국가의 영토가 있다. 국제법적으로 영토는 법에 의해 규정 하나 역사에 나오는 과거의 영토는 역사의 기록에서 존재하고 있어 때로는 국가 간 분쟁이 되기도 한다. 우리도 국제법적으로 이의를 제기 할 수 있는 영토가 북방영토인 간도와 일본이 점유하고 있는 대마도이다. 간도와 대마도는 역사적 관점에서 보면 우리의 영토이다. 다만 이 영토에 대해 국가인 대한민국 정부에서 영유권을 주장 하고 있지 않기 때문에 분쟁지역이 아닌 것이다. 그러나 대부분의 국민들은 이 지역을 우리의 영토로 인식하고 있으며 지금도 일부 학자들과 시민운동가들이 영토를 회복하기 위한 노력을 하고 있다. 지금 언급한 간도와 대마도는 국제법적으로 이의를 제기 하여 이길 수 있는 여건을 갖추고 있다는 것인데, 그 이전에 역사에서만 존재하는 영토가 있다. 우리가 알고 있는 고구려의 영토나 고조선 시대의 영토를 말한다. 그러나 이런 역사속의 영토는 사실상 국제법적으로 인정받기 어렵다. 적어도 국제법적으로 영토로 인정을 받기 위해서는 문화영토론으로 접근하면 우리의 선조들이 살았던 흔적이 명확히 나오고 그 시대에 인접 국가와 국가 간의 조약이나 협약 등에 의하여 경계를 선으로 명확히 언급 했을 때 가능 하다. 우리나라의 경우 국가 간 국경을 명확히 한 것은 청나라와 정묘호란 때 맺은 강도회맹이 최초이다. 이 선을 유조변책 선이라 하는데 최초의 국가 간 조약에 의한 국경이다.

잠재적 영토관이란 '전 국민들이 잠재적으로 알고 있고, 또 인식하고 있는 영토의 범위'를 말한다. 국민들이 현재 주권이 미치는 영역을 우리의 땅으로 인식 할 수도 있고 헌법에 규정된 한반도를 우리의 땅으로 인식 할 수도 있다. 간도나 대마도를 우리의 땅에 포함해 우리의 땅으로 인식 할 수 있다. 과연 우리 국민들의 잠재의식 속에는 어느 범주까지를 우리의 영토로 인식하고 있을까?

2) 대한민국 국민들의 잠재적 영토관

독자 여러분들도 지금 이 글을 읽으면서 머릿속으로 우리나라 지도를 그려보기 바란다. 대부분의 독자들은 내가 예상 했던 지도를 머릿속으로 그렸으리라 생각한다. 왜냐면 우리 국민들의 잠재적 영토관은 모두 비슷하기 때문이다. 지금 당신이 머릿속으로 그린 지도가 바로 우리 국민들의 잠재적 영토관인 것이다.

우리 국민들 대부분은 간도협약선이라고 하는 식민사관에 교육 되어진 압록강과 두만강을 경계로 하는 한반도를 잠재적 영토관으로 갖고 있다. 언제부터 누가 어떻게 규정하여 압록강과 두만강을 우리의 영토로 인식을 시켰는가에 대해서는 자료가 없다. 그러나 국민 모두가 압록강과 두만강을 한반도라고 알고 있으며 또 그렇게 인식하고 있어 잠재적 영토관으로 되어 있다.

한반도라는 말은 생성된 지 얼마 되지 않은 신조어이다. 우리는 대륙민족이다 보니 반도라는 인식은 없다. 일본의 섬에서 바라보다 보니 반도라는 개념이 존재 하는 것이고, 일본이 들어오면서 조선반도라고 하여 반도라는 말이 일반 명사화 된 것이다. 한반도라는 용어는 제헌

국회 시절 장병만 의원이 일본에서 우리나라를 조선반라고 불렀으니 지금부터는 '한반도'라고 명명하자고 해서 붙여진 이름이고 오늘날까지 불리고 있는 것이다.

　우리 국민들이 압록강과 두만강을 잠재적 영토관으로 인식 하고 있는 것은 참으로 불행한 일이다. 북방영토도 있고 대마도도 있는데 모든 것을 버리고 압록강과 두만강 선으로 인식이 매몰되어 잠재적 영토관으로 자리 잡고 있다 보니 북방영토나 대마도에 대한 회복운동이 쉽지 않은 것이다. 국민들이 우리 영토로 인식하고 있지 않는 것은 회복해야 할 의지가 없다고 느껴지기 때문이다.

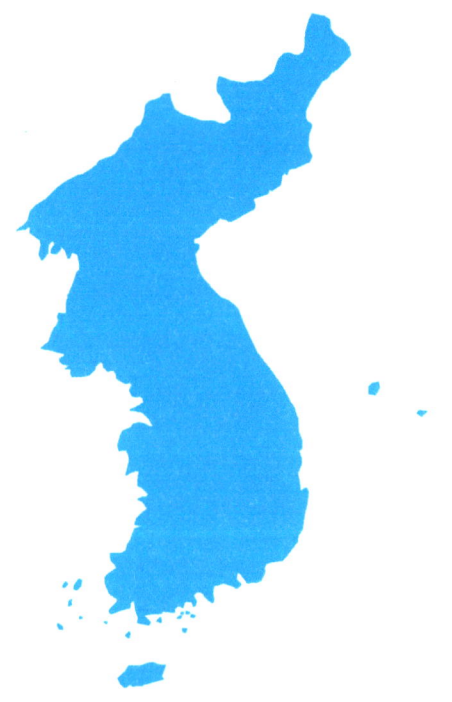

〈잠재적 영토관에 의한 한반도〉

잠재적 영토관이 압록강과 두만강 선으로 고정 된 것은 역사의 흐름에서 찾을 수 있다. 간도 지방은 우리 선조들의 얼과 문화가 깃든 곳인데 일제가 1905년 을사늑약을 통하여 우리의 외교권을 가지고 가 청나라와 간도협약을 맺는 데서부터 출발한다. 일본은 을사늑약을 통해 외교권만 갖고 간다고 했으나 간도 협약을 통해 우리나라의 땅을 팔아먹은 것이다. 말 그대로 사기를 친 것이다. 간도 협약 문제는 뒤에서 다시 자세히 설명하기로 한다. 간도 협약에 의해 압록강과 두만강 이북을 모두 청나라에 주고 우리는 한반도에 갇혀 버린 것이다. 이후 광복이 되면서 다시 남북으로 분단이 되고 휴전을 통해 고착화 되다 보니 압록강과 두만강 이북 지역은 휴전선으로 인해 우리와 더 이상 국경을 마주하지 못하고 지금까지 흘러왔다. 그러다보니 우리 국민들의 인식 속에는 북방영토에 대한 영토의식은 점차 사라지고 헌법 제3조에 나오는 한반도와 그 부속도서에 매몰되어 잠재적 영토관이 정립되어졌다.

2. 외국의 잠재적 영토관 사례

1) 이스라엘 국민의 잠재적 영토관

이스라엘은 여러 가지 측면서 세계를 놀라게 한다. 미국의 경제를 좌지우지하는 민족으로 잘 알려져 있고 창조적 두뇌를 통하여 세계의 경제는 물론 세계의 금융시장까지 장악하고 있다. 그들은 아주 뛰어난 민족으로 우리의 머릿속에 각인돼 있으며 실제로도 세계 각 지역에서 우수성을 나타내고 있다.

이스라엘은 1,800년 만에 나라를 찾은 민족으로 잘 알려져 있다. 유대교를 믿는 이스라엘 민족은 일반 기독교도와는 다르다. 일반 기독교도는 삼위일체설을 중심으로 하나님의 아들인 예수가 세상에 나와 사람을 구원한 것으로 교리가 되어 있는데 성부와 성자와 성신의 삼위일체인 것이다. 그러나 유대교는 아직 구원자가 세상에 오지 않았다. 기독교의 논리대로 하면 예수가 세상에 온 시점을 중심으로 그 이전을 구약의 시대이고 이후를 신약의 시대로 나누는데 유대인들은 구원자가 오지 않았기 때문에 구약성경만 믿고 있다. 이 구약성경이 바로 유대인들의 역사이다.

　　유대인들은 비록 과거 선조들이 나라를 잃고 세계를 떠돌아다니는 민족으로 구심점이 없는 듯했으나 그들은 구약이라는 그들의 역사를 믿고 있었다. 잠시도 잊지 않고 있었기 때문에 젖과 꿀이 흐르는 가나안 땅으로 항상 돌아간다는 잠재적 영토의식을 갖고 있었다. 그렇기 때문에 그들은 세계 각지에서 1,800년간 떠돌이 생활을 했지만 다시 나라를 찾을 수 있었고 지금은 세계를 호령하는 선진국 대열에 오른 것이다.

2) 구소련 해체와 잠재적 영토관

　　냉전시대를 마감시킨 구소련의 해체는 시사 하는 바가 크다. 구소련은 15개의 공화국이 연방으로 있다가 고르바초프의 개혁에 대한 불안을 느끼는 구소련 지도자들이 고르바초프가 휴가를 간 사이에 쿠데타를 일으키고 '고르바초프는 병에 걸려 부통령에게 모든 것을 위임했다.'라고 주장했지만 그 누구도 믿지 않았고 결국 쿠데타는 실패로 돌아갔다.

이런 과정 중에서 15개 연방 중 가장 힘이 센 러시아 공화국의 옐친 대통령이 자산을 모두 러시아 공화국으로 몰수 하고 "우리는 공산주의 시절로 돌아가지 않을 것입니다!"라고 외치면서 국민들을 설득하여 국가 비상사태위원회가 주도하는 쿠데타를 무력화 시킨 것이다.

소련이 해체되자 독립한 러시아, 우크라이나, 키르기스스탄 등 11개 공화국이 러시아를 중심으로 독립 국가 연합을 이루었다. 결국 아무도 협조하지 않은 쿠데타는 실패했다. 고르바초프는 곧 풀려났으며 쿠데타 세력 중 한 명은 스스로 목숨을 끊고, 일곱 명은 체포됐다. 모스크바로 돌아온 고르바초프도 공산당 서기장 자리에서 물러났다. 옐친은 쿠데타를 틈타 소련 공산당의 재산을 모두 러시아 공화국 소유로 만들었고 사실상 국가의 권력을 손안에 넣었다. 그리고 얼마 후, 옐친은 15개 공화국으로 이루어졌던 소련을 해체하고 그러면서 11개 공화국이 다시 모여 독립 국가 연합(CIS)을 세웠다고 발표했다.

이념적 자산을 통해 연방을 이루고 있으면서 법치적 개념으로 하나가 되어 국가로서 성립하여 유지됐으나 문제가 발생 되면서 모두가 민족을 중심으로 독립을 하고자 한다. 국가 이전의 그들 민족에게는 잠재적 영토관이 뿌리 내리고 있었기 때문이다. 국가 분열론과 분리론에 의해 자연스럽게 만들어진 구소련 해체이지만 그 이념에서 민족이 갖는 잠재적 역사를 중심으로 한 영토관이 자리 잡고 있었기 때문에 가능했던 일이다.

최근 들어서도 러시아 내부의 시베리아의 벌판에 있는 여러 민족들이 러시아로부터 분리 독립의 움직임을 보이고 있다. 이것은 단순한 정치 행위가 아니라 민족을 중심으로 한 고유한 역사를 갖고 있기 때문에 역사 인식을 통한 잠재적 영토관을 중심으로 독립을 생각하는 것이다.

3) 국가분열론과 분리론

국가 분열은 종교적 문제, 인종 간의 갈등요인, 빈부격차 등의 이유 때문에 법의로 얽혀있는 국가단위가 자연적으로 분열이 되는 현상을 말한다. 이렇게 어느 한 국가가 분열되면, 주변국의 영토 취득에 영향을 줄 수 있으며, 새로운 국가의 탄생 및 인접 국가들 사이의 연합종횡 등으로 영토가 변화를 가져올 수 있는 것이다.

이는 새로운 현상이 아니다. 1980년대 말 냉전체제 이후 미국과 구소련이 지배하던 양극화 체제가 붕괴되고 팍스 아메리카라는 명목 하에 미국의 패권주의가 시작됐다. 냉전체제 붕괴 이후 구소련은 분할되고 동유럽 국가들이 폴란드, 체코, 슬로바키아, 헝가리 등의 자립적 국가로 태어나게 됐다.

15개의 자치국으로 구성[2] 됐던 구소련은 러시아를 제외하고 14개국이 독립을 해서 1991년 말 독립국가연합(Commonwealth of Independent States : CIS)으로 나타났다. 러시아는 핵심국가로 독립을 하고, 여타 국가와 느슨한 형태로 연결됐다. 이들 국가는 지역적 특수성에 따라 발트 3개국(라트비아 · 리투아니아 · 에스토니아), 슬라브 3개국(벨로

---

[2] 러시아, 우크라이나, 백러시아, 카자흐, 우즈베크, 투르크멘, 키르기스, 타지크, 몰도바, 그루지아, 아르메니아, 아제르바이잔, 라트비아, 리투아니아, 에스토니아.

루시, 몰도바, 우크라이나), 코카서스 3개국(조지아, 아르메니아, 아제르바이잔), 중앙아시아 5개국(키르기스스탄, 카자흐스탄, 우즈베키스탄, 타지크스탄, 투르크메니스탄)으로 나누어져 분할의 절정을 이루고 있다. 모두가 민족 단위이다.

  중국은 광활한 대륙이다. 이 넓은 대륙에 한족 외 55개 민족이 살고 있다. 역사적으로 보아도 다수의 민족을 완전 통일하기란 불가능에 가까운 일이었다. 현재의 중국 국기의 모양이 붉은 바탕에 큰 별이 하나 있고 그 주위에 작은 네 개의 별이 모여 있듯이 중국은 느슨한 통일 상태에 있다.[3]

  1986년 고르바초프는 외몽고(몽고인민공화국)에서 소련군을 철수시켰다. 그리고 외몽고에 지금까지 금지 해 왔던 라마교의 사원(티베트계의 불교로 몽골인 원래의 종교)을 복원시키고, 라마승을 양성하기 위한 학교를 세웠으며, 라마교의 전통행사를 부활시켰다. 이것은 몽고 사람들의 민족의식을 살리려는 것이 목적이었다. 고르바초프는 몽고인들이 쉽게 뭉치는 민족이라는 것을 역사를 통해 알고 있었다. 그는 몽고인들의 민족의식을 고양시킴으로써, 이것을 중국 각지에 흩어져 살고 있는 소수민족의 대 북경정부 이반운동(離反運動)으로 연결하는 하나의 도화선으로 사용했다.[4]

  원나라는 몽고가 중국에 세운 나라였다. 그러나 중국의 내셔널리즘

---

3) 이충웅, 1997, 한반도에 氣가 모이고 있다, 서울: 집문당, 73.
4) 상게서: 74-75.

은 내몽고에서 몽고어의 학습을 금지해 왔다. 만주에서는 만주어를, 티베트에서는 티베트어의 학습을 금지해 왔다. 이와 같은 북경 정부의 말할 수 없는 주변민족에 대한 탄압은 폴리센트리즘(Polycentrism),[5] 즉 반중화사상(反中華思想)에 의해 지금은 불가능하게 됐다.

내몽고 이외에 분리·독립 요구를 부르짖고 있는 곳으로는 티베트, 신장위구르의 두 자치구가 있다.

티베트는 1912년 청나라가 멸망한 이후 티베트의 13대 달라이 라마는 중화민국으로부터 완전한 독립을 선언한다. 하지만 중화민국은 이를 인정하지 않았다. 그에 따라 1913년 몽골과 양측이 독립 국가로 국제적인 승인을 받기 위해 협력한다는 내용으로 몽장 조약을 체결했다. 티베트의 독립선언 이후에 중국국민당 등의 중화민국의 역대정권과 군사적인 긴장상태가 유지됐다. 티베트 달라이 라마 정부의 실효적 지배 영역 내에서는 어떠한 중국의 기관도 설치가 승인되지 않았다. 그리고 1918년과 1930년에는 티베트 영내로 침입한 중국 군대를 격퇴하는 등 사실상 독립국으로서의 지위를 향유했다. 1940년 달라이 라마

---

[5] '다중심주의(多中心主義)' 또는 '다극주의(多極主義)'라고 번역한다. 제2차 세계대전 후 국제 공산주의 운동이 소련을 중심으로 동유럽 제국 및 중국 등을 포함하여 한덩어리로 단결을 과시하고 있었던 데 대하여, 1960년대 들어서면서 각국의 공산당이 제각기 독자적으로 운동을 전개하게 된 경향을 가르키는 말이다. 그 밑바닥에는 소련의 국력이 다른 사회주의 제국에 대해서 압도적으로 우월했던 것이 동유럽 제국과 중공의 국력의 향상으로 말미암아 시정되었다는 것, 소련에서의 비(非)스탈린화와 다른 여러 나라들의 민족적 자각이 크게 일어났다는 것 등에 있다. 이 경향은 이미 유고슬라비아 문제, 폴란드의 포즈난 사건, 헝가리사건 등에 나타나 있었는데, 1960년대의 중·소 논쟁에 이르러 결정적 계기가 되었다. 1970년대에 들어서자, 서유럽 여러 나라 공산당의 '모스크바 이탈'이 뚜렷이 눈에 띄기 시작하였다. 두산백과사전, http://terms.naver.com/entry.nhn?docId=1170400&mobile&categoryId=200000223

14세의 즉위식에 참석한 중화민국은 행정원몽장위원회 사절단을 파견했다. 그러나 의식 후에도 귀국하지 않았고 1948년에 강제로 퇴거되기까지 '중화민국 행정원 몽장위원회 주 티베트 대표처' 라는 이름으로 라싸에 계속 머물렀다. 제2차세계대전 중에는 연합군의 일원이 되었고, 영국령 인도로부터 이주해 온 영국군에 의해 걍세, 라싸와 카무 지방 각지에 통신기지가 건설됐다.

청나라의 멸망 이후, 중화민국의 역대정권은 독립국으로서 존재한 티베트를 중국의 일부라고 주장했다. 그러나 북경정권의 시대에는 군벌의 혼전, 남경국민정부 시대에는 대일전쟁 등으로 독립을 주장하는 티베트에 대하여 군사적 침략은 하지 못했다. 1949년 중화인민공화국이 건국되고, 이때 중국은 티베트와 타이완을 포함한 중국의 옛 영토를 회복하겠다고 발표한다. 1950년 10월 중국 인민해방군은 티베트를 침공해 점령했다. 그러나 중국은 티베트의 평화적인 해방이라는 모양새를 갖추기 위해서 1951년 5월 23일 티베트와 십칠조협의를 체결하여 강제 합병했다. 이로써 티베트는 최초로 중국의 지배를 받게 됐다. 이후 많은 티베트인들이 정치적인 이유 또는 탄압을 피해 인도로 망명했다.[6]

중국 영토의 약 10%를 차지하는 광활한 신장 위구르 자치구는 이슬람국가로의 분리독립을 추구하고 있는 지역이다. 중국의 성(省)들 가운데 면적이 가장 넓다. 동서 길이 약 2000㎞, 남북의 폭 1,600㎞로

---

[6] 위키백과사전 티베트의 역사 참조, http://ko.wikipedia.org/wiki/%ED%8B%B0%EB%B2%A0%ED%8A%B8%EC%9D%98_%EC%97%AD%EC%82%AC.

몽골, 러시아, 카자흐, 키르키스, 타지크, 아프간, 파키스탄, 인도 8개 국과 5,600㎞의 국경을 접하고 있는 중국의 전략 요충지다.

이슬람교가 신장자치구에 전파되기 시작한 것은 10세기경이다. 13세기에는 칭기즈칸에게 정복당했다. 1884년 청의 건륭제에 의해 신장(新疆, 새로운 영토)강으로 명명되고 다시 중국의 지배에 들어가게 됐다. 그러나 지리적으로 멀리 떨어져 있어 현지의 반군벌에 의해서 지배가 되어 오다가 1949년 중국 인민 해방군이 주도인 우루무치에 진주를 하면서 실질적인 중국령으로 성립이 됐다. 그리고 7년 후인 1955년 10월 1일에 자치구로 성립이 됐다. 지속적으로 분리독립운동을 벌이고 있는 신장위구르는 18세기 청 왕조가 군대를 파견해 위구르인들의 독립운동을 진압한 이래 반중(反中) 정서가 뿌리 깊은 지역이다.

현재 위구르에는 동투르키스탄 망명정부, UNRF(연합민족혁명전선), 동투르키스탄 이슬람 당을 중심으로 분리·독립 운동을 펼치고 있다. 이들 중 일부는 소규모 테러를 감행함으로써 중국정부를 자극해 왔다. 1994년부터 베이징(北京) 등 대도시에서 발생한 일련의 버스 폭발물 테러 사건은 신장위구르 분리주의자들의 소행인 것으로 알려졌다.[7]

외몽고와 내몽고가 통일이 되고, 티베트와 신장위구르 자치구가 분리 독립이 되면 소비에트 연방이 해체됐던 것과 같이 중화인민공화국이 해체될 수도 있을 것이다. 이미 독립국의 양상을 드러내고 있는 광동성은 홍콩-마카오-광동성의 단일 경제권을 추진하고 있다.[8] 그리고 소수민족을 다수 포함하고 있는 사천성도 북경으로부터 분리, 성내(省

---

7) 두산백과사전 신장(新疆) 위구르 참조. http://terms.naver.com/entry.nhn?docId=69813&mobile&category Id=520.
8) 대한무역투자진흥공사, 2008, 홍콩-마카오-광동성 단일경제권 추진 연구보고서 참조.

內)에서 각 소수민족이 각각 국가를 형성, 분산될 가능성도 배제할 수 없을 것이다.[9]

이와 같은 민족단위별 국가의 분열(또는 해체)은 중세·근대에서 일어났었던 역사적 현상일 뿐만 아니다. 1980년대 말 소비에트 연방의 분열과 1993년 체코슬로바키아의 체코와 슬로바키아 공화국으로의 분열 등 현대에도 일어나고 있는 현실인 것이다. 따라서 이런 국가의 분열이 있을 경우 독립국으로서 영토를 취득할 수도 있고, 분열된 민족이 주변의 다른 국가와 합병되어 영토를 확장시킬 수도 있을 것이다.

① 국가분열

국가 분열(國家分裂, dismemberment of a state)은 단일국가가 두 개 이상의 국가로 나누어지는 것을 말한다. 국제법상으로 볼 때 단일국가는 분열과 함께 소멸되는 것을 말한다. 1905년 스웨덴 노르웨이 왕국이 분열됐다. 1918년에 헝가리 오스트리아 제국이 분열하여 오스트리아·헝가리·체코슬로바키아로 분열이 됐다. 분열 후 나머지 영토가 폴란드·루마니아·유고슬라비아에 할양(割讓)된 일이 있다. 국가의 상속문제는 거의 병합(倂合)에 준하여 취급된다. 실제 속지적(屬地的) 권리 의무는 그 지역을, 옛 국가의 자산상의 권리 의무는 그 소재하는 지역을 각각 자기의 영토로 하는 새 국가가 상속한다.[10]

---

9) 이충웅, 전게서: 81.
10) http://terms.naver.com/entry.nhn?cid=200000000&docId=1066712&mobile
&categoryId=200000258(2013.5.30 (검색일 2013.6.8)

국가의 분열은 하나의 국가가 소멸하고 그 영토 위에 둘 이상의 새로운 국가가 수립되면 구국가의 영토위에 수립된 국가 중 어느 국가도 구국가와의 일체성을 부인해야 한다.[11] 국가의 분열은 사실상 전체 영토가 소멸되는 경우로 복수의 국가단위 영역이 합쳐져서 하나의 국가영역으로 새로이 구성하는 국가 통합의 경우다. 반대로 하나의 국가영역이 복수의 신생국가 영역으로 분할되는 국가분열의 경우, 하나의 국가 영역 전부가 기존 타 국가의 국가영역에 흡수되는 흡수통일의 경우가 있다.[12]

② 국가분리

국가분열과 같은 개념으로 국가분리(國家分離)가 있다. 종교 간의 갈등으로 분리 독립한 인도와 파키스탄, 스리랑카와 같이 단위국가의 영토 일부가 분리되어 신생의 새로운 국가를 형성하는 것을 말한다. 이때 분리된 영토의 국민은 신국가의 국적을 갖는 게 원칙이며, 따라서 당연히 신국가는 분리된 영토의 권리 · 의무를 승계 받게 된다. 한 국가가 분리되어 여러 국가가 새로이 성립되어 분열된 구국가는 사실상 소멸되기 때문에 국제법주체성(國際法主體性)을 상실하는 국가분열과는 완전한 차이가 있다.

국가분리는 영토의 일부가 소멸 및 증대의 경우로는 영토가 부분적으로 분리되어 새로운 국가를 수립하는 국가 분리의 경우나, 다른 국

---

11) 신용호, 2007, 남 · 북한 특수관계론의 법적 성격, 비교법학, 7집: 83.
12) 상게서, 70.

가 영토의 전부 또는 일부를 흡수 통합해 영토가 증대되는 경우, 영토가 부분적으로 분리되어 다른 나라에 흡수 통합되는 경우, 영토 전부가 소멸에 해당되지 않기 때문에 국가의 소멸은 없이 국가의 국제법적 법인격의 동일성은 그대로 유지된다. 이 경우 국가의 영토주권 적용범위의 변경이 일어날 뿐이다.[13]

국가의 내부적 환경변화에 의한 분열과 분리에 의한 신생독립국 탄생은 종교적 문제, 인종 간의 갈등요인, 빈부격차 등의 이유로 얽혀 있는 국가단위가 자연적으로 분열되는 현상을 말한다. 이렇게 하여 어느 한 국가가 분열하게 되면, 주변국의 영토에 영향을 줄 수 있다. 이는 새로운 신생국가의 탄생 및 인접 국가들 사이의 영토에 대한 연합종횡 등으로 영토의 범위에 대해 많은 변화를 가져올 수 있는 것이다.

국가의 분리는 일국의 영토 일부가 분리되어 새로운 국가를 이루나 기존의 국가는 국가로서의 존립을 유지하는 경우를 말하는 반면, 분열은 하나의 국가가 두 개 이상의 국가로 분열하여 완전히 분리 독립하고, 기존국은 국가로서의 존립을 상실한다는 점에서 차이가 있다.

---

13) 상게서, 70.

3. 우리가 가져야 할 잠재적영토관

1) 문화영토론으로 본 역사적 개념의 우리영토

고대 상고시대에는 국가 간의 경계가 공간의 개념으로 정립되어 있었다. 고조선 시대나 이후 고려시대 까지도 국가 간의 경계가 선으로 국가 간 조약이나 협약에 의하여 제정된 것은 없고 통치의 범위 까지를 국경으로 하고 있으며 이는 각국의 문서나 지도로 나타나 있다.

그러나 통치를 넘어 실질적으로 그 민족이 거점으로 하여 생활한 곳은 사실 그 민족의 영토이다. 이것을 문화영토라고 하는데 문화의 주인이 영토의 주인인 셈이다. 우리나라 국호를 KOREA라고 하는 것도 고구려를 그대로 영문표기 한 것이고 중국을 CHINA라고 하는 것도 중국의 진나라를 '지나' 라고 하여 영문 표기한 것이다. 문화생활권역에서 삶을 유지한 영토가 그 민족의 영토인 것이다.

그런 측면서 본다면 우리의 상고시대 영토는 어디까지였을까? 이것을 규명하는 데는 문헌적 접근으로부터 문화영토론접근까지 다양하게 연구 검토 할 수 있다. 이 장에서는 문헌적 사료를 중심으로 한 영토의 개념은 이미 다양하게 소개가 됐기 때문에 문화영토론을 중심으로 살펴보고자 한다.

문화영토론으로 우리의 영토를 본다는 것은 선조들의 삶의 흔적으로 보는 것이다. 이는 고유한 우리의 문화가 분포된 흔적을 찾으면 우리의 영토인 것이다. 다시 말해 음식문화, 의복문화, 장례문화, 무기문화, 주거문화 등이 타 민족과 다를 경우 우리 민족의 분화 분포를 보면 우리 선조들의 문화영토인 셈이다. 이것이 그 시대에 우리영토인 것이다.

(1) 주거문화

중국과 일본과 한국은 같은 동양 문화권이지만 주거문화는 다르다. 주거문화에서 가장 큰 차이점이 있는 것은 좌식문화와 입식문화인데 중국은 입식문화이고 우리는 좌식문화이다. 현재 간도 지역의 주거는 대부분 좌식문화이다. 이는 난방의 방식에 의하여 문화가 만들어 지기 때문이다.

우리나라는 이미 기원전인 고조선 이전부터 요하문명권에의 온돌문화가 만들어 져 한반도 전체가 난방방식으로 사용이 되어 왔다. 이런 온돌 문화는 중국의 한족에는 없는 문화로써 우리나라만 채택하고 있는 난방 방식이다. 이런 온돌문화로 인하여 좌식문화가 만들어 진 것이다.

현재는 중국 전역이 현대화 과정을 거치면서 주택의 구조가 서구식으로 변했지만 기존의 주택을 분석하여 보면 간도지역의 주택구조는 중국 한족의 주택구조와는 다르다.

요하문명에서는 현재까지 발굴이 된 유물이 약 1,000여점이 되는데 가장 특이한 것은 회로 반죽하여 흙과 함께 만든 아궁이가 약 30여점이 발견 됐다. 이 지역의 방의 난방구조가 중국에서는 볼 수 없고 한반도 내에서만 볼 수 있는 온돌방 구조가 발견이 되어 요하문명 자체가 우리의 문화라는 것이 확인이 됐다. 고조선 이전 시대부터 온돌문화가 만들어져 오늘날 까지 이어져 오고 있는 것으로 분석된다.

온돌은 방바닥에 돌을 깔고, 아궁이에 불을 지펴서 돌(구들)을 달구어 방을 데워 난방하는 구조를 뜻한다. 온돌은 장갱(長坑), 화갱(火坑), 난돌(暖堗), 연돌(烟堗), 구들 등 다양한 이름으로 불리다가, 19세기 이후 온돌이란 이름으로 정착됐다. 온돌은 불을 때는 아궁이, 아궁이에서 나온 열을 전달받은 구들, 그리고 열기가 빨리 빠져 나가는 것을 막는 개자리, 연기가 통하는 연도, 그리고 연기를 배출하는 굴뚝으로 구성된다.

최초의 온돌은 방안 전체를 난방하는 것이 아니라, 방의 일부분에만 구들을 놓고 난방하는 쪽구들이었다. 쪽구들을 처음 만든 사람들은 옥저인으로 알려져 있다. 기원전 4세기~기원후 1세기 시기 연해주 남부의 크로우노프카 문화(옥저 문화)에서 이미 사용했음이 밝혀졌다. 당시의 쪽구들은 1자 혹은 ㄱ자 형태다. 옥저인 들이 쪽구들을 발명한 것은 추운 겨울을 효과적으로 보내기 위함이었을 것이다. 주변의 말갈인 들은 이를 사용하지 않고, 대신 주거지를 땅 깊이 파서 만들었다. 반면 농사를 짓고 정착생활을 한 옥저인들은 쪽구들을 만들어 땅을 깊이 파지 않고도 집을 지을 수 있었다.

〈요하문명 발굴 현장〉

문헌상 온돌에 관한 최초의 기록은 서기 500년 초에 역도원(酈道元)이 쓴 [수경주(水經注)]에 포구수(鮑丘水)란 강물의 수원을 적은 글에서 찾아볼 수 있다. "관계사(觀雞寺)라는 절에는 큰 법당이 있는데, 방바닥을 돌로 고이고 돌 위를 흙칠하여 갱(坑)을 만들어 불을 지펴 방을 덥혔다. 이 지방이 유별나게 춥기 때문에 만들어진 것이다."

그런데 온돌은 중국의 보편적인 난방구조는 아니었다. 관계사가 있던 지금의 베이징 인근 지역은 온돌문화의 서쪽한계라고 할 수 있다. 온돌을 발전시키고, 가장 널리 사용한 나라는 고구려였다. [구당서]에는 고구려에 온돌문화가 있었음을 다음과 같이 기록하고 있다.

"겨울에는 모두 기다란 구들(長坑)을 만들고 그 아래에서 불을 때서 따뜻한 열기로서 난방을 한다."

중국 길림성 집안시에서 발견된 대표적인 고구려 시대 건물 유적인 동대자 유적에서는 벽면을 향해 'ㄱ'자 형태로 된 쪽구들이 출토됐다.

또한 중국 요령성 환인현의 오녀산성에서 발견된 고구려 초기의 온돌 유적이 있다. 군사 주둔지로 추정되는 이곳에서도 'ㄱ'자 형태의 쪽구들이 발견됐다. 고구려 초기 유적에 해당하는 환인시 오녀산성에서는 쪽구들을 설치한 주거지가 다수 발견된 바 있다. 또 씨름무덤(각저총) 벽화에서도 쪽구들로 난방을 한 흔적을 엿볼 수가 있다. 아울러 아차산의 고구려 군사유적지에서도 쪽구들이 다수 발견됐다. 쪽구들은 고구려의 대표적인 난방문화로 알려져 있지만, 쪽구들을 사용한 흔적은 더 광범위한 지역에서 발견된다. 고조선 시대의 유적인 요령성 무순시 연화보 유적을 비롯해 북한 지역에 위치한 영변 세죽리 유적, 무산 호곡동 유적, 백제 지역인 파주 주월리 유적, 서울 풍납토성, 춘천 율문리 유적, 부여 쌍북리 유적, 여수 고락산성 유적에서도 쪽구들

〈발해시대 쪽구들〉

이 발견된 바 있다. 또한 경남 사천의 늑도 유적, 진주 평거동 유적, 함양 화산리 유적 등에서도 발견됐다.

쪽구들은 고구려를 계승한 발해에서도 사용되어, 연해주 추카노프 강 건너 크라스키노 성터에서 온돌 쌍구들이 나왔고, 발해의 수도였던 상경용천부 궁궐 유적에서도 온돌이 발견된 바 있다. 심지어는 바이칼 호 근처의 이볼가 성지(城地), 버러 성지 등 흉노(匈奴)인이 남긴 유적지에서도 대거 발견되기도 했다. 추위를 이기기 위한 난방시설로 쪽구들이 동북아 지역에 널리 분포했던 것이다.

이 온돌문화는 한반도 전역에 나타나는 난방방식이나 한족은 온돌을 사용하지 않았다. 온돌문화가 있는 지역이 우리문화이고 우리 문화 영토이다.

(2) 장례문화

고대 매장문화의 종류는 상식석관묘(上式石棺墓) 혹은 상식목관묘

(上式木棺墓)와 옹관묘(甕棺墓) 그리고 토광묘(土壙墓)를 들 수 있다. 그러나 발굴되는 고대 고분의 양식 중에서 어떤 것이 주를 이루느냐가 그 나라와 민족의 전통방식이라고 할 수 있을 것이다. 이런 논리에 의한다면 우리의 전통적인 매장방식은 상식석관묘 혹은 상식목관묘라고 할 수 있다. 이는 고조선 이래 지금까지 이어져 오는 전통 매장방식이다. 이것이 우리민족이 문화를 누리면서 살던 곳에서 발굴되는 고분의 주를 이루기 때문이다. 그에 반해 일본은 옹관묘(甕棺墓)가 주를 이루고 있다.[14]

우하량 적석총 유적에서 석관묘가 발견됐다. 이들 석관묘는 여러 장의 판석으로 짠 상자모양의 석관과 깬돌을 쌓아 올린 석관이 함께 배치되어 이루어졌다. 안에서는 빗살무늬 토기를 비롯하여 채색토기 옥기 등 전형적인 홍산 문화 유물들이 출토됐다.

석묘는 신석기 시대로부터 청동기시대에 이르기까지 오랫동안 만주지방과 한반도에서 크게 유행했다. 석묘는 남쪽으로는 일본의 규주지방과 유구 열도에 이르기까지 분포되어 있다. 석묘가 발견되는 지역은 만주 일대와 한반도 지역 그리고 일본 등으로 기마민족의 이동 경로와 연결되어 있고, 고구려 계통의 민족 이동과도 연결되어 있다. 석묘는 고구려의 대표적인 무덤 양식이다.

이렇게 한반도에서 발견되고 있는 석관묘의 구조 및 축조방식과 동

---

14) 신용우, '문화영토론에 의한 대마도의 영토권연구' 경일대학교 박사학위 논문. 2015. p49

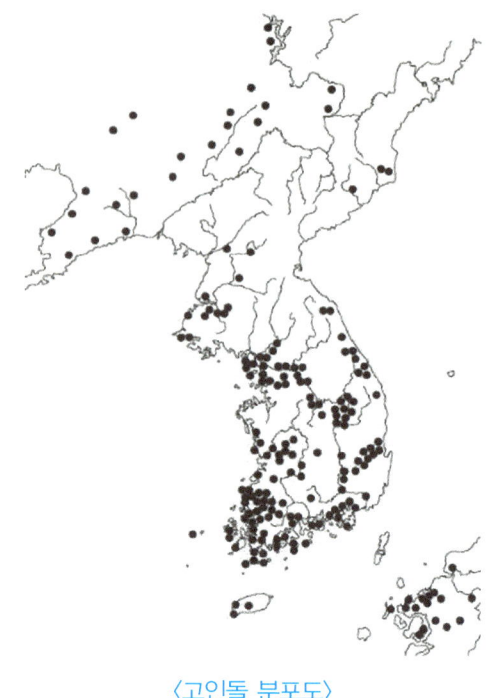

〈고인돌 분포도〉

일한 무덤양식이 홍산문화시기 우하량 유적지에서 발견됐다는 사실은 홍산 문화가 동이족이 세운 문명이며 이들의 후예가 한반도에 진입했다는 증거이다. 문헌상으로 볼 때 홍산 문화와 동일한 석묘계의 묘장법을 채용하고 있는 나라가 고조선이다. 고조선 문화의 전 단계인 홍산 문화는 동북아시아 강대국가를 이룩했던 고조선의 선조들이 이룩한 문화로 인정되고 있다.

지석묘라고 하는 고인돌은 한반도가 세계 최대 밀집 지대이고 한반도 내에서는 고창이 밀집지역이다. 고인돌이 족장의 무덤으로 알려져 있는데 그 분포도를 보면 우리 장례문화의 문화영토를 알 수 있다.

(3) 그릇문화와 무기문화

미송리형 질그릇이 청동기시대 고조선의 전형적인 유물로 언급됐고,[15] 미송리형 질그릇이 출토되는 지리범위에 근거하여 고조선의 북쪽 경계는 지금의 요령성 북쪽 경계선 지역이었다는 주장이 제기됐다.[16] 또한 미송리형 질그릇이 출토되는 황해도 북부로부터 요하 동쪽의 요령성 지역과 팽이형 질그릇이 주로 출토되는 한반도 서북지방의 거주민들이 서로 밀접한 영향을 주고받은 동일한 종족계통일 것으로 보았다. 이 지역에서는 석관묘가 출현하고 이른 시기의 전형적인 비파형동검이 많이 출토된다. 따라서 이 지역이 일찍이 고조선문화가 발달했던 지역이고 고조선의 강역일 것이라고 보았던 것이다.[17]

비파형 동검은 검신의 형태가 비파와 비슷해 붙여진 이름이다. 중국 동북지방에 있는 요하(遼河)를 중심으로 한 요령지방(遼寧地方)에 주로 분포하기 때문에 '요령식 동검'이라고도 하며, 광복 전에는 '만주식 동검'으로 불렸다. 학자에 따라서는 부여 송국리에서 출토된 예에 따라 '부여식 동검'이라고도 하며, 형태에 따라 '곡인청동단검(曲刃靑銅短劍)'으로 부르기도 한다.

비파형 동검 같은 무기는 절대적으로 타 문화와 함께 출토가 될 수 없다. 각 나라별로 무기체계가 다르기 때문이다. 따라서 동일한 무기체계가 나오게 되면 그 지역은 동일 문화권으로 보아야 한다.

---

15) 盧泰敦,「古朝鮮 중심지의 변천에 대한 연구」,『韓國史論』23, 1990, 36~49쪽.
16) 盧泰敦,「古朝鮮 중심지의 변천에 대한 연구」,『韓國史論』23, 1990, 36~49쪽.
17) 宋鎬晸,『古朝鮮 國家形成 過程 硏究』, 서울대학교 대학원 박사학위논문, 1999.

〈비파형 동검 출토지 고조선〉

　비파형 동검은 한반도를 중심으로 한 고조선 강역까지만 분포되어 있다. 다시 말해 비파형 동검이 나오는 지역까지가 고조선의 강역으로 보아도 된다는 것이다. 한반도 내에서는 현재까지 약 40여 자루가 알려져 있다. 함경도 지방을 제외하고 거의 전역에서 발견되고 있으며 주로 서부 지방에 많이 분포되어 있다. 유적의 분포가 중국의 동북 지방과 한반도 서부 지방에 조밀한 것은 당시에 이 지역이 동일문화권에 속했기 때문인 것으로 추정된다. 출토유적의 성격은 석관묘·고인돌(지석묘) 등이다.

　최근까지 한반도에서는 고인돌에서 출토되지 않는다고 알려져 왔는데, 전남지방 보성강유역과 여수반도의 남방식(南方式) 고인돌에서 여러 점의 비파형동검이 출토됐다.

(4) 복식문화

복식문화와 관련한 유물자료를 토대로 한 고조선의 강역을 파악할 수 있다. 복식자료 가운데 지배층과 피지배층이 사용하던 생활용품 모두를 근거로 하여 분석할 수 있기 때문에 객관성과 구체성을 지닐 수 있을 것이다. 특히 중국이나 북방지역과 구별되는 한민족 복식의 고유한 특징으로 구분 할 수 있다. 머리양식에 따른 홍산 문화의 옥고와 고조선의 변이나 절풍양식은 이후 고구려를 비롯한 동부여와 백제, 신라, 가야 등의 표지유물로 고조선문명권을 잘 드러낸다. 고구려가 금관을 만들어 왕권을 상징하면서 추구했던 천하질서는 바로 이 고조선 문명권을 통합하는 것이었다.

고조선에서는 모든 복식에 달개장식이 주된 장식기법으로 다양한 재료와 양식, 문양, 형태, 기법 등의 독창성을 가지며 한민족 복식의 고유한 복식 갖춤새로 지속적인 발달사를 갖는다. 같은 시기 이웃나라에는 이 같은 복식양식이 보이지 않아 고조선 복식의 장식기법과 크게 차별화된다. 또한 고조선의 장식기법은 신분과 계층의 구분 없이 의복에 널리 적용되어 자유로운 생활상을 엿볼 수 있게 하며, 이러한 특징들은 한민족의 고유성과 정체성으로 정리된다.

그리고 복식유물 가운데 가장 양적으로 풍부하고 고유양식과 문양을 잘 나타내주는 대표적인 복식유물은 달개장식과 가락바퀴이다. 달개장식과 자주 동반되어 출토되어지는 옥장식도 고유한 특성을 지녀 두드러진다. 달개장식과 곡옥은 중국이나 북방지역에서 거의 나타나

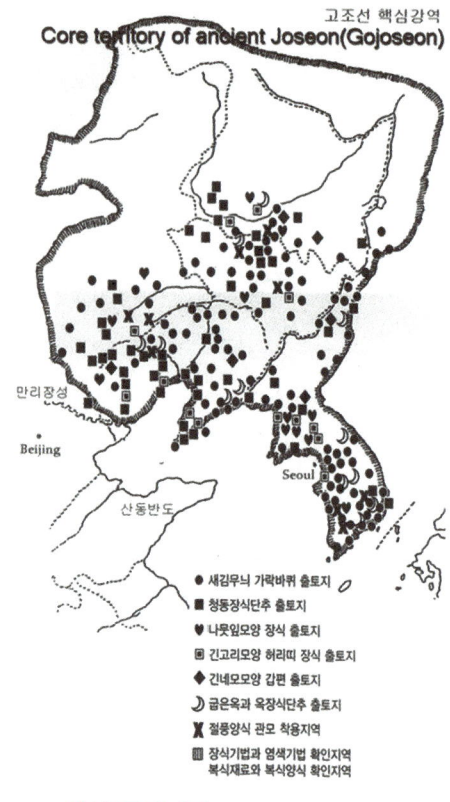

〈복식문화지역으로 본 고조선강역〉

지 않고 한반도와 만주지역에서처럼 지속적인 발전양상이 보이지도 않아 분포지역도 거의 없다.

(5) 왕실문화

고구려가 추구했던 정치이념을 실현하고자 했던 공간범위는 바로 '고조선을 이은 고구려의 원형과 나뭇잎양식의 금제관식 및 금동제관식 출토범위'였던 것이다. 다시 말해 고구려가 전쟁사를 통해 추구했던 고조선의 천하질서는 바로 아래 지도에 표기된 강역을 목표로 삼았던 것이다.

 왕관은 곧 왕권을 상징하는 까닭에 왕관양식은 그것이 만들어진 시기 왕권의 성격을 보여주며 당시대를 반영하는 실질적인 구조물이다. 그러므로 왕권과 밀접한 왕관의 양식변화를 고찰하는 것은 왕관이 대내외적으로 발휘하고자 했을 정치적 기능을 밝히는 일이 된다. 현재까지의 출토유물로 보아 서천왕시기 고구려는 금동관테둘레에 세움 장식을 세운 왕관을 만들기 시작했다.

 고구려는 영토 확장과 함께 국력을 튼튼히 하여 서천왕 시기부터 적극적으로 서방을 향해 진출하기 시작했다. 이 시기에 고구려는 남쪽의 신라나 백제와는 거의 충돌이 없었다. 신라와는 신하나라의 관계를 맺어 충돌을 피했고, 백제와는 동족이라는 논리를 내세워서 평화적인 상태를 유지했다. 이러한 고구려의 정세로부터 서천왕 시기의 왕관은 건국 초기부터 토대가 마련된 대내외적 기반으로 요서지역에 본격적으로 진출하고자 하는 고구려 왕권의 강력한 의지를 보여주는 실질적인 구조물이었던 것이다.

 고구려 금관의 정치사를 검토한 결과, 고구려는 우리나라에서 가장 일찍이 금관을 만들었음을 알 수 있다. 신라 금관에 선행한 고구려의 세움 장식을 세우는 금관양식과 달개장식, 문양, 금속을 다루는 정교한 세공기법 등은 일찍부터 독자적인 발달과정을 거쳤다. 이러한 특징들이 신라 금관에 고스란히 이어져 한민족의 중요한 문화적 정체성을 이루어 나갔다고 볼 수 있겠다. 그러므로 우리나라 금관의 원류가 통설에서처럼 전파론적 관점에서 시베리아 샤면을 비롯한 유라시아 여러 종족들의 문화적 전통에서 비롯됐다고 해석되는 것은 마땅히 비판하고 극복돼야할 것이다. 그래야만 우리는 금관의 종주국다운 면모를 올바르게 갖추고 민족문화의 미래를 창조적으로 가꾸어 나갈 수 있을 것이다.

고구려 금관이 고조선시대부터 사용해 왔던 관모와 관식의 고유양식이 계승되어 만들어진 자생적 관모였다. 이로써 한민족 금관문화의 독창성과 주체성을 재인식하고 중국의 동북공정에 맞서는 실증적 연구 기능을 발휘할 수 있을 것이다. 아울러 이웃나라의 역사침탈에 대비하는 민족사관의 수립과 민족문화 해석의 이론적 근거도 제시할 수

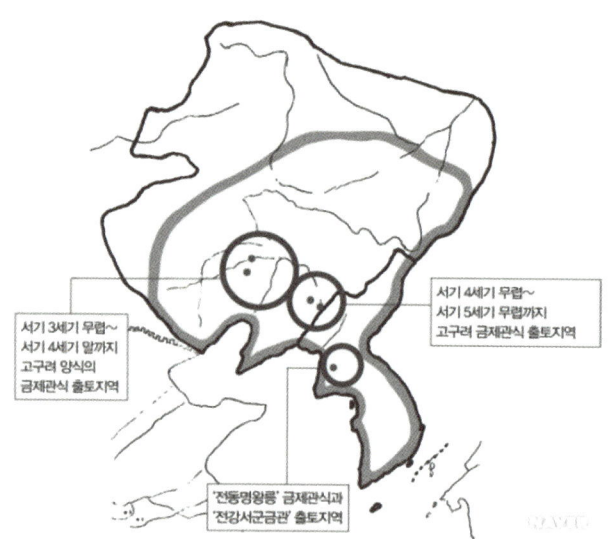

〈금동제관식 출토범위〉

있게 될 것이다. 고구려 금관의 기원은 물론 우리민족의 북방기원설이나 남방문화전래설에 매몰되어 민족문화의 창조력을 부정해온 식민사관을 극복해야한다. 한민족 문화는 우리 땅에서 자생적으로 창조됐다는 민족문화의 정체성을 새롭게 재인식해야 할 것이다.

2) 대고려국으로 본 잠재적 영토관

대고려국은 1917년 우리 역사 현장인 만주를 중심으로 한 한반도 전역과 연해주를 대상으로 하는 새로운 나라를 세우려는 계획이었다.

이 당시 만주는 무주공산이었고 조선족이 가장 큰 커뮤니티를 형성하고 있어 국가를 세우는데 그리 어려운 일도 아니었다. 청이나 일본도 자국의 각자 이익에 의거 이를 승낙한 상태였다.

2017년은 100주년 되는 해인데 그 중심에 정안립이 있었다. 정안립(鄭安立)[1873~1948]은 1888년(고종 25)년에 16세로 사마시 생원과에 합격한 후 법관양성소(1895)・한어학교(漢語學校)[1897]를 졸업했다.

정안립은 혜민원 주사[1902], 법관양성소 교관[1905], 보성전문학교 교감[1905], 신민회(新民會) 회원[1907], 보성전문학교 교장[3대, 1909. 2]을 지냈고, 청주에 보성학교를 설립[1909. 5. 10]하는 등 구국계몽운동을 전개했다. 1910년에는 양성군수(陽城郡守)를 역임했다.

1910년 경술국치(庚戌國恥)를 당하자 벼슬을 버리고 고향으로 돌아와 정태은(鄭泰殷)・김만배(金萬培)[金益濟로 개명, 金萬熙의 동생]・이증수(李曾秀) 등 여러 동지들과 우국단(憂國團)을 조직하여 항일독립운동의 방략을 모색했다. 국내에서의 활동이 여의치 않아 정태은・김만배 등과 미국으로 건너가려고 했으나, 정안립만이 검역에서 탈락

하여 중도에 포기하고 말았다.

1910년 만주 길림성으로 망명하여 이름을 정안립이라 개명하고 [1911], 길림성 간도 일대에서 유동열(柳東說) 등과 항일독립운동 자치조직인 동삼성한족생계회(東三省韓族生計會)[1917]를 설립하는 등 독립운동을 전개했다.

1918년 3월에는 여준(呂準)·유동열·신팔균(申八均)·김동삼(金東三)·김좌진(金佐鎭)·서일(徐一) 등 39명의 이름으로 대한독립선언서를 발표했다. 1919년 4월에는 여준 등과 함께 파리강화회의에 '조선독립안'을 제출하기 위한 대 계획을 수립했다.

그는 또 동삼성 순열사인 장작림(張作霖)을 일제가 암살할 것이라는 정보를 알고 급히 전보로 알려 장작림의 위기를 모면케 했다. 만주사변(滿洲事變)[1931. 9. 18.] 후 상해에서 동아국제연맹(東亞國際聯盟)[1933~1940]을 조직하여 일본·중국 등을 무대로 활동하던 중 일제 고등계 형사들에 의해 서울로 압송되어 중부서에 연금됐다. 광복 후 1946년 남북통일기성회 회장을 맡아 통일운동을 하다가 별세했다.

영토론에 '민족사적 생활영토론'이 있는데 지금도 조선족이 살고 있는 이 지역은 우리의 문화가 그대로 남아있다. 또한 잠재적 영토관은 미래를 열어가는 중요한 요소로서 우리 국민 모두가 만주일대를 대상으로 하는 대고려국의 판도를 우리의 영토로 인식해야 한다.

만주를 중심으로 한 대고려국 건립은 국가의 범위를 정하는 지도를 만들어 헌법을 제정했으며 국새와 더불어 국가, 국기 등 국가의 체제를 제대로 갖추어 국가 형태로서 선언을 했다. 다만 국가 건립 이후 상

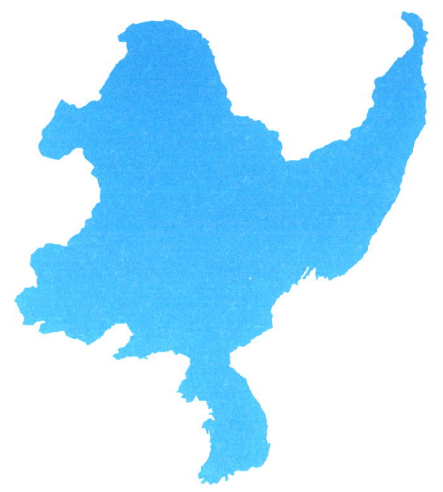

〈대고려국 지도, 봉황의 나라〉[18]

해 임시정부의 탄생으로 힘의 균형이 임정체제로 가다보니 동력을 잃고 좌초되고 말았다. 여기에서 중요한 것은 우리의 영토를 잠재적 영토관에 의거 한반도와 더불어 연해주는 물론 만주벌판까지를 영토로 인정하고 지도를 제작했다. 이때 지도의 형태가 봉황의 모습이라고 하여 봉황의 나라라고 했다.

이처럼 우리의 역사적 근거에 의한 우리의 영토는 만주까지 드넓은 땅에서 선조들이 삶을 영위하여 우리 선조들의 얼과 문화가 그대로 녹아 있는 곳이었다. 이 시절까지만 해도 우리 국민들의 잠재적 영토관은 만주벌판과 연해주를 우리의 영토로 인식하고 있었다.

---

18) 봉황의 나라 대고려국의 영토는 우리 민족이 가져야 할 잠재적 영토관의 범위이다.

칼럼

'잠재적 영토관'과 북방영토

잠재적 영토관이란?

'영토학'에 '잠재적 영토관'이라는 용어가 있다. 영토는 국가를 규정하는 가장 기본적인 바탕으로 이 영토 위에 국민과 주권이 있어야 국가를 성립하게 되는 것이다. 국토와 영토는 다른 개념이다. 다시 말해 영토는 국토 중에서 영유권이 미치는 범위까지를 영토라고 한다. 북한 지역은 우리의 국토이지만 영유권이 미치지 않기 때문에 영토는 아니다.

우리 국민들에게 대한민국 지도를 그리라고 하면 모두가 아무 생각 없이 압록강, 두만강 선을 기준으로 한 '한반도'라 일컫는 지도를 그린다. 대한민국의 주권이 미치지 않는 북한 지역도 우리의 영토로 인식하고 있는 것이다. 이런 것을 '잠재적영토관'이라고 한다. 정확하게 영토지도를 그리라고 하면 휴전선 이남지역을 그려야 하는데 우리는 '잠재적영토관'에 의거 압록과 두만강을 경계로 하여 지도를 그린다.

이런 국민적 사고에서 출발하여 우리의 영토를 돌아보면 참으로 한심하다. 우리 국민 머릿속에 압록과 두만강 이북의 북방영토에 대해서는 전혀 우리 영토라는 의식을 가지고 있지 않다는 역설이다. 영토학자로서 가장 불만스러운 대목이다. 우리 국민이 스스로 북방영토를 우리의 영토라고 인식하지 않는 한 북방영토를 찾기란 거의 불가능 한 일이기 때문이다.

이스라엘 민족은 구약성경이 그들의 역사이다. 그들은 나라를 잃어버리고 세계를 방황 했지만 구약 성경을 통하여 역사를 잊은

적이 없었다. 또한 역사에 나오는 그들의 영토를 다시 말해 '잠재적 영토관'을 정확히 인식하고 있었기 때문에 1,800년이 지난 오늘날에 그들의 영토를 찾을 수 있었다. 우리도 빼앗긴지 100여년 밖에 되지 않은 북방영토를 전 국민이 '잠재적 영토관'으로 인식하여 북방영토를 회복해야 한다.

압록과 두만강 기준의 '잠재적 영토관'이 정립된 이유

근대화 과정에서 우리 한반도는 참으로 처절한 역사를 가지고 있다. 일본과 청, 러, 미 등의 강대국이 호시탐탐 한반도를 노리고, 우리의 조정은 대응 능력과 대외적 정보능력 부재 그리고 세상이 돌아가는 그 자체를 모르고 있었다. 이를 간파한 일본은 1905년 '을사늑약'을 체결하고 우리의 외교권을 빼앗아 우리의 대외 주권을 말살했고 그들 맘대로 외교권을 행사하는 계기가 됐다.

이 시기에 북방영토인 간도에는 우리 민족이 살고 있었다. 우리 조정에서는 그 지역에 지적조사와 호구 조사를 통하여 세금을 갹출하기도 하는 등 우리의 영토로서 기능을 하고 있었다. 이 당시 이미 한국인 6~7만 명이 간도에 살고 있었으므로 조선조정에서는 이들을 보호하기 위하여, 1902년 이범윤(李範允)을 시찰원이라는 명목으로 파견했다. 이듬해 북변 간도관리사로 임명했다. 다시 말해 우리의 영토로서 관리를 하고 있었다는 말이다.

그러나 1908년 일본은 외교권을 무기로 하여 압록과 두만강 이북의 간도지방에 대하여 청나라와 협의를 통하여 '간도협약'을 체결했다. 이는 우리와 협의 없이 우리나라의 영토를 청나라에게 내어주는 협약을 체결한 것이다. 다시 말해 일본은 만주 등의 진출을 위하여 만주지역 내에 철도 부설권과 탄광 채굴권 등 5가지를 얻고 청에게 간도 지방을 내 주는 '동삼성육안'을 내용으로 하여 협약을 체결하는 것이다. 동삼성이란 흑룡강성, 길림성, 요령성으로 청은 일본에게 만주철도 부지권, 대석교와 영구 간 철도 지선 문제, 경봉철도를 봉천성까지 연장 문제, 무순과 연대 탄광의 채굴권문제, 안봉선 연안의 광무문제를 주고 일본은 우리의 영토인 간도를 청에게 준다는 협약이다. 물론 이 협약은 국제법으로 무효이다. 외교권만 가지고 간 일본이 대한제국의 영토를 팔아먹은 행위는 단순 사기에 불과한 것이다. 여기서 주목할 만한 것은 이 협약을 통하여 청나라는 간도가 조선의 영토라고 인정을 한 셈 이다. 그렇기 때문에 청은 간도를 받고 일본에게 이권을 내 주는 협약을 체결한 것이다.

근대화가 되면서 이 때부터 우리 국민들은 지도를 자주 접하게 된다. 이 시기에 이미 일본은 간도를 협약에 의거 청에게 넘기고 그들은 1910년 한일합병을 선포 하는데 일본이 통치하는 경계가 바로 압록강과 두만강인 것이다. 이 시기에 간도 지방에는 우리 민족이 다수 살고 있었고 일본의 지배하에 의식 있는 독립군들의 활동 요충지로 인식되고 있었다. 그 당시 약 20만 이상의 국민들이 살아가고 있는 우리의 고토였다. 그러나 일제에 의해 교육되어진 우리 국민들은 북방영토와는 전혀 상관없는 교육을 받았다. 일제가 통치하던 압록과 두만강을 기준으로 영토인식이 자리 잡게 되어 오늘날도 우리는 압록강과 두만강을 '잠재적영토관'으로 인식하고 있는 것이다. 이렇게 인식하는 것 자체가 식민사관이다.

광활한 북방영토까지 우리의 영토로 인식하여 전 국민이 '잠재적영토관'으로 그 영토를 인지 · 인식 할 때 북방영토를 회복 할 수 있을 것이다. 아래의 지도를 눈과 머리에 정확히 인식하자.

 칼럼

잠재적 영토관과 포클랜드전쟁 그리고 독도

잠재적 영토관

잠재적 영토관이라고 하는 것은 한 나라의 영토가 현재는 실효적 지배를 하고 있지 않지만 역사주권에 의한 과거의 선조들이 살았던 영토를 말한다. 우리의 역사에서 보면 저 넓은 만주벌판과 연해주가 잠재적 영토이다.

잠재적 영토관이라고 하는 것은 그 나라 국민이 영토의 국경을 어디로 인식 하고 있는가에 대한 문제이다. 사실 그런 측면에서 우리국민들은 우리의 잠재적 영토를 압록강과 두만강 선을 우리의 영토로 인식하고 있다. 그래서 지도를 그리라고 하면 압록과 두만의 경계를 국경으로 하여 그린다. 참으로 한심한 노릇이다.

이스라엘이 나라를 잃고 방황을 하다가 1,800년 만에 국가를 재건 할 수 있었던 것은 구약이라는 성경에 나오는 그들의 역사를 믿었고, 그 역사에 나오는 잠재적 영토인 지금의 이스라엘 영토가 자기의 영토라 믿었기 때문에 찾을 수 있었던 것이다.

우리는 만주벌판과 연해주를 잠재적 영토관에 의한 우리 영토로 인식하지 않는다면 영원히 그 영토를 찾을 수 없다. 우리 국민들이 인식 할 때만이 영토는 찾을 수 있는 것이다.

포클랜드 전쟁

포클랜드는 남아메리카대륙의 동남단, 아르헨티나의 대륙부에서 약 500km 떨어진 남대서양의 작은 섬으로 포클랜드의 영유권을 둘러싼 영국·아르헨티나 간의 분쟁을 말한다. 실질적으로

는 1833년 이후 영국령인 포클랜드에 대하여, 1816년 에스파냐로부터 독립 시 그 영유권도 계승한 것으로 주장하는 아르헨티나가 1982년 4월 2일 무력점령을 감행한 데서 발단됐다. 이에 대하여 영국은 근해에 석유가 매장되어 있으며, 또 남극대륙에의 전진기지로서의 포클랜드 방위를 위하여 급거 기동부대를 파견, 4월 26일에는 포클랜드제도의 동남쪽 1,500km에 있는 남조지아섬을 탈환했다. 5월 20일 유엔 사무총장의 조정교섭이 실패로 돌아가자 영국군은 포클랜드에 상륙, 75일간의 격전 끝에 6월 14일 아르헨티나군의 항복으로 전쟁을 종결시켰다.

포클랜드 전쟁의 원인

아르헨티나는 에스파냐로부터 독립을 할 당시 포틀랜드 섬을 자국의 영토로 인식 하고 있었다. 그리고 역사에서 그 대목을 항상 알려주었고 전 국민은 포클랜드를 자국의 영토로 잠재적 영토관을 가지고 있었던 것이다. 그러다 보니 자국의 영토를 영국이 무단 침략하여 점유 하는 것으로 인식하고 전쟁을 일으켜 그들 영유권으로 주장 하고 점유 했던 것이다, 이에 대하여 영국이 다시 실효적 지배를 위해 일으킨 전쟁이 포클랜드 전쟁인데 주목할 점은 전쟁의 원인이다. 전쟁의 원인은 아르헨티나 국민들은 포클랜드를 자국의 영토로 인식하고 있다는데 있다. 자국의 영토에 영국이 무단 침략하여 자국의 영토라고 주장 하는 것으로 인식 하고 있다는 것이다. 또한 이 전쟁의 결론은 영국이 이기게 되는데 이에 대하여는 미국의 개입이 전쟁 승리의 직접 원인이 되어 지금도 아르헨티나 국민들은 반미 감정이 대단하다.

일본의 독도 교육

　일본은 올해부터 전 학생들에게 독도를 자국의 영토라고 교육을 시키고 있다. 사실 지금의 기성세대는 독도가 한국의 영토라고 하는 사실을 알고 있다. 그러나 앞으로 30년 후 독도가 일본의 영토라고 교육을 받은 학생들이 기성세대가 되었을 때 잠재적영토관은 독도를 일본의 영토로 인식 하고 있기 때문에 그들이 정치를 하게 되면 전쟁이 일어 날 수도 있다는 것이다. 가장 경계해야 할 부분이다.

　우리보다 군사력이 더 강한 일본이 독도를 침략하고 우리보다 더 가까운 미국이 일본을 포틀랜드 전쟁처럼 도와준다면 독도는 빼앗길 수밖에 없는 우리의 영토가 된다. 잠재적 영토관이라고 하는 것이 그렇게 무서운 것이다. 그들은 독도가 자국의 영토라고 믿고 영토를 찾기 위해 전쟁을 일으키는 원인이 잠재적영토관이다.

한국의 잠재적 영토관 교육

　우리의 정치 지도자들은 영토의식이 전혀 없다. 관심조차 없다. 그러다 보니 저 멀리 있는 북방영토에 대한 잠재적영토관을 전 국민들에게 확산시키는 교육조차 교과서에 언급이 없다 보니 전무 한 실정이다. 당장 자랑스러운 독립운동사가 교과서에 빠져 있으니 무슨 할 말이 있겠는가?

　지켜야 할 영토인 독도에 대하여도 일본은 잠재적 영토관을 심어주기 위하여 교과서에 기재하여 체계적으로 교육을 하는데 우리는 있는 역사조차 언급을 안 하고 있다. 독도의 문제는 정말 심각하다. 동북아역사재단의 독도연구소는 거의 친일파들이 장악하고 있고 사회 시민단체들의 독도운동은 체계적이지 못해, 왜 우리의 영토인지 어떻게 지켜야 하는지 모르는 체 애국심만 불타 독도운동을 하고 있으니 미래가 심히 우려된다.

제2장 ● 민족사적 생활영토론

1. '민족사적 생활영토론' 이란?

1) 민족사적 생활영토론 정의

최근 언론에서는 글로벌사회에 대한 부분이 많이 언급되고 있다. 속도의 사회이다 보니 국가 간의 경계도 무너지는 느낌이다. 또한 국가보다는 도시의 개념을 우위에 두는 학자들이 많다. 미래 사회에는 국가의 개념 보다는 도시의 개념이 우선한다는 논리이다. 틀리지 않는 말이다. 이미 어떤 측면에서는 우리가 지금 그런 사회에 살고 있다고도 생각한다. 그러나 지구가 존재 하는 한 종교와 사회는 없어질 수가 없다. 또한 사회가 존재하는 한, 국가라는 제도는 영원히 존재할 것이다. 아무리 도시 중심의 생활이 주류를 이룬다고 해도 국가의 개념은 없어질 수 없다.

그러나 그 국가 내에서 도시를 자세히 살펴보면 문화권을 중심으로 권역이 만들어지게 된다. 그 문화라는 개념을 자세히 들여다보면 민족공동체가 그 문화를 만들어 간다.

'민족사적 생활영토론'은 현재 법적으로는 다른 나라에 속해 있어서 국제법적인 점유를 인정받지 못해도 민족적·문화적 공통성을 발휘할 수 있는 지역이라면 자국의 생활권으로서 적극적으로 사고하되 당장 병합할 수는 없지만 동일 민족이 거주하고 있어 동일한 문화를 갖고 있는 영토를 말한다. 이는 역사적으로 민족의 주요 활동무대라는 역사성을 지니고 있다.

생활권과 역사적 맥락이 동시에 충족되는 지역이 그 민족의 잠재적 영토로서 국제법상의 실효적인 주권행사가 이루어지지 않고 있을지라도, 그 지역에 대한 추상적인 권원이 인정되기 때문에 그 지역을 회복하는 것은 정당하다는 것이 그 핵심을 이룬다.[19]

실례를 들자면 우리나라의 주요 도시에 차이나타운이 이에 해당하며 미국의 로스앤젤레스 지역의 한인 타운을 들 수 있다. 현재 중국의 조선인 자치구역이 이에 해당한다. 그 지역에는 실질적으로 우리 조선족이 거주하고 있으며 우리의 문화와 언어 등이 현재도 존재하고 있어 민족사적 생활영토에 해당이 된다.

물론 국가적인 차원에서 법리적 개념은 중국에 속해 있지만 문화적 개념은 우리의 영토나 다름이 없다.

2) 경제영토론

최근 들어 '경제영토'라는 개념이 성행한다. 인간이 살아가는 순간 중 가장 중요한 부분이 경제활동이다 보니 국가나 개인은 경제 활동에

---

19) 유정갑, 『북방영토론』(서울 : 법경출판사, 1991) pp.38-39.

많은 비중을 두고 살아간다. 경제영토론이라는 개념은 국가를 운영하는데 있어서 법치에 의한 운영은 기본적으로 하되 자국 내에서 부족한 부분을 타 국가나 지역에서 조달함으로서 안정적인 국가를 운영 유지할 수 있다는 것이다. 자국 내의 필요한 에너지원이나 식량 또는 지하자원들을 비교적 안정적으로 공급하기 위해 타국으로부터 경제영토를 만들어 자국의 안정을 기하기도 한다.

우리나라의 경우에는 안보를 가장 중요 시 여기는데 식량과 에너지는 안보의 차원에서 확보하고 조달 계획을 수립한다. 우리는 자원빈국이다. 따라서 가장 중요한 에너지 자원을 안정적으로 확보하기 위해서 중동의 세계 여러 나라에서 원유를 단순히 수입을 하는 것이 아니라 자원을 개발해 안정적으로 수급하고 있는데 이런 원유 공급처를 경제영토라고 한다.

그뿐 아니라 우리는 영토가 좁지만 식량을 자급자족 할 수는 있다. 그러나 전시 상황에서 상당히 오랜 기간 동안 농사를 지을 수 없다면 전시에 식량문제는 큰 문제가 될 수 있다. 따라서 베트남이나 연해주 등에 대규모 농장을 개발한다면 전시에 식량 조달에 아무 문제가 없을 것이다. 이런 영토를 경제영토라고 한다. 대부분 자국의 절대 필요한 물품 등을 안정적으로 수급하기 위해 경제영토를 각국은 확장하고 있다.

2. 중국의 차이나타운 성공사례

중국은 1992년 개방 이래 세계에서 가장 빠른 속도로 성장하고 있다. 지금은 미국에 이어 G2로서 위상을 정립하고 있으며 세계시장에서 목소리를 내고 있다. 중국의 전략은 PAX CHINA전략이다. 미국 주도의 PAX AMERICA가 2000년 까지 세계시장을 주도해 왔다면 21세기에 들어서면서 중국의 세계화는 놀랄 정도로 빠르게 확산되고 있다. 이는 인구를 중심으로 한 인해전술 전략으로 세계를 중국 중심의 틀로 만드는 계획이다.

PAX CHINA의 핵심전략은 세계와의 무역 소통을 위한 물류를 장악하는 것으로 북경을 중심으로 하여 세계 각국을 육로와 해상로를 통해 연결하는 일대일로(一帶一路) 전략이다. 중앙아시아와 유럽을 잇는 육상 실크로드(일대)와 동남아시아와 유럽, 아프리카를 연결하는 해상 실크로드(일로)를 뜻하는 말이다. 시진핑(習近平) 중국 국가주석이 2013년 9~10월 중앙아시아 및 동남아시아 순방에서 처음 제시한 전략이다.

일대일로가 구축되면 중국을 중심으로 육·해상 실크로드 주변의 60여 개국을 포함한 거대 경제권이 구성된다. 유라시아 대륙에서부터 아프리카 해양에 이르기까지 60여 개의 국가, 국제기구가 참가해 고속철도망을 통해 중앙아시아, 유럽, 아프리카가 연결된다. 중국은 대규모 물류 허브 건설, 에너지 기반시설 연결, 참여국 간의 투자 보증 및 통화스와프 확대 등의 금융 일체화를 목표로 하는 네트워크를 건설한다. 2049년 완성을 목표로 하며 인프라 건설 규모는 1조 400억 위안(약 185조 원)으로 추정된다. 이를 위해 중국은 400억 달러에 달하는 신(新) 실크로드 펀드를 마련하고 AIIB를 통해 인프라 구축을 뒷받침할 계획이다.

　일대일로 구축으로 중국은 안정적 자원 운송로를 확보할 수 있게 되고 이로 인해 경제 성장까지 이어질 것으로 보인다. 중국의 과잉 생산을 해소하는 방안이 되고 건설 수요 급증으로 지역 간 균형적 발전을 이룰 수 있다. 또 중국이 세계 최대 규모인 외환보유액을 효과적으로 활용할 수 있는 방안으로 분석되고 있다.

　세부 방안으로는 정책소통, 시설연통, 무역창통, 자금융통, 민심상통 등 5통이 꼽혔다. ▷정책소통은 각 정부 간 전략, 대책 교류 및 협력 강화 ▷시설연통은 도로, 철도 등 교통망과 통신망, 에너지 운송 및 저장을 위한 기초시설 연결 ▷무역창통은 자유무역지대 및 투자무역 협력대상 확대(투자 및 무역 장벽 제거) ▷자금융통은 위안화 국제화, AIIB와 브릭스(BRICS)개발은행 설립 추진 ▷민심삼통은 민간의 문화

〈중국의 일대일로 지도〉

교류 강화를 뜻한다.

　이런 일대일로 전략을 통한 PAX CHINA의 꿈이 이루어 질수 있는 것은 이미 세계 각국의 주요 도시마다 거점으로 있는 차이나타운이다. 세계 어느 도시를 가나 대도시에는 차이나타운이 존재 하는데 이는 '민족사적 생활영토론' 으로 국가는 타 국가에 위치하지만 차이나타운에는 중국의 문화가 그대로 유지되고 있다. 중국의 언어와 민속 등이 존재하여 중국화가 되어 있고 중국 정부가 그 국가에 외교를 하는데 있어서 거점으로 기능을 하고 있다.

　'민족사적 생활영토론' 은 경제영토론과 같은 의미로 해석 할 수 있다. 차이나타운에서 발생되는 부가가치는 생각하기에 따라서는 중국의 소유라고 해도 무방할 것이다. 경제활동의 결과를 중국으로 가져간다면 세금 이외에는 막을 방법이 없다.

　중국이 세계화를 하는데 있어서 절대적으로 공헌한 부분이 차이나타운이다. 차이나타운을 거점으로 하여 펼쳐지는 중국의 세계화는 앞으로도 빠르게 진행 될 것으로 보인다.

'민족사적 생활영토론'과 아르헨티나의 대한민국 국토

대한민국의 지구 반대편 아르헨티나에 우리 땅이 있다는 사실 알고 있는지요? 하지만 수십 년째 정부의 무관심 속에 방치되다 결국 현지 주민에게 무상으로 넘어갈 위기에 처했다고 한다. 아르헨티나 북서부에 위치한 대한민국의 국유지 야따마우까 농장이다. 지난 1978년 박정희 정부 때 식량부족 문제 해결과 남미 농업이민 사업 추진을 목적으로 세금 210만 달러를 들여 구입한 땅이다. 축구장 40배 규모에 달하지만 39년째 방치돼 오다 불법으로 정착해 살던 현지주민에게 넘어갈 위기에 놓여있다. 관리 주체인 한국국제협력단 코이카와 현지인들이 재작년 협약서까지 체결하고 공증까지 마친 것으로 확인됐다. 분명 미친 짓이다.

민족사적 생활영토론

글로벌시대라고 연일 뉴스에서 나온다. 영토라는 개념은 국토 중에서 주권이 미치는 범위를 말한다. 북한의 토지는 국토에 해당하지만 영토는 아니라는 말이다. 하지만 글로벌시대에 있어서 영토를 넘어 선 국토의 중요성은 날로 증대되고 있다. 영토를 확장해야 함은 기본이지만 국토를 늘려 나가는 것도 글로벌시대에 있어서 아주 중요한 과제 중의 하나이다. 지구촌이라는 개념을 염두에 둔다면 국토 확장에도 심혈을 기우려야 한다.

영토학에서는 '민족사적 생활영토론'이라는 개념이 있다. 좀 더 쉽게 표현하자면 세계 어느 나라를 가나 중심지에 차이나타운을 볼 수 있는데 이 차이나타운이 바로 '민족사적 생활영토론'에

해당 된다. 우리의 예에서도 볼 수 있는 것이 바로 연변의 조선족 자치구역이다. 이 구역은 영유권이나 국토의 개념은 모두 중국에 속해 있지만 '민족사적 생활영토론'에 입각하면 우리의 영토에 해당한다. 즉 다시 말해서 그곳에는 우리 민족이 살고 있으며 우리의 언어와 문화가 자리 잡고 있다는 뜻이다. 이런 측면에서 '민족사적 생활영토론'은 아주 중요하다.

글로벌시대를 맞이하여 중국이 현재 세계 2위의 경제 대국으로 번창 할 수 있었던 근거가 바로 인구와 더불어 세계 각국에 자리 잡은 차이나타운이다. 중국 수출의 전초 기지 역할을 담당했을 뿐 아니라 그 지역에 중국 문화를 미리 자리 잡게 해 줌으로써 비교적 쉽게 그 지역에 접근 할 수 있었던 것이다. 지금은 우리나라도 세계 주요 도시에 코리아타운이 만들어 지고 있는데 교민들 간의 시기와 질투로 차이나타운보다 못한 게 사실이다.

소유권과 영유권 그리고 국토

소유권과 영유권 그리고 국토는 모두가 다른 의미이다. 부동산에서 말하는 소유권은 영토의 개념아래 그 범주 내에서 법에서 규정하는 대로 개인이나 단체, 국가가 부동산을 등록하여 소유하는 권리를 말한다. 다시 말해 개인이 그 나라의 주권이 미치는 범위 내에서 법률에 의해 등록하고 소유함으로서 사용권 및 그 부대권을 가진다는 의미이다. 그러나 영유권은 국토의 범위 내에서 국가의 주권이 미치는 범위를 국가가 법률의 의하여 소유하고 통치하는 범주를 말한다. 영유권은 국가만이 가질 수 있는 것이다. 만약에 개인이 항해를 하다가 무인도를 발견 했을 시 개인이 선점하여 소유권을 잠정적으로 가질 수는 있으나 국가가 영유권을 인정하지 않으면 그 나라의 영토가 되지 못한다는 것이다. 당연히 국가의 법에 의한 등록을 할 수 없기에 영토가 될 수 없고 등록을 할 수 없기에 소유권도 갖지 못한다. 그러나 국토는 역사적, 법률적, 국제법적 모든 부분에서 그 나라의 땅이나 여러 제약 요소로 인하여 주권이 미치지 못하는 부분을 포함한다. 우리나라의 경우 북한토지는 헌법에 의하고 역사적, 지리적, 국제법적 관점에서 우리의 국토에 포함된다. 그러나 한국전쟁으로 인하여 휴전 상태이다 보니 우리의 국토에 해당하지만 주권이 미치지 못해 영토는 아니다. 북방영토인 간도와 대마도도 마찬가지이다.

생활영토와 '민족사적 생활영토론'

최근 중국의 부호들이 제주도의 부동산을 싹쓸이해가서 언론의 주목을 받은 적이 있다. 물론 일본인들도 부산을 중심으로 한 남부지역 부동산을 대규모 확보 하고 있다. 이런 부분들은 자국의 여건과 환경의 상황에 대하여 개인들이 안전을 보장받기 위한 수단으로서 하는 행위이다. 일본은 지진을 피하여 한국에 생활영토를 마련하는 것이고, 중국인 부호들은 자국 내의 정치적 상황 때문에 한국에 생활영토를 마련 하고자 하는 것이다.

반면 우리나라도 국가 차원에서 생활영토를 확보 하고 있다. 대표적인 사례가 기업에서 유전지대에 대한 투자나 현대와 대순진리회의 러시아 연해주 하산의 농장 확보 같은 것이다. 자국 내의 국토 부족이나 자원 부족 등의 이유로 타국에 생활영토를 만들어 나가는 것이다. 경제영토라고도 할 수 있다.

아르헨티나에 생활영토 확보와 가짜 보수들의 무관심

　근대사회에서 우리나라의 역사를 살펴보면 이승만 이래 가짜 보수들의 등장 이후 나라 살림이 제대로 되는 것이 없다. 박정희 전 대통령은 일본과의 국교정상화 과정에서 필리핀의 경우 3년간 식민지 지배를 받고 8억불을 보상비로 받아 비교가 되기도 한다. 35년간 지배를 받고 겨우 3억불의 보상으로 합의를 보았다. 나라를 팔아먹은 매국 행위를 한 셈이다.

　혹자들은 30억불을 받아야 하는 것을 3억불에 나라를 팔아먹은 개념을 망각했다고 지적하기도 한다. 그 3억불로 고속도로를 만들고 포항제철을 만들었다고 결과만 갖고 위대한 대통령으로 신격화에 열을 올린다. 제대로 했으며 고속도로와 포항제철을 열 개도 더 만들었을 것이다.

　이번의 아르헨티나 농장 문제도 같은 경우이다. 이렇게 되기까지는 정부의 무관심이 가장 큰 원인으로 지적된다. 독도의 영유권과 해양영토의 문제를 제대로 정립시킨 노무현 전 대통령에 의해 방치된 아르헨티나 농장문제를 검토하고 활용방안 까지 지시를 했는데 가짜 보수인 이명박 전 대통령에 의해 이 결정이 번복되어 없었던 일이 되어 버리고 난 뒤 또 한분의 가짜 보수인 박근혜 전 대통령에 의해 방치된 것이다. 가짜 보수 대통령들은 국토 확장에 관심이 없다.

'민족사적 생활영토론'의 기회를 잃어가는 것이다.

　최초 구입 이후 특별한 활용 방안을 찾지 못해 오던 이 땅은 지난 2004년 참여정부에서 처음으로 활용 계획을 수립했다. 관계기관대책회의를 통해 농어촌공사가 관리를 맡기로 결정했지만 활용방안을 찾기도 전 이명박 정부에서 결정을 번복해 버린 것이다. 이후 박근혜 정부에서도 농장 활용방안을 협의만 하다 아무런 결정도 내리지 못한 것이다. 부국에는 관심이 없다.

지구 반대편에 생활영토가 만들어 지면, 그곳에 우리의 젊은이들이 6차 산업의 농장을 현실에 맞게 개발해 나간다면, 그 지역은 우리의 국토화가 될 수 있다. 우리민족이 대거 농업이민으로 진출하고 그곳에 우리의 언어와 문화가 심어진다면 민족사적생활영토론에 의해 국부 창출과 더불어 글로벌시대에 한국의 위상을 드높일 수 있는 기회였으나 이를 날려 버린 셈이다.

영토 확장만큼이나 '민족사적 생활영토론'은 중요하다. 영토학에 관심을 가져주기 바란다.

제3장   영토의 축소역사

1. 국제법에 의한 영토 성립

1) 청나라와의 유조변책

중국과 우리나라의 최초 국경은 1627년 강도회맹에서 후금과 조선이 맺은 강도회맹이다. 그 이전에도 중국과 각 시대별 국경은 존재 했으나 문헌상에 나오는 국가 간의 조약이나 협약에 의한 국경은 강도회맹에 나오는 유조변책 선이 처음인 것이다.

제3조 조선국과 청국은 서약하노니 양국은 이미 강화했기에 지금부터 양국은 서약을 지키고 각자의 강역을 봉하여 보전하기로 한다.(朝鮮國與金國立誓 我兩國已講和好 今後兩國 各遵誓約 各全封疆, 조선국여금국입서 아양국기강화호 금후양국 각존서약 각전봉강)

이렇게 만들어진 청나라와 조선의 국경은 유조변책이라 하는데 돌무덤과 버드나무를 심어서 국경선을 만들고 이 지역은 봉금 지대로서 양국이 모두 들어가지 않는 것을 원칙으로 했다.

여기서 '각전봉강(各全封疆)'이라고 한 것으로 보아 이때는 양국 간에 국경이 존재했던 것으로 보인다. 그러나 당시 구체적으로 어디로 경계를 정했는지에 대해서는 강도회맹 자체에도 규정되어 있지 않으며, 다른 사료들에 의해서도 지금까지 파악되지 않고 있다.

다만 1638년에 청의 태종은 '함반(檻盤)'이라는 압록강 하류지점에서 '봉황성(鳳凰城)'을 거쳐 '감양변문(鹼陽邊門, 현재의 興京과 懷姻'을 지나 '성창문(城廠門)'과 '왕청변문(旺淸邊門)'에 이르는 150리 내지 200리 가량의 방압공사(防壓工事)를 했다. 당시의 사정을 극히 단편적으로 남긴 淸 호부(戶部)의 이 기록에 의하면 신계(新界)는 구계(舊界)에 비하여 동쪽으로 50리를 더 전개했다고 되어 있다. 따라서 그 이전의 양국의 국경인 구계는 이 방압공사가 이루어진 '남반–봉황성(또는 봉성)–감양변문–왕청변문' 선보다 50리 서쪽에 있었음을 추정할 수 있다.[20]

즉 압록강 이북과 두만강 이북의 상당한 지역이 조선의 땅이었던 것이다. 당시의 국경을 표시한 지도를 보면 압록강 이북의 봉황성 부근에서부터 북쪽으로 상당한 길이의 책(柵)이 있다. 계속해서 그 위로는 성이 쌓여 있으며, '엽혁참'의 서쪽의 한 지점에서 동쪽으로 혼동강이 '역둔하'와 '낙니강'과 만나는 부근까지 책이 설치되어 있다.

그리고 이 이후부터 백두산정계비가 설치될 때까지는 양국 간에는 국경문제에 관한 아무런 변화가 없었다.

淸의 강희제는 1708년(강희 47년)에 당시 북경에 와 있던 프랑스인

---

20) 노영돈, 전게논문: 474.

선교사 Regis, Bouvet, Jartous에게 명하여 중국 영토 전체를 측량하게 했다. 7년간의 작업 끝에 지도로 만들어졌으며 1718년에 강희제에게 헌상됐다. 강희제는 이를 '황여전람도'라 명했다.[21] 이 지도에 의하면 조선과 청의 동·북 경계선은 두만강 하구에서 약 6km 동쪽 지점에서 시작된다. 두만강 북쪽에서는 흑산산맥을 따라 서남쪽으로 비스듬하게 이어지다가 백두산을 가로질러 압록강 상류의 모든 수계를 포함하는 동서산맥에서 선을 긋고 있다. 이는 혼강의 약간 북쪽을 따라 내려와 봉황성의 남쪽을 지나 압록강 하구의 서쪽 대동구에 이르는 선으로 도상에 점선으로 표시되어 있다. 이 국경선을 레지선(Regis Line)이라 부름[22]은 앞에서 살펴본 바와 같다.

한편 이 시기에 양국 간에는 우리가 말하는 광의의 간도지방, 즉 淸의 입장에서는 동북지방에 속인들의 출입을 막는 봉금령을 실시하여 이 지역을 사람이 살지 않는 지역으로 만들었다. 봉금정책을 실시한 청측의 이유는 청이 명을 공격하여 점차 대륙의 중심으로 이동하게 되면서 동화지성의 인구가 급격히 감소하고 경제발전이 저조해졌기 때문이었다.[23] 그리고 조선 측의 이유는 형제관계 또는 군신관계에서 우월한 지위에 있었던 청의 요청도 있었겠지만 변방에서 양국 사이의 충돌을 방지하기 위하여 완충적 기능을 위해서 봉금정책을 썼던 것이다.[24] 당시 동양에서는 선에 의한 국경선의 개념보다는 면에 의한 변방 개념이 주로 통용되고 있었다는 점을 고려하면 이 봉금지대는 양국 간

---

21) 김득황, 1987, 백두산과 북방관계, 서울: 사사연, 48-57.
22) 김득황, 전게서: 50.
23) 양소전·손옥매, 1993, 中朝邊界史, 장춘: 길림문사출판사, 164.
24) 국회도서관, 1975, 간도영유권관계발췌문서, 일본 외무성·육해군성문서, 1: 380.

의 변방이었다. 봉금령을 실시한 것은 이 변방에 양국이 취한 다소 구체적인 조치였다고 보아야 한다. 따라서 변방이 무인지대가 조선과 청의 어느 쪽에 귀속하는가는 당시로는 정해지지 않았다. 한편 이 봉금정책은 1867년 청에 의해서 일방적으로 폐지됐고, 그 후인 1883년 조선에 의해서도 폐지됨으로써 약 200년간 유지됐다.[25]

〈유조변책 중심의 지도〉[26]

---

25) 이 봉금지대가 과연 언제 설정된 것인가는 아직 명확하지는 않지만 사료의 분석에 의하여 대략적으로 청 태종 연간(1626–1643년)에 설책하고, 책문 밖 100리의 땅을 비워 두어 서로 접근치 못하게 한 것으로 보는 유력한 견해가 있다. 篠田治策, 1935, 白頭山定界碑, 東京, 樂浪書院, 註2, 24; 신기석, 1979, 간도영유권에 관한 연구, 서울: 탐구당, 10. 한편 중국 측 자료에는 청 순치년간(1643–1661년)에 속인의 출입을 제한하고, 1668년(강희 7년)부터 봉금정책은 나날이 강화되었다고 하고 있다. 楊昭全·孫玉梅, 전게서, 각주7: 164.
26) 유조변책 지도는 병자호란 시 '강도회맹'에 의한 지도로서 조선과 후금이 최초로 협약에 의한 국경으로서 국제법적으로 효력이 있음.

2. 백두산정계비

1) 백두산정계비 설치

1712년 강희제는 목극등을 파견하여 백두산 천지를 청의 영토로 하기 위하여 백두산 정상에서 남쪽으로 내려와 분수령을 찾아 국경을 삼는다는 원칙을 세우고, 조선에 대하여 강압적으로 이를 단행했다.[27] 이에 따라 백두산 정상에서 남동쪽 10리 되는 지점에서 분수령을 발견하고, 그 곳을 분계지점으로 정하여 1712년 5월 15일 비석을 하나 세웠다. 이 비석이 소위 백두산정계비이다. 이 비에는 "烏喇總管穆克登 奉旨査邊至此審視 西爲鴨綠 東爲土門 故於分水嶺上勒石爲記(오라총관 목극등은 황제의 명을 받들어 국경(邊)을 조사하기 위하여 이곳에 이르러 살펴본 결과 서쪽으로는 압록강이고, 동쪽으로는 토문강이다. 그러므로 분수령 상의 돌에 새겨 기록한다)"고 되어 있다.[28]

그리고 토문강이 동쪽으로 흐르다가 어떤 지점에서 땅 밑으로 복류(伏流)하여 어느 정도 흐르다가 다시 땅위로 흘러 북쪽으로 방향을 바꾸어 송화강에 합쳐지므로 이 복류하는 역이 땅위로 드러나 수류의 흔적이 있는데, 여기에 토퇴·석퇴를 쌓아 국경을 명확히 표시했다. 이 공사는 앞으로의 국경과 관련한 분쟁을 없애기 위하여 청의 목극등이 조선에 지시하여 조선의 부담으로 축조된 것이다. 목극등이 강희제에

---

27) 신기석, 1979, 간도영유권에 관한 연구, 서울: 탐구당, 14-25.
28) 원문은 "大淸 烏喇總管 穆克登奉 旨査邊 至此審視 西爲鴨綠 東爲土門 故於分水嶺上勒石爲記 康熙五十一年五月十五日 筆帖式蘇爾昌通官二哥 朝鮮軍官李義復趙台相 差使官許樑朴道常 通官金應瀗金慶門"이다.

게 제출한 복명서에도 이를 분명히 밝히고 있다.[29]

따라서 백두산정계비에 의할 경우 양국간의 국경은 압록강-백두산 정계비-토퇴·석퇴-(송화강 지류인)토문강 선으로 확정된 것이고 그 결과 조선은 압록강 북편의 소위 서간도지방을 청에 빼앗기게 됐다고 할 수 있다.

국경분쟁과 간도귀속문제에 있어서 관건이 되는 것은 숙종 38년에 새운 백두산정계비(白頭山定界碑)의 내용에 대한 해석이다. 여기에는 두 나라의 경계에 대해 "西爲鴨綠 東爲土門"이라 규정되어 있기 때문이다. 19세기 말에 조선은 토문강은 송화강(松花江)의 지류를 가리키는 것이라 했고, 청은 두만강의 이칭(異稱)이라 하여 논란이 일어났던 것이다. 그러므로 토문강이 정확히 어느 강인가를 포함하여 백두산정계비의 내용을 어떻게 이해하고 인정할 것인가의 문제가 곧 국경분쟁의 핵심이라 할 수 있다.

2) 백두산정계비에 의한 영토 축소

청과 조선은 강도회맹을 통하여 국경을 유조변책으로 삼고 이 지역을 봉금지대로 하여 약 200년간 유지되어 왔다. 그러나 조선의 자연재해로 인하여 식량이 부족하게 되자 조선의 농민들이 봉금지대를 개간하면서부터 청나라와 문제가 되기 시작했다. 200년간의 봉금지대

---

[29] 외무부, 출판연도미상, 간도-서북변경 귀속문제관계사료발췌: 5. 백산학회 편집부, 1972, 백산학보: 12.

라는 것은 사실 국제법적으로 보면 무주지라 할 수 있고 이 무주지에 조선의 농민들이 개간을 하였는데 이는 선점으로 볼 수 있다.

이에 대해 문제의 심각성을 느낀 청은 백두산정계비를 설치하게 되는데 淸의 성조(聖祖)가 백두산에 정계비(定界碑)를 건립하게 된 동기는 두 가지 점이 있었다고 본다. 즉 하나는 백두산을 신성시해서 항상 이에 관심을 가졌다는 점이고[30], 다른 하나는 상호월경(相互越境)을 금했음에도 불구하고 채삼(採蔘), 기타목적으로 월경하는 한인이 많아 살상사건이 빈번히 발생하므로 이것을 방지하기 위해서라고 하겠다.

강희년대(康熙年代)에는 백두산에 관한 사정을 전혀 모르고 있었던 것이 사실이다. 1677년(康熙16年) 성조(聖祖)는 內大臣 각라무묵납(覺羅武默納)과 대위(待衛) 비요색등(費耀色燈)을 불러 "장백산(長白山)은 조종발상(祖宗發祥)의 땅인데 지금 이곳을 확지(確知)하는 사람이 없으니 爾等은 오라장군(烏喇將軍)에게 가서 도로를 상지(常知)하는 사람을 앞에 세우고 현지를 답사하고 오라. 그리하여 제사(祭祀)에 사

---

30) 유봉영, 백두산정계비와 간도문제, 1972, 백산학보, 13: 77. 白頭山을 신성시한 것은 청 성조의 시조(始祖) 포고리옹순(布庫里雍順)의 전설에 기인한 것이다. 그 전설은 이러하다. 「長白山 東에 포고리산(布庫里山)이 있고 산 밑에 布爾胡里라는 못이 있다. 천녀 3인이 이 못에서 목욕을 할 때 神鵲이 失果一個를 불고론(佛庫論)이라고 하는 끝 天女의 옷에 두었다. 그 天女는 옷을 입으려고 하다가 失果를 보고 퍽 珍奇하게 여겼다. 그래서 땅에 놓을 수가 없어 입에 물었더니 失果가 갑자기 腹中으로 들어갔다. 그 卽時 佛庫倫는 姙娠하였고 그 때문에 地上에 남아 있어 一男子를 分娩함에 性을 愛新覺羅, 名을 布庫里雍順이라고 하였다. 布庫里雍順이 成長하니 그 母는 "너는 하늘이 亂國을 平定하라고 보낸 것이니 그 곳으로 가라"하고 乘天하였고 雍順은 작은 배를 타고 江을 따라 내려오다가 어느 곳에 倒着했는데 그곳에는 三個部族이 있어 서로 鬪爭을 일삼고 있었다. 그러던 次에 雍順을 보고 奇異한 사람이라고 생각되어 鬪爭을 中止하고 合心하여 雍順을 推戴하여 貝勒을 삼았다. 이곳이 長白山東에 있는 俄莫惠野 俄朶里城이며 國號를 滿洲라고 했다.」

(使)케 하라"했던 바 무묵납등(武默納等)이 장백산(長白山)을 답사하고 그해 9월에 복명했다. 그 자리에서 성조는 "장백산(長白山)은 발양중지(發揚重地)로 기적이 많은 곳이니 그 산령에 봉호(封號)를 주고 영구히 제사(祭祀)를 하도록 하라"고 했다.

그 다음해인 1678년(康熙17年) 5월 성조는 내대신각라무묵납(內大臣覺羅武默納)과 일등시위(一等侍衛) 대진(對秦)에게 長白山의 신을 봉(奉)하는 동시 오악(五嶽)과 동일하게 제사(祭祀)토록 했다. 그 후 1684년(강희23年) 11월에도 내각학사(內閣學士) 범승훈(范承勳)을 장백산(長白山)으로 보내 제사를 지내게 하기도 했다. 성조는 이렇게 장백산(長白山)에 관심을 갖는 동시 그 등산로를 조선 경내에서 찾으려고 했다. 1691년 북경에 갔던 우리 사신의 보고문서중에 淸國 황제의 명령에 의해서 영고탑(寧古塔)을 경유 장백산에 갔던 대신 5인을 조선으로 보내 압록강을 거슬러 올라가서 장백산을 다시 살피게 할 것이라고 했다. 그 표면상 목적은 일통지(一統志)를 편찬(編纂)하려는데 있다는 말이 있었다.

조선 후기(숙종) 까지 조선이나 명 또는 청이 국경문제에 대해서 이의를 제기한 적은 없었다. 문제가 있었다면 犯越의 문제 정도였다. 물론, 청이 강희 7년(1668, 현종 6년) 封禁政策 실시 이후 압록강–백두산–두만강 지역의 지리정보를 수집하기 위해 답사를 시도하면서 조선정부의 도움을 요청하는 경우가 있었으나[31], 모두 철회됐다.

그런데 숙종 37년(1711) 이만지(李萬枝)의 범월(犯越) 살인사건[32]을

---

[31] 肅宗實錄 5年 12月 12日 11年 10月 9日 17年 11月 16日.
[32] 조선인 이만지 등이 위원(渭原)의 북문 밖에서 청인 막사에 뛰어들어 청인 5명을 살해하고 산삼을 약탈한 사건이다.

계기로 조선 정부는 더 이상 청의 압록강–백두산–두만강 답사에 협조하지 않을 수 없었다.

당시 청의 입장은 다음과 같은 강희제의 지시(강희 50년, 1711)에서 알아볼 수 있다.

> 황제께서 大學士 등에게 말씀하시기를 "…混同江은 장백산 뒤에서 나와 船廠의 打牲烏喇를 지나 동북쪽으로 흘러 흑룡강과 만나 바다로 들어간다. 여기는 모두 중국 지역에 속한다. 鴨綠江은 長白山에서 동남쪽으로 흘러나와 서남으로 향하여 봉황성과 조선국 의주 사이를 지나 바다로 들어간다. 압록강의 서북은 중국의 땅이고, 동남은 조선의 땅이니 강을 경계로 삼는다. 土門江은 장백산 동변에서 흘러나와 동남쪽으로 향하여 바다로 들어간다. 토문강의 서남쪽은 조선 땅이고, 강의 동북은 중국 땅이다. 역시 강을 경계로 한다. 이 곳은 명백하다. 다만, 압록강과 土門江 두 강 사이의 땅이 불명확하다. 전에 部의 관원 두 사람을 보내서 봉황성에 가서 조선인 李玩枝[李萬枝]사건을 會審하도록 하였고, 또 打牲烏喇總管 穆克登에게 함께 가도록 파견하였는데, 그들이 가르침을 달라고 하였을 때, 짐이 비밀리에 하유하기를 "너희들이 이번에 가서 땅을 조사하여야 한다. 조선 관원과 함께 강을 따라 올라가거라. 만약 중국에 소속한 지방을 가게 되거든 조선의 관원과 함께 가고, 혹여 중국에 소속된 지방에 장애가 있어서 통행할 수 없는 곳에서는 너희들이 함께 조선 소속 지방을 가거라. 이 참에 끝까지 가서 상세히 살펴보고 변계를 밝히는 데 힘쓰고 와서 보고하여라" 했었다. 생각하건데, 그들은 저쪽(조선)이 출발하기 전에 가야 할 것이다. 이번에 조사하는 지방의 상황을

더욱 명백히 하도록 하라."[33]

淸은 이미 「盛京通志」를 간행한 상태였고, 프랑스 예수회 소속 선교사들의 건의에 따라 전국에 대한 지도 제작 사업을 진행하고 있었다. 강희 49년(1709년) 6월 25일에는 선교사들을 동북지방으로 보내 지도 제작 사업을 시작했다. 그 범위는 요동(遼東), 두만강, 송화강에 이르렀다. 다음해 8월 27일에는 추가로 흑룡강(黑龍江) 지역에 대해 지도 제작 사업을 시작했다. 이들 두 지도제작팀은 1710년 12월 14일 측량 결과를 지도로 만들어 북경에 보내왔다. 이 지도에서 압록강과 두만강 사이가 불분명하기 때문에, 강희제는 1711년과 1712년에 穆克登을 보내게 되었다.[34] 淸은 결국 1712년에는 조선에 공문을 보내어 다음과 같은 사항을 통고했다.

> 금년에 穆克登을 보내어 봉황성에서 장백산에 이르는 우리 (淸) 변경을 조사하려 하는데... 육로를 통하여 토문강에 가서 우리(淸) 지방을 조사하려는 즉, 우리(淸) 변경내로 가는 것은 도로가 멀고 지세가 매우 험하니 중도에 장애되는 일이 있으면 조선으로 하여금 보살피게 한다.

---

33) 康熙實錄 卷246, 50年 5月 己丑朔 癸巳(初 5日). "諭大學士等曰…混同江自長白山後流出, 由船廠打牲烏喇向東北流, 會與黑龍江入海. 此階系中國地方. 鴨綠江自長白山東南流, 向西南而往, 由鳳凰城朝鮮國義州, 兩間入于海. 鴨綠江之西北, 系中國地方, 江之東南, 系朝鮮地方, 以江爲界. 土門江自長白山東邊流出, 向東南流入海. 土門江西南, 系朝鮮地方, 江之東北, 系中國地方, 亦以江爲界. 此處俱已明白, 但鴨綠江土門江, 二江之間, 知之不明. 前遣部員二人, 往鳳凰城會審朝鮮人李玩枝事, 又派出打牲烏喇總管穆克登同往, 伊等請訓旨時, 朕曾密諭云, '爾等此去, 并可查看地方, 同朝鮮官沿江而上. 如中國所屬地方可行, 卽朝鮮官在中國所屬地方行, 或中國所屬地方有限礙不通處, 爾等俱在朝鮮所屬地方行. 乘此便至極盡處, 詳加閱視, 務將邊界查明來奏.' 想伊等已由彼起程前往矣. 此審地方情形庶得明白." 王其(編), 1987, 淸實錄: 國朝鮮篇資料, 中國社會科學院 中國邊疆史地硏究中心: 252재인용.
34) 中國測繪史編輯委員會, 2002, 中國測繪史, 第2卷, 北京: 測繪出版社, 470-471.

이것은 종래 양국의 국경이 레지스(Regis)가 그린 선, 즉 함반(檻盤)-봉황성(鳳凰城)-회양변문(回陽邊門)-성창문(城廠門)-왕청변문(旺淸邊門)에 이르는 선으로 두만강 북편은 물론 압록강 북편도 조선의 영토였던 것이다. 淸의 강희제가 그들의 건국신화를 자의적으로 적용하여 백두산을 성지로 삼고 당시의 조선과 청과의 관계가 군신관계였다는 점을 이용하여 강압적으로 영토를 탈취하려는 것이었다. 그리하여 이렇게 파견된 穆克登은 강희제의 명에 따라 白頭山 천지를 청의 영토로 하기 위하여 백두산 정상에서 남쪽으로 내려와 분수령을 찾아 國境을 삼는다는 원칙을 세우고, 조선에 대하여 강압적으로 이를 단행했다.[35] 이에 따라 백두산 정상에서 남동쪽 10리 되는 지점에서 분수령을 발견하고, 그곳을 분계지점으로 정하여 1712년 5월 15일 비석을 하나 세웠다. 이 비석이 백두산정계비(白頭山定界碑)이다.[36]

여기서 중요한 것은 백두산정계비가 세워지면서 조선은 서간도를 잃게 되는 것이다. 지금도 여러 학자들이 백두산정계비에 대해 많은 연구를 하고 있다. 하지만 백두산정계비는 서실 우리 입장에서는 더 이상 연구를 할 가치가 없는 것이다. 이미 유조변책의 선을 중심으로 국경이 정립됐는데 청이 일방적으로 선언한 백두산정계비에 대해 논의 할 필요가 없다는 것이다. 이는 국경을 위한 조약이나 협약도 아니고 또한 양국의 왕이 나서서 한 조약이 아닌 돌에다 국경을 표시한 것에 불과 하기 때문에 이 정계비를 국경의 선으로 인정하면 안 되는 것

---

35) 신기석, 1979, 간도영유권에 관한 연구, 서울: 탐구당, 14-25.
36) 백두산정계비는 1712년 설치된 이래 1931년까지 오랜 세월동안 계속 있었다. 그러나 1931년 7월 28-29일 사이의 야간에 일제에 의하여 백두산정계비는 사라지고 비 자리 곁에는 '백두산 등산로' 라는 푯말이 대신 서있게 되었다.

이다. 힘의 논리에 의한 백두산정계비를 인정 하면 우리는 서간도를 잃게 되는 것이다.

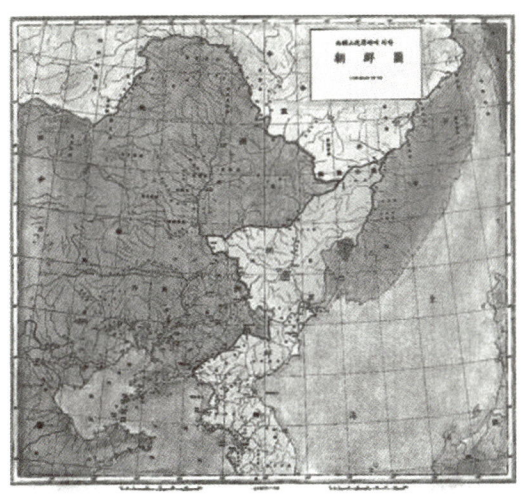

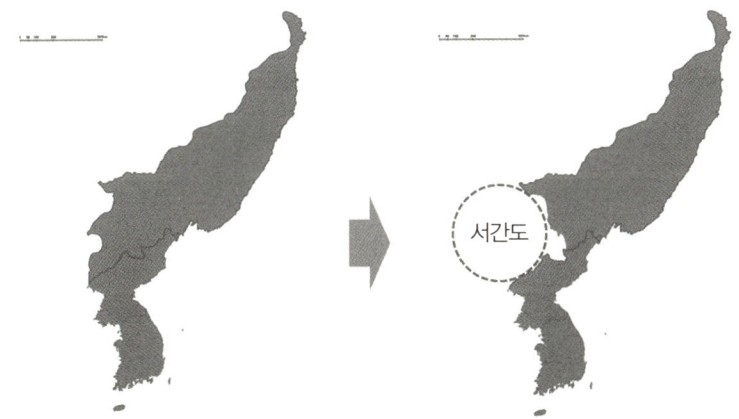

백두산정계비에 의한 영토의 축소[37]

---

[37] 유조변책에 의한 조선과 후금의 협약은 무시되고 조선과 청의 국경을 확인하기 위해 백두산정계비를 설치했는데 이로 인하여 서간도를 잃었다.

3. 아이훈 조약과 연해주

1) 아이훈 조약과 북경조약

(1) 아이훈조약

러시아는 1689년의 네르친스크조약에 따라 헤이룽강(아무르강) 지방에 진출할 수 없었으나 19세기 중반 무라비요프가 동(東)시베리아의 총독이 되자 이 지역 탐색을 강행했다. 또한 청나라가 태평천국(太平天國)의 난과 영국과의 애로호(號) 사건으로 시달리고 있는 것을 기화로 청나라의 전권대사 이산[奕山]을 협박해서 이 조약을 맺게 했다.

조약은 3조로 이루어져 헤이룽강 좌안(左岸)을 러시아령(領)으로 하고, 우안(右岸)의 우수리강에 이르는 지역을 청국령으로 하며, 우수리강에서 바다에 이르는 지역을 양국 공동관리하에 두도록 정했다. 또한 헤이룽강 좌안의 만주인 부락을 청국 관할하에 둔다는 것과 헤이룽강·쑹화강[松花江] 및 우수리강을 항행할 수 있는 것은 양국의 선박으로 한정했다. 이어 1860년 11월에는 양국 사이에 베이징조약[北京條約]이 체결되어 앞서 공동관리하에 있던 우수리강 이동(以東)의 연해지역도 러시아령이 됐다.

(2) 북경조약

1860년 10월 영국·프랑스·러시아 등 3국과 개별적으로 체결한 3개 조약이다. 청·영, 청·프랑스 간의 조약은 1856년 애로호사건 이래 제2차 아편전쟁을 마치게 한 것으로, 1858년 톈진[天津]조약을 보충·수정한 것이다.

여기서 청국은 외교사절의 베이징 주재권을 확인하고, 배상금 800만 냥 지불, 청국 이민의 해외도항(渡航), 톈진 개항(開港) 등을 인정했다. 또 영국에 대하여는 주룽[九龍]의 할양, 프랑스에 대하여는 몰수한 가톨릭 재산 반환을 인정했다.

1860년 11월 러시아와 체결한 조약은 청국과 영·프랑스 간의 강화를 러시아가 알선한 이유로 러시아 요구를 받아들인 것이다. 1858년 '아이훈[愛琿]조약'으로 국경이 확정될 때까지, 청·러 양국이 공유한 우수리강(江) 이동의 연해지방을 러시아 영토로 정한다는 것, 국경에서 양 국민의 자유교역을 인정하고 세금을 면제하며, 쿠룽·카슈가르·장자커우[張家口] 등을 무역지로 인정하는 것 등이 그 내용이다.

이 조약을 고비로 청나라에서는 보수배외파(保守排外派)가 물러나고, 조약체결에 나선 공친왕을 중심으로 한 대외화친파(對外和親派)가 득세했다. 그를 장(長)으로 한 외교 전문기관인 총리아문(總理衙門)이 처음 설립됐다. 태평천국의 난을 진압하기 위해 영국·프랑스 등의 원조를 받으면서 이른바 '양무(洋務)운동'이 권장됐다.

2) 잃어버린 영토 연해주

러시아는 청나라가 아편전쟁으로 인한 내부 문제를 중재 하면서 그 대가로 두 조약을 통하여 연해주 지역을 요구했다. 청은 개화 물결 속에서 조선의 영토인 연해주 지역을 러시아에 내주게 되는 것이다.

조선과는 아무 상관없는 청의 내부 문제 해결을 위해 청이 연해주를 러시아에 내주면서 청나라는 아편전쟁을 종식하게 됐다. 조선은 이를 통해 조선의 영토였던 연해주를 잃게 되고 후에 이를 알게된다.

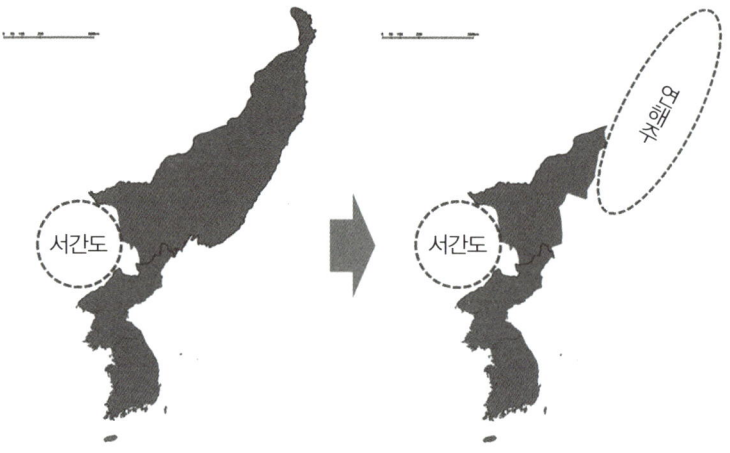

〈아이훈조약과 북경조약에 의한 영토축소〉[38]

---

[38] 아이훈조약과 북경조약을 통하여 청은 연해주 지역을 러시아에 할양함으로서 조선은 연해주 지역을 이 당시에 잃었다.

4. 메이지 유신과 대마도

1) 메이지 유신

　명치유신이라고 하는 메이지유신은 일본의 가장 큰 변혁기를 만든 사건이다. 선진자본주의 열강이 제국주의로 이행하기 전야인 19세기 중반의 시점에서 일본 자본주의 형성의 기점이 된 과정이다. 그 시기는 대체로 1853년에서 1877년 전후로 잡고 있다. 1853년 미국의 동인도함대 사령관 M.C.페리 제독이 미국 대통령의 개국(開國) 요구 국서(國書)를 가지고 일본에 왔다. 이때 유신의 싹이 텄고, 1854년 미·일 화친조약에 이어 1858년에는 미국을 비롯하여 영국·러시아·네덜란드·프랑스와 통상조약을 체결했다.

　막부 정치란 천황은 있지만 권력이 없고, 막부의 우두머리인 쇼군이 천황을 보호한다면서 실질적으로 통치하는 정치형태다. 이 조약은 칙허 없이 처리한 막부(幕府)의 독단적 처사였으므로 반막부세력(反幕府勢力)이 일어나 막부와 대립하는 격동을 겪었다. 쇼군은 땅을 매개로 지방 다이묘들을 지배하고, 다이묘들은 다시 사무라이를 이용해서 농민을 지배하는 봉건 제도를 실시했다. 이런 과정 속에서 700여 년 내려오던 막부가 1866년 패배했고, 1867년에는 대정봉환(大政奉還)·왕정복고가 이루어졌다. 메이지 정부는 학제·징병령·지조개정(地租改正) 등 일련의 개혁을 추진했다. 또 부국강병의 기치하에 구미(歐美) 근대국가를 모델로 삼고 국민의 실정을 고려하지 않는 관주도(官主導)의 일방적 자본주의 육성과 군사적 강화에 노력해 새 시대를 열었다.

　이 유신으로 일본의 근대적 통일국가가 형성됐다. 경제적으로는 자본주의가 성립했고, 정치적으로는 입헌정치가 개시됐으며, 사회·문화적으로는 근대화가 추진됐다. 또, 국제적으로는 제국주의 국가가 되어 천황제적 절대주의를 국가구조의 전분야에 실현시키게 됐다. 유신을 이룩한 일본은 구미에 대한 굴종적 태도와는 달리 아시아 여러 나라에 대해서는 강압적·침략적 태도로 나왔다. 1894년의 청일전쟁 도발, 1904년의 러일전쟁의 도발은 그 대표적인 예이며, 그 다음 단계가 무력으로 한국을 병합한 것이다.

이러한 군국주의의 종말은 1937년에는 중일전쟁을 유발했고, 1941년에는 미국의 진주만(眞珠灣)을 공격함으로써 태평양전쟁을 일으켜, 독일 이탈리아와 함께 제2차 세계대전에 참여했다. 그 결과 1945년 히로시마[廣島]와 나가사키[長崎]에 사상(史上) 최초의 원자폭탄(原子爆彈)이 투하되는 비극을 자초했다.

2) 대마도와 판적봉환

국가의 3대 요소는 국민과 영토와 주권이다. 일반적으로 국민을 관리하는 것은 호적이며, 영토를 관리하는 것은 지적이다. 국가를 관리하는 것은 호적과 지적을 관리 하는 것인데 이를 판적이라 하고, 받친다는 것을 봉환이라고 하니 판적봉환은 국민과 영토를 천황에게 받치는 것을 말한다.

판적봉환이란 근대 일본의 중앙집권 정책 중 하나로서, 다이묘들이 토지와 백성을 메이지 천황에게 반환한 것을 말한다. 보신 전쟁의 승리가 예상되는 가운데, 1869년 3월 2일 사쓰마·조·도사·히젠 번의 다이묘가 토지와 백성을 천황에게 반환하는 판적봉환 건백서를 제출했다. 다른 번들도 이에 동참한 결과 같은 해 7월 25일 메이지 천황이 받아들였다. 1870년 8월 보신 전쟁의 사후 처리 때문에 늦어진 도호쿠 지역 번들의 판적봉환을 끝으로 마무리됐다.

왕정복고 대호령으로 쇼군의 통치권은 폐지됐지만 여전히 다이묘들의 통치권은 유지되고 있었기 때문에 각 번에 대한 중앙정부의 지배력은 매우 약했다. 중앙정부의 지배력을 강화하기 위해서는 각 번에 대한 다이묘들의 통치권을 약화시킬 필요가 있었다.

1869년 3월, 보신 전쟁의 승리가 예상되는 가운데 신정부의 핵심인 사쓰마·조슈·도사·히젠 번의 다이묘가 자신들의 토지와 백성을 메이지 천황에게 반환한다는 판적봉환 건백서를 제출했다. 보신 전쟁이 승리로 끝나자 같은 해 7월 25일 다른 번의 다이묘들도 판적봉환 건백서를 대부분 제출했다. 1870년 8월 보신 전쟁의 사후 처리 때문에 늦어진 도호쿠 지역 번들의 판적봉환을 끝으로 마무리됐다.

신정부는 접수한 다이묘들의 판적봉환 건백서를 당시의 법률 심의 기관인 공의소의 자문을 거쳐 공식화한 후, 기존의 제도를 개혁하는 번제(藩制)를 발표했다. 이에 따라 번은 막부 영지를 접수하고, 설치한 직할부현(直轄府県)과 함께 중앙정부의 명령을 집행하는 지방행정구역 중 하나가 됐다. 이로써 왕정복고 대호령 이후 선언적 수준에 머물러 있던 부번현삼치제(府藩県三治制)가 실질적으로 확립됐다.

총 274개 번의 다이묘를 그대로 각 번의 지번사로 임명했다. 하지만 지번사가 각자 기존의 가신단을 이끌고 각 번의 정치를 담당했기 때문에 기존의 통치력을 일소하는 효과를 볼 수는 없었다. 그럼에도 지번사의 사유재산으로 간주되었던 토지와 백성에 대한 통치력이 부정되고, 어디까지나 지번사는 중앙정부로부터 월급을 받는 존재로 규정됐다. 그 결과 각 번의 자립성이 급격히 쇠퇴하기 시작했다는 점에서 봉건 체제를 대신하는 근대적 중앙집권 체제 확립을 향한 진일보한 정책

이라고 할 수 있다.

　이후 판적봉환이 남긴 근대적 중앙집권 체제 확립의 과제는 1871년 8월 29일 번을 폐지하고 전국을 부현으로 일원화한 폐번치현의 실시로 마무리됐다.

　대마도는 달랐다. 일본의 근대화 과정에서 메이지유신의 흐름에 대마도주는 일본의 천황에게 무력에 의한 판적을 봉환하므로써 일본의 영토가 된 것이다. 이는 불법이며 무력에 의한 것으로 대마도는 한국의 영토이다.

　1869년 1월, 메이지유신에 공이 컸던 다이묘(道知事)들이 일본 천황에게 자신들의 '영지(領地)'와 '영민(領民)', 즉 '판적(版籍)'을 반환하는 '판적봉환(版籍奉還 한세키호칸)' 건의서를 제출했다. 이어 1869년 7월 25일 판적봉환 실시로 대마도가 일본에 넘어가게 된 것이다.

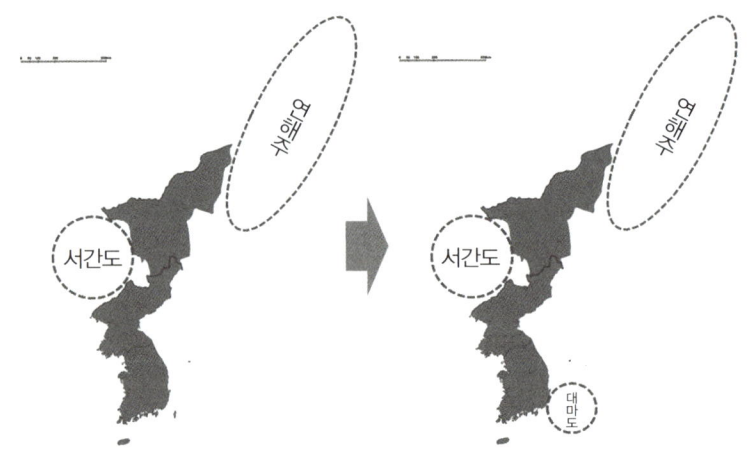

〈일본의 메이지유신으로 대마도 영토축소〉[39]

---

39) 일본의 근대화 과정 속에서 메이지유신으로 판적봉환을 통하여 조선은 대마도를 잃었다.

5. 간도협약과 북간도

1) 을사늑약과 간도협약

현재 중국의 입장에서 자신들이 간도 영유권을 주장하는 근거로 내세우는 것을 정리해 보면 다음과 같다. 첫째, 간도의 영토를 누가 먼저 취득했는가의 측면에서 淸 태조와 태종이 차례로 이 지역을 정복하여 淸의 판도에 편입됐고, 두만강을 경계로 하게 됐다고 하는 것,[40] 둘째로 자연지세가 청에 편리하다는 것, 셋째로 토문강을 두만강이라고 간주하고 경계조약인 1712년의 백두산정계비(白頭山定界碑)가 토문강으로 경계를 정했다는 것, 그리고 「淸·日 간도협약」에 의하여 간도영유권문제가 종결됐다는 것 등이다.

살펴보건대 첫번째 근거에 있어서는 청 또는 중국대륙의 다른 국가들에 의한 간도지배가 배타적이고 일방적인 것이 아니었고, 한국역사상의 여러 국가들에 의해서도 그 지배나 정벌이 있었다는 점, 그리고 당시에는 조선과 淸에게는 이 지역이 공히 변방이었다는 점에서 타당성이 없다. 두번째의 근거에 있어서도 지리적 인접성은 물론 그 지역에 대한 역사적 귀속 또는 관련성, 그리고 한인의 領土의식이 한국 측이 더 강하다는 점에서 인정할 수 없고, 세번째의 근거는 淸측이 자의적으로 白頭山定界碑상의 토문을 두만으로 해석하는 것과 관련하여 조선이 1883년 이래 이에 대하여 이의제기를 했다. 이어 1885년의 을

---

[40] 宋敎仁, 1986, "간도문제," 李樹田편, 「光緖丁未延吉廳務報 領土問題之解決」, 長春: 吉林文使出版社: 453–455.

유감계(乙酉鑑戒)회담과 1887년의 정해감계(丁亥鑑戒)회담에서도 조선 측이 토문은 송화강의 지류로서 실재하는 강이라고 주장한 바 있고, 토문의 해석 또는 검증이 아직까지도 법적으로 해결된 바가 없다는 점에서 이에는 법적인 아무런 구속력이 없다고 할 것이다. 마지막 근거인 간도협약에 대해서는 더 자세하게 검토해 본다.

(1) 협약체결의 근거

간도협약은 대한제국이 아닌 일본이 청국과 체결한 것으로 1905년의 이른바 '을사늑약'[41]을 근거로 한 것이다. 을사늑약의 법적 효력에 대해서는 무효라는데 한·일 양국의 의견이 일치되어 있다. 그런데 한국 측에서는 을사늑약은 오늘날에 와서가 아니라 원천적으로 무효라고 하는데 비해, 일본 측에서는 오늘날은 이미 무효이지만 제국주의가 허용되던 당시에는 국제사회에서 현실적으로 유효한 효력을 가졌으며, 다만 그것은 도덕적 또는 역사적으로 부당했다거나, 아니면 아예 정당한 것이라고 보는 것이다.[42]

주지하는 바와 같이 을사늑약은 일본 제국의 정부대표들이 군대를

---

[41] 1905년 11월 18일 일본은 명칭도 없는 조약을 체결하여 대한제국의 외교권을 박탈하고 대한제국을 피보호국화 했다. 따라서 이 조약을 부르는 명칭은 매우 다양하다. 한국에서는 '을사조약', '을사늑약', '을사5조약' 등으로 부르고, 일본에서는 '한국외교위탁조약', '(제2차)일-한 협약', '일-한 보호협약' 등으로 부른다. 당시 일본이 국제사회에 이 조약의 체결을 알리기 위해서 작성한 영문 번역문의 제목에서는 'Convention', 조약의 본문에서는 'Agreement' 라고 되어 있다. 노영돈, 2006, 을사조약의 법적 효력에 관한 연구, 한국정치외교사학회, 28(1): 57. 이하에서는 을사늑약이라 한다.

[42] 이태진, 2001, 한국병합은 성립하지 않았다, 서울: 태학사, 17-25.

대동하고 대한제국의 황제는 물론 참정대신, 외부대신 등 국가를 대표하는 내각대신 개인을 직접 강제로 서명케 했던 것으로 이것은 당시의 국제관습법에 비추어 볼 때 '체결 시부터 효력이 발생되지 않았다'는 결론에 이르게 한다. 이에는 4가지 주의할 점이 있다. 첫째는 이른바 '보호조약'에 관한 이러한 결론은 이미 국제법상 논란의 여지조차 없을 만큼 명백하다는 것이다. 둘째, 이 결론은 적어도 국제법상으로 일본이 국제사회에 등장하기 이전부터 확립되어 있던 국제관습법 원칙을 적용한 결과라는 점이다. 셋째 한일협정 체결 이전인 1960년대 전반에 유엔의 중요 회의에서 이 사건을 이러한 원칙에 따라 체결 시부터 효력이 발생되지 않는 조약의 실례로 들고 있다는 점이다. 마지막으로 이러한 결론이 국제적으로 확정된다면 종군위안부 등의 문제에만 영향을 미치는 것이 아니라 이 사건 이후 40여 년에 걸친 일본의 조선지배에 대한 법적 정당성의 논거가 근본적으로 뒤집히게 될 것이라는 점이고[43], 후술할 '간도협약'의 무효성에 결정적인 작용을 하게 될 것이다. 을사늑약의 내용을 살펴보면 다음과 같다.

제1조는 '일본국 정부는 동경소재 외무성을 경유하여 금후 조선의 외국에 대하는 관계 및 사무를 감리 지휘함이 可하고, 일본국의 외교대표 및 영사는 외국에 있는 한국의 신민 및 이익을 보호함이 可함'이라고 했는데 이는 일본의 보호권의 범위는 외교권에 국한 되어 있고 또 조선의 외교를 감리·지휘하는 권한만 가짐을 의미한다.

---

43) 도츠카 에쓰로, 김익한 역, 1995, "을사조약의 불법성과 일본정부의 책임, 이태진 편저, 일본의 대한제국 강점, 서울: 까치, 313.

제2조 후문의 '한국정부는 금후 일본정부의 중개에 의하지 아니하고 국제적 성질의 어떠한 조약이나 또는 약속을 아니함을 약함'이라 하고 있다. 이는 대한제국의 존재를 긍정하고 있고, 일본은 대한제국을 대리하여 외국과 교섭할 권한만을 가질 뿐 조약체결의 권한은 여전히 대한제국이 가지고 있다는 것으로 해석된다. 이와 같이 을사늑약의 내용상으로 보아 그 어디를 보아도 조선의 영토를 일본이 양도 또는 처분할 수 있는 근거가 없다. 이를 청·일 간도협약을 통해서 대한제국의 간도영유권을 처분한 일본의 행위가 과연 보호국의 권한 내에 속하는가를 국제법적 해석을 통해 분석한 결론에 의하면, 을사늑약에 의해 일본이 갖는 대한제국의 조약체결권의 법적성질은 대리권의 범위가 불명확한 경우이므로 법의 일반원칙에 따라 그 범위는 '보존행위·이용행위·개량행위'에 한하고 '처분행위'는 포함되지 않는다.[44] 따라서 국제법적해석을 통해 보아도 일본이 청국과 체결한 간도협약은 전혀 법적 근거도 없다고 생각된다.

(2) 간도협약의 체결과정

러·일 전쟁에서 승리한 일본은 러시아로부터 북위 50도 이남의 사할린을 할양받아 가는 한편 대한제국에 대한 장악을 강화하고는 1905년 11월 17일 「을사늑약」을 체결해 대한제국의 외교권을 박탈했다. 이로 인하여 1906년 10월에 대한제국은 통감으로 와 있는 이토 히로부미(伊藤博文)에게 공문을 보내어 간도에 거주하고 있는 한인의 보호를

---

44) 김명기, 1985, 청일 간도협약의 무효, 고시계: 142-143.

의뢰했다. 이러한 의뢰를 받은 일본은 1907년 8월 간도에 통감부 간도파출소를 설치하는 한편, 같은 날 북경주재 일본 공사를 통해 淸國 정부에 간도영유권문제가 오랫동안 해결을 보지 못하고 있으나 이 지역의 한인의 생명과 재산을 보호하기 위해 일본이 관리를 파견한다는 취지의 성명을 했다. 이렇게 해서 일본이 대한제국을 대신하여 간도영유권문제에 개입하게 됐다.

淸과 일본 간의 회담은 1907년 8월부터 간도협약이 체결된 1909년 9월까지 2년여에 걸쳐 북경에서 淸國 정부와 일본공사 간에 진행됐다. 처음 일본이 간도는 대한제국의 영토임을 주장했고 이를 위하여 일본이 제시한 근거는 상당히 치밀한 것이었다. 그런데 일본이 간도가 대한제국의 영토라고 주장한 데는 그것이 사실이어서 그런 것 외에도 또 다른 이유가 있었다.

즉 당시 그들의 대륙침략계획에 의할 때, 실제 역사 속에서 경험한 바와 같이, 조만간에 대한제국을 합병할 것이 계획되어 있었다. 이러한 상황에서 간도가 대한제국의 영토로 확정될 경우, 일본은 대한제국의 병합만으로 간도도 당연히 수중에 넣게 된다는 판단 때문이었다. 그런데 간도영유권문제를 두고 청·일 간에 진행된 회담이 대립만을 거듭할 뿐 성과를 보이지 못했다. 일본은 간도영유권문제만을 갖고 淸과 논의하는 것은 실익이 없다고 판단하고, 그들의 대륙침략정책의 차원에서 간도문제보다 더 중요한 의미를 가지는 만주전역에 관한 다른 현안들을 성취하기 위하여 1909년 2월 6일 소위 「동삼성육안(東三省六案)」이라는 것을 내놓았다.

동삼성육안이란 흔히 만주지방이라고 하는 淸 동부의 3개 성, 즉 흑룽강성(黑龍江城), 길림성(吉林省), 봉천성(奉天城)에 관한 6개의 안이다. 첫째 만주철도의 병행선인 신법철도(신민둔(新民屯)-법고문(法庫門) 간에 대한 부지권 문제, 둘째 대석교(大石橋)-영구(營口)간의 지선 문제, 셋째 경봉철도를 봉천선 밑까지 연장하는 문제, 넷째 무순(撫順) 및 연대(煙袋) 탄광의 채굴권 문제, 다섯째 안봉선(安奉線) 연안의 광산 문제, 그리고 여섯째 간도귀속 문제 등이었다.[45]

이 안은 전 5안과 후 1안으로 구분된다. 전 5안은 淸이 일본에게 인정할 사항으로 만주지역에서의 철도 또는 탄광 등에 대한 5가지의 이권을 부여하라는 것이고, 후 1안은 그러면 그 대가로 일본이 간도영유권을 淸에게 인정해 주겠다는 것이다. 이「동삼성육안」의 의미는 전 5안에 의해 일본이 이권을 가지게 되면 그에 필요한 인원과 장비뿐만이 아니라 그 보호에 필요한 병력을 투입할 수 있게 된다. 그럴 경우 日本은 대륙침략을 위한 군사적 거점을 합법적으로 확보하게 되기 때문에 만주의 일부분에 불과한, 그리고 일본의 입장에서 후방이 되어버리는 간도를 淸에 귀속시켜도 장기적으로는 그들의 대륙침략정책을 위해 훨씬 유익하다는 것이다. 이렇게 하여 간도영유권에 대해 대한제국의 영토임을 치밀한 논거에 의해 주장하던 일본은 돌연 그 태도를 바꾸게 됐다.[46]

「동삼성육안」 제안의 의미를 눈치 챈 淸은 처음에는 이를 거부했으나 결국은 일본의 안대로 받아들여 1909년 9월 4일 북경에서 「청·일 간도협약」과 「청·일 만주협약」을 체결했다. 이 중 간도협약은 「동삼

---

[45] 이한기, 1969, 한국의 영토, 서울: 서울대학교 출판부, 337.
[46] 이성환, 2004, 간도는 누구의 땅인가, 서울: 삼림출판사, 66-67.

성육안 중에서 후 1안을 조약화한 것이고, 만주협약은 전 5안을 조약화한 것으로 간도협약과의 교환의 성질을 가진 것이다. 따라서 간도협약 자체는 그 동안 조선과 淸간에 문제가 됐던 간도의 영토적 권원을 밝힌 것이 아니다. 과거의 조선과 淸간의 간도영유권분쟁이 淸과 일본에 의해서 다루어지게 되면서 간도를 볼모로 삼아 양국 간의 흥정의 대상이 된 것이다. 특히 이 문제처리의 근간이 「동삼성육안」이었던 점을 고려할 때 간도협약과 만주협약은 사실상 불가분의 일체를 이루는 것이다. 그러나 일본과 淸 양국이 하나의 조약으로 이를 해결하지 않고 두개의 협약으로 분리하여 체결한 것에서 그러한 간도영유권문제의 해결이 타당하지 못하다는 것을 스스로 인식하고 이를 은폐하려는 일본과 淸의 치밀한 의도를 엿볼 수 있다.

(3) 간도협약의 내용과 문제점

淸·日 간도협약은 淸의 연명외무부상서 회변대신 양돈언(梁敦彦)과 일본의 특명전권공사 이집원언길(伊集院彦吉)가 북경에서 조인한 전문과 7개 조로 구성되어 있다. 그 내용을 보면[47] 다음과 같다. 淸·日 양국은 도문강이 선량의 호의에 비추어 조선과 淸의 국경임을 서로 확인하며 강원지연에 있어서는 정계비를 기점으로 하여 석을수(石乙水)로써 양국의 경계로 한다. 청은 그 대가로 淸은 용정촌(龍井村)·국자가(國子街)·두도구(頭道溝)·백초구(百草溝)를 외국인의 거주 및 무역을 위하여 개방하고, 일본은 이들 지역에 영사관 또는 영사관 본관을 설치하는 조약이었다.

---

[47] 국회도서관, 1975, 간도영유권 관계 발췌문서, 서울: 국회도서관, 251-252.

〈한인 잡거구역도〉

또한 淸은 종래와 같이 도문강 이북의 간도에 있어서 한인의 거주를 승인했다. 이 한인잡거구역의 경계는 별첨의 지도에 표시하고 이 한인잡거구역 내 한인은 淸의 관할에 복종하며, 이들에게 淸人과 동일하게 대우해야 하고, 단 인명에 관한 중대한 사항은 먼저 일본 영사관에 통보해야 하는 것으로 했다.

한인잡거구역 내의 한인소유의 토지와 가옥은 淸의 인민들 재산과 같이 보호해야 하며, 도문강을 통한 쌍방 인민의 왕래를 자유롭게 한다. 단, 병기를 휴대한 자는 공문 또는 조회 없이 월경할 수 없는 것으로 했다. 그리고 한인잡거구역 내에서 산출된 미곡은 한인의 반출을 허가하는 것으로 조약을 맺었다. 그러나 흉년이 든 경우에는 이를 금지할 수 있으며, 땔감을 위한 벌목은 구습에 따라 조변할 수 있는 것으로 했다. 淸은 장차 길장철도를 연장하여 조선의 회령에서 조선 철도와 연결해야 하는 조건이었다. 간도 협약은 조인 후 즉시 효력을 발생했으며, 2개월 이내에 일본의 간도통감부파출소 및 문무의 인원은 철수하는 내용의 조약이다.

이 간도협약의 내용에서 문제가 되는 점은 다음과 같다.

첫째, 간도영유권을 완전히 포기한 것이다.

둘째, 간도협약 제1조의 내용은 조선과 淸의 1887년 정해감계회담(乙酉丁亥勘界會談) 시 미정(未定)된 강원(江原)을 청국이 계속 주장해왔던 석을수(石乙水)로 정했음을 밝힌 내용으로 이는 우리가 인정할 수 없는 규정이다.

셋째, 전문에서 두만강의 역사적 명칭은 淸의 주장과 같이 도문강으로 한다고 했다. 이는 토문강의 해석에 대한 중국 측의 의견을 전적으로 수용한 것으로 우리가 인정할 수 없는 규정이다.

넷째, 종래 조선과 淸의 조약에 의해 한인은 淸의 영토 내에 있어서 치외법권(治外法權)을 향유했으나, 간도 한인은 淸의 법권에 복종시키고, 淸의 지방관의 재판관할에 종속시킨다. 이것은 간도 한인의 실제 보호권을 청국에 넘겨주었음을 의미하므로 이는 을사늑약의 목적에 위배된다.

다섯째, 한인에 대한 납세 및 기타의 행정처분을 淸의 관헌이 접수한 결과 땔감뿐만 아니라 관습상의 벌목을 금지하고, 한국으로부터 소금의 수입도 금지시킨다.

여섯째, 병기를 휴대한 자는 공문 또는 조회 없이 국경을 넘을 수 없다.

일곱째, 흉년이 든 경우에는 곡물의 수출을 금지할 수 있다.

여덟째, 종래 무관세였던 간도수입품에 대하여 淸이 관세를 부과할 수 있다.[48]

---

[48] 노영돈, 1995, 통일을 전후한 시기의 한국영역 및 국경에 관한 연구, 북한 및 통일 연수 논문집: 9.

이와 같이 간도영유권문제와 재판관할권문제 등의 근본문제를 일본이 淸에 양보하고 그 대가로 만주협약을 체결하여 간도협약과 교환한 것이었다.

(4) 간도협약의 부당성

① 을사늑약과 관계에서 간도협약의 무효성

본래 조선과 청국 간에 영유권 분쟁이 있었던 간도영유권문제를 조선이 아니라 일본이 소위 청·일 간도협약으로 처리했다. 본래의 당사국이었던 대한제국이 동 조약의 체약국인 것이 아니라 일본이 나서 조약체결을 위한 교섭과 체결을 하는 전형적이지 않은 형식을 띠고 있다.[49] 일단 그 법적 근거가 되는 것은 1905년 대한제국과 일제 간의 소위 을사늑약이다. 따라서 간도협약의 효력을 을사늑약의 효력과의 관계에서 검토해야 한다.

조약의 성립요건으로 '첫째 당사자, 둘째 목적, 셋째 의사표시의 존재, 넷째 조약성립절차의 완료'의 4가지를 들고 있는데, 을사늑약의 경우 문제가 되는 것은 조약성립절차와 관련된 문제이다. 조약의 성립절차는 구체적으로 〈교섭-조약문의 채택-조약본문의 인증-조약에의 비준-비준서 교환〉등으로 진행된다.[50]

국제법의 관점에서 볼 때 을사늑약이 유효하게 성립하기 위해서는

---

49) 노영돈, 2004, 청·일 간도협약의 무효와 한국의 간도영유권, 간도학보 창간호: 159-160.
50) 노영돈, 2009, 간도영유권을 둘러싼 법적문제, 백산학보, 84: 221.

조약의 비준은 그 조약에 구속을 받겠다는 동의의 의사표시로서 조약 체결권자인 고종황제의 비준이 필요했다. 그러나 1905년 11월 18일 을사늑약이 불법적으로 조인된 직후인 11월 22일 고종황제는 황실고문인 H.B Hulbert에게 일본의 만행을 알리고 고종황제 자신이 날인(비준)한 일이 없어 무효임을 알리기 위해 친서를 주어 특사로 파견한 사실[51]이 있다. 또 1907년 6월 헤이그에서 열리는 제2차 만국평화회의에 이준, 이상설, 이위종을 보내어 일본의 강점정책을 폭로 규탄하고자 시도한 사실 등 고종황제가 비준은커녕 국가주권을 수호하기 위하여 대외적인 활동을 추진한 사실 등을 보면 을사늑약은 대한제국의 조약 체결권자인 고종황제에 의해서 비준되지 않았으므로 이 조약은 성립하지 않았다고 할 것이다.

따라서 불성립한 을사늑약을 근거로 대한제국의 외교권 행사를 대리하여 일본이 청국과 체결한 간도협약은 당연히 무효로 효력이 없는 것이다.

② 조약상의 보호권을 넘은 것으로서의 간도협약의 무효

비록 을사늑약 자체가 치유의 여지가 없는 절대적 무효이긴 해도 중국 측(또는 일본 측)에서 현실적으로는 한일병합 시까지 약 5년간 일본은 국제적으로 대한제국의 보호국으로서의 지위가 인정됐고 간도협약을 포함하여 그 기간 동안 일본이 대한제국을 대신하여 행한 국제법 행위는 일응 유효한 것으로 받아들여졌다는 등의 정황을 근거로 을사

---

51) 고종황제는 Hulbert에게 보낸 친서에서 "짐은 총칼의 위협과 강요아래 최근 한·일 양국 간에서 체결된 소위 보호조약이 무효임을 선언한다. 짐은 이에 동의한 적이 없고 금후에도 결코 아니할 것이다. 이 뜻을 미국정부에 전달하기 바란다."고 하였다. 震檀學會, 1970, 韓國史(現代篇), 서울: 을유문화사, 924.

늑약의 절차상의 결여가 당시 국제적으로 또는 한일 양국의 추후실행에 의하여 치유됨으로써 그에 대한 보호관계는 유효한 것이었다고 주장할 가능성이 있으므로[52] 이와 별도로 간도협약 자체의 효력을 검토해 볼 필요가 있다.

먼저 을사늑약 일본의 보호권의 범위와 간도협약과의 관계에 대해서 살펴본다. 일본이 간도협약을 대한제국의 보호국으로서 체결한 것이었다 하더라도 그것은 을사늑약에서 규정한 일본의 보호권 범위를 넘은 것이었다. 국제법상 보호관계가 설정됐을 때 보호국이 가지는 보호권한의 범위는 각각의 경우마다 다르지만 무엇보다도 보호관계를 설정한 보호국과 피보호국 간에 체결된 보호조약에 달려 있다.[53] 통상적으로 보호국은 피보호국의 외교문제를 집행하며, 더러는 그 외의 문제, 특히 군사나 관세문제에 대해서 개입하는 수도 있다. 그러나 일반적으로 보호국의 보호권, 즉 외교문제에 대한 대리권은 무제한의 것이 아니며 오히려 보호관계에 내재하는 피보호국의 보호에 대한 의무를 부담하므로 피보호국의 주권을 본질적으로 침해하는 행위는 할 수 없다고 보아야 할 것이다.

을사늑약 제1조는 '일본국정부는 재동경(在東京) 외무성을 유(由)하야 금후에 대한제국이 외국에 대하는 관계 급 사무를 감리지휘함이 가하고 일본국의 외교대표자급 영사는 외국에 재(在)하는 한국의 신민급 이익을 보호함이 가함' 이라 했다. 이 조항에 의할 때 일본이 가지는 보

---

52) 노계현, 전게서: 136-137.
53) 신각수, 1991, 國境紛爭의 國際法的解決에 관한연구, 박사학위논문, 서울대학교 대학원: 197-198.

호권의 범위는 외교권에 관한 것으로 국한되어 있다. 동조 전문은 '일본은 재동경(在東京) 외무성을 由하야 대한제국의 외교업무를 감리지휘 할 권한을 가진다.'고 되어있다. 이러한 권한은 조약체결의 경우를 상정할 때 이를 위한 대리권으로서의 외교 교섭권만을 의미할 뿐 조약체결권마저 포함하는 것은 아니다. 일본이 대한제국을 병합하는 과정에서 대한제국의 외교권을 박탈했다는 것은 정치적 차원에서의 해석일 뿐 이 조항으로 법적 차원에서 大韓帝國의 외교권 전체를 가지는 것은 아니다. 이것은 제2조 후문의 '대한제국 정부는 금후(今後)에 일본정부의 중계에 유(由)치 아니하고 국제적 성질을 유(由)하는 하등 조약이나 우(又) 약속을 아니함을 약(約)함'에 의하여 더욱 명확해진다. 그리고 이러한 일본의 외교 교섭권은 동조 후문에 의할 때 '대한제국의 신민과 대한제국의 이익을 보호'하는 목적과 한계를 벗어날 수 없다. 바꾸어 말하면 일본은 대한제국의 신민과 대한제국의 이익을 보호하기 위해 중계의 형태로 대한제국을 대리하여 외국과 교섭할 권한을 가지며, 조약을 체결할 경우에는 그 결과를 토대로 대한제국이 조약당사국이 되어 조인하는 것으로 해석되는 것이다. 따라서 이와 관련하여 淸·日 간도협약이 무효인 것은 두 가지 이유에서이다.

첫째 간도협약이 유효한 것이기 위해서는 대한제국의 이름으로 또는 일본이 대한제국을 대리하여 체결됐어야 한다.[54] 왜냐하면 을사늑약이 체결된 후에도 대한제국이 소멸하지 않고 존속했다. 또 대한제국은 을사늑약으로 대외관계에 대한 행위능력에는 제한이 있었지만 국제법상 국가로서의 동일성을 유지하는 주권국가였으며, 국가로서의

---

54) 노영돈, 2009, 간도영유권을 둘러싼 법적문제: 225.

권리능력도 완전하게 보유하고 있었다.[55] 따라서 조약체결권 자체는 여전히 대한제국에 있는 것이다. 그러나 淸·日 간도협약은 淸國 흠명 외무부상서 회변대신 양돈언(梁敦彦)과 일본국 특명전권공사 이집원 언길(伊集院彦吉)간에 체결되어 형식상 淸과 일본이 조약당사국이 된 것으로 을사늑약에 의하여 일본이 가지는 외교교섭권의 범위를 벗어난 것이므로 무효이다.[56] 즉 일본의 권한은 대리권으로서 외교 교섭권만을 갖는 것이므로 조약체결에 있어서는 형식상 일본이 아닌 대한제국이 조약당사국이 되어 조인했어야 하는 것이다.

둘째 일본은 간도협약으로 그 동안 대한제국이 계속하여 주장해 온 간도영유권을 淸에 넘겨주었다. 이것은 을사늑약에 의한 보호권의 목적과 한계를 벗어난 것이므로 무효이다. 을사늑약 제1조에서 '대한제국의 이익을 보호한다'고 한 것은 법의 건전한 상식이나 법의 일반원칙에 의할 때 대한제국의 이익의 보전, 이용 또는 개량하는 것에 한할 뿐이며,[57] 더구나 대한제국의 영토를 처분하는 것은 포함되지 않는다는 것이다. 즉 전술한 바와 같이 일본은 보호관계에 내재하는 보호의 의무를 부담하므로 피보호국의 주권을 본질적으로 침해하는 행위를 할 수 없는 바 영토는 국가 구성의 본질적 요소이고 따라서 영토의 처분은 국가의 주권에 관한 본질적인 사항이므로 보호관계에 있어서도 피보호국의 영토는 피보호국의 동의 없이 보호국이 임의로 처분할 수

---

[55] 을사늑약 제4조가 한·일 간의 기존조약의 효력을 계속 인정한다고 규정한 것에서 대한제국이 국제법상 일본과 독립된 별개의 法人格을 보유하고 국가의 동일성을 유지하고 있었던 것은 간접적으로 확인할 수 있다. 노계현, 1983, 한국외교사 연구, 서울: 갑인출판사, 227-278.
[56] 상게서: 278-279.
[57] 김명기, 전게논문: 143.

없는 것이다.[58] 특히 중요한 것은 일본이 간도협약을 체결함에 있어서 이와 사실상 불가분의 일체를 이루는 만주협약을 체결함으로써 대한 제국의 간도영유권을 자국의 만주에서의 이권과 교환했다는 사실이다. 이것은 일본이 보호국으로서 한 행위가 아니라 자국의 이익을 위하여 제3국의 이익을 무단히 침해한 행위로서 국제법상 불법 · 무효인 것이다.

그리고 청 · 일 간도협약은 제3국에 대한 조약으로서 대한제국에 효력을 부여할 수 있는가 하는 문제도 검토해 볼 필요가 있다. 즉 청 · 일 간도협약이 을사늑약과는 전혀 관련짓지 않고 그 자체로서 제3국인 대한제국에 효력을 미치는가 하는 것이다. 이것은 조약의 제3국에 대한 효력문제이다. 국제법상 조약은 당사국에게만 효력이 있을 뿐 제3국에는 아무런 영향을 미치지 않는다는 원칙이 확립되어 있다.

'서약(조약)은 제3자에게 해롭게도 이롭게도 하지 않는다.'는 고전적인 법원칙은 법의 일반원칙과 상식에 의해서 뒷받침되는 것으로 국제법에서도 오래전부터 판례와 학설로서 인정하여 왔다.[59] 그리고 보호관계에 있는 국가 간에 보호국이 피보호국에 효력을 미치는 조약을 체결할 경우에는 그 조약은 피보호국을 대리하거나 또는 피보호국의 명의로 체결돼야 한다. 청 · 일 간도협약은 제3국에 의무를 부과하는 조약에 해당한다. 그러나 1969년의 조약법에 관한 비엔나협약 제34조

---

58) J. Crawford, 1979, The Creation of States in International Law, Oxford, Clarendon Press: 207-208.
59) H. Kelsen, 1961, Principles of International Law, New York: Holt, 484.

가 국제법의 점진적 발전을 위하여 제3국의 동의가 있으면 의무 또는 권리를 창설할 수 있다고 해석되는 규정을 두었지만, 이 비엔나협약의 규정이 1909년에 체결된 청·일 간도협약에 소급되어 적용되지 않으며,[60] 더욱이 대한제국이 청·일 간도협약에 간도영유권을 포기할 의무를 관계국에 서면으로 동의한 바도 없다. 따라서 청·일 간도협약은 제3국에 대한 조약의 법리로도 대한제국이나 이를 승계한 대한민국에 대해서 유효한 것으로 주장될 수 없다.[61]

③ 제2차 세계대전의 전후처리에 의한 간도협약의 무효

제2차 대전을 마무리하는 과정에서 간도협약과 을사늑약을 포함해 일본이 대륙정책을 수행하면서 체결한 모든 조약과 이권 및 특혜를 무효 또는 원상회복토록 하는 여러 조치들이 취해졌다. 그 예로 1943년 12월 1일 Cairo선언문 가운데 '일본이 중국으로부터 도취(盜取, stolen)한 모든 지역을 중국에 반환' 함을 연합국의 목적으로 삼았다. 이것은 문맥상 1895년의 청·일 전쟁이후에 일본이 중국대륙으로부터 제국주의적 침략정책에 의하여 탈취한 모든 지역을 말하는 것이며,[62] 여기서 '반환'은 원상회복을 의미하는 것으로 해석된다. 1945년 7월 26일 연합국의 Potsdam 선언은 '카이로 선언의 제 조항은 이행되어야 한다.'고 했다.

---

60) 조약법에 관한 비엔나협약 제28조는 조약의 불소급에 관하여 '별도의 의사가 조약에 나타나 있지 않거나 또는 달리 확정되지 않는 한, 조약의 규정은 당사국에 대하여 동 조약의 발일 전에 행해진 행위 또는 종료된 사태에 관하여는 당사국을 구속하지 아니한다'고 규정하고 있다.
61) 노영돈, 1995, 통일을 전후한 시기의 한국영역 및 국경에 관한 연구, 북한 및 통일 연구 논문집: 11.
62) 노계현, 2004, 間島協約에 관한 外交史的考察(1966), 간도백서, 서울: 다락방, 333.

1945년 9월 2일의 항복문서에서 이 선언들을 수락한다고 명기했기 때문에 일본도 이 두 선언에 구속을 받게 된 것이다. 위 선언들을 간도 영유권문제와 연계해 볼 때 일본이 간도 땅을 제물(祭物)로 하여 청국으로부터 탈취한 이권과 특혜지역은 모두 반환됐으나 청국에 불편부당하게 귀속된 간도지역은 원상회복되지 않고 있다.[63]

1952년 4월 28일에 체결한 '중·일 평화조약' 제4조에는 "중·일 양국은 전쟁의 결과로서 1941년 12월 9일 이전에 체결한 모든 조약·협약 및 협정을 무효(null and void)로 한다."고 규정했다.

여기서 '1941년 12월 9일 이전'이란 일본이 중국에 대하여 침략적 행위를 시작한 때로부터 태평양 전쟁이 발발한 때까지의 전 기간을 통하는 것이다. 그리고 이 기간에 체결된 '모든 조약, 협약 및 협정'을 중·일 양국은 무효로 하였으므로,[64] 1941년 이전의 기간에는 당연히 1909년 청·일 간에 맺은 간도협약도 포함돼야 하며, 또한 이 조약 역시 청·일간에 맺은 것이기 때문에 필연적으로 무효가 돼야 한다. 따라서 제2차 대전의 전후처리 과정에서 중국 자신에 의해서도 명백하게 무효화된 중국의 간도지역 점유는, 명명백백하게 부당한 점유인 것이므로 현재 중국이 간도협약을 법적 근거로 하여 한·중 국경으로 삼는 것은 인정될 수 없는 것이다.

---

63) 양태진, 2007, 조약으로 본 우리 땅 이야기, 서울: 예나루, 301.
64) 노계현, 2004, 間島協約에 관한 外交史的考察(1966): 333-334.

2) 간도 땅을 전부 잃어버리다

을사늑약에 근거하여 맺어진 간도협약은 간도지방의 모든 영토를 잃어버리는 계기가 된다. 오늘날 우리 국민들이 한반도의 지도를 그리라고 하면 아무생각 없이 잠재적 영토관에 위하여 압록강과 두만강 선을 한반도라 그린다. 이선은 정확하게 말하면 간도협약 선인 것이다. 우리의 의지와 전혀 상관없이 만들어진 국경인 것이다.

잠재적 영토관에 압록과 두만강의 선이 작용을 하게 된 것은 간도협약에 의거 모든 간도지방의 토지를 잃고 난 후 일제 강점기를 약 36년간 지내다 보니 간도는 우리의 영토가 아니라는 사고가 전 국민들에게 심어졌다. 이후에 한국 전쟁으로 인하여 더 이상 간도지역과 국경을 마주하지 못하다 보니 굳어져 간도협약선이 잠재적영토관으로 자리 잡게 된 것이다.

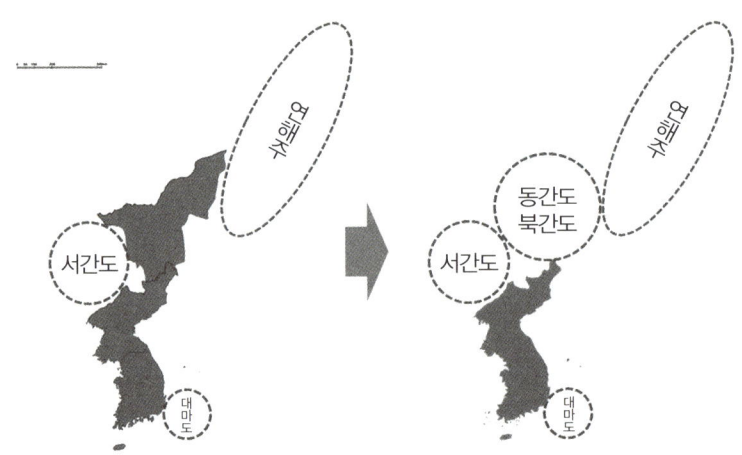

〈간도협약에 의한 영토축소〉[65]

---

65) 일본은 을사늑약을 핑계로 조선과 상관없이 간도 전역을 청나라와 간도협약을 통하여 넘겨주어 간도전역을 잃게 된다.

6. 광복과 남북분단의 역사

1) 승전국의 패전국에 대한 분할통치

　제2차 세계대전이 종식이 되면서 승전국은 전리품을 챙기기에 바쁘고 대신 패전국은 분할통지를 당하는 아픔을 겪게 된다.
　제2차 세계대전의 발발은 1933년 총통의 자리에 오른 독일의 히틀러가 인근의 주변국 영토를 점령하며 국제적 긴장을 조장했다. 1938년 3월 히틀러는 오스트리아를 합병했고, 1938년 9월 뮌헨회담을 통해 주데텐란트(Sudetenland)를 합병했으며, 1939년 3월 체코슬로바키아 영토를 점령하고 단치히 자치시를 합병했다. 1938년 8월에는 독·소 불가침조약을 비밀리에 체결한 후 9월 1일 폴란드를 침공했다. 이에 영국과 프랑스는 기존의 유화정책을 포기하고 1939년 9월 3일, 독일에 선전포고를 함으로써 제2차 세계대전(The Second War)이 발발했다.

　승승장구하던 독일의 승세는 1941년 가을부터 다음해 봄에 이르는 전 세계를 삼킬 듯했다. 그러나 1942년 여름부터 연합군이 총반격을 시작하면서 수세에 몰리기 시작 했다. 전세의 불리함을 인식한 독일 내부에서 슈타우펜베르크(Stauffenberg) 대령이 히틀러를 암살하려다가 실패했으며, 히틀러는 1945년 4월 30일 자살했다. 이로서 독일의 패망은 기정사실화되면서 1945년 5월 8일, 독일은 마침내 연합국에 항복을 했다.

　패전국인 독일은 1944년 9월 12일에 이미 체결된 런던 의정서에 따라 미국, 영국, 소련이 독일과 베를린을 각각 3개 지역으로 분할하여 점령했다. 1945년 2월 12일 미국, 영국, 소련 간 '얄타회담'의 결정에 따라 프랑스도 점령국으로 참여했다.

이와 같이 패전국은 당연히 전쟁에 대한 책임을 지고 승전국에서 분할통치를 하게 되는데 동아시아에서 전쟁을 일으킨 패전국 일본도 당연히 분할 통지 돼야 했다.

이미 일본에 대한 전쟁 종식문제는 카이로 회담에서 강대국들 간에 진지하게 회담이 개최되어 전후 일본의 문제는 정리된 바 있다. 제1차 카이로 회담은 1943년 11월 22일부터 26일까지 개최 됐고 제2차 카이로 회담은 1943년 12월 2일부터 7일까지 카이로에서 개최 됐다. 첫 회담은 미국의 루스벨트 대통령, 영국의 처칠 수상, 중화민국의 장제스가 참여 했다. 중요한 핵심 사안은 대일전(對日戰)에 서로 협력할 것을 협의하고 일본이 패전했을 경우를 가정하고 일본의 영토 처리에 대하여 연합국의 기본방침을 결정했다. 첫째 3국은 일본에 대한 장래의 군사행동을 협정하고 둘째 3국은 야만적인 일본에 가차 없는 압력을 가할 것을 결의하여 전쟁 종식을 결정 한 것이다. 셋째 3국은 일본의 침략을 저지, 응징하나 모두 영토 확장의 의사는 없다. 넷째 제1차 세계대전 후 일본이 탈취한 태평양 여러 섬을 박탈하고, 또한 만주·타이완·펑후제도 등을 중화민국에 반환하고, 일본이 약취한 모든 지역에서 일본세력을 축출한다는 내용이다.

여기서 중요한 것은 특별조항인데 한국의 미래에 대하여 언급하고 독립을 보장하는 국제적 합의를 했다. "현재 한국민이 노예상태 아래 놓여 있음을 유의하여 앞으로 적절한 절차에 따라 한국의 자유와 독립을 줄 것이다." 이렇게 특별조항에다 합의를 했다.

이렇게 카이로 회담에서 한국의 독립을 특별조항에 삽입시켜 합의를 했음에도 불구하고 1945년 7월 미 육군부 작전국(OPD)은 일본 패전에 따른 분할통치(안)를 만들었다. 그들은 한반도의 독립을 인정하지 않고 한반도를 일본의 영토 일부로서 인정을 하여 분할통치(안)을 만든다. 아래의 지도는 한반도를 일본의 영토로 인식하고 분할통치(안)을 만든 것인데 이는 미국 국립문서보관소에 보관하고 있는 자료로서 일본 분할통치 안의 자료이다.

1945년 8월 15일 종전과 함께 미국의 합동전쟁기획위원회(JWPC)도 종전에 따른 패전국 일본의 분할통치 점령 안을 작성하는데 일본 본토와 한반도를 포함하고 있다. 일본은 전범국가로서 당연히 책임을 지는 차원에서 분할통치를 받아야 했지만 카이로 회담에서 독립을 인

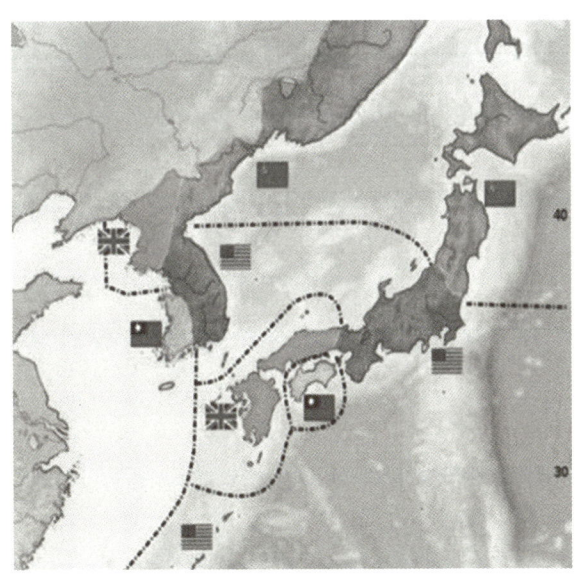

〈한국과 일본에 대해 4개국 분할통치 안〉

정하고도 승전국의 분할통치 안에는 한반도가 포함이 되는 것이다. 분할도를 보면 일본 본토에 대하여 4개국이 분할 통치하고 한반도에 대해서는 40도 10분(신의주-함흥)선으로 분할하는 분할 안을 구상해서 발표한다.

패전국 일본의 분할통치 안은 미국의 루즈벨트 대통령의 죽음과 깊은 관련이 있다. 이미 독일의 분할통치로 패전국의 지위를 명확히 하던 루즈벨트가 1945년 4월 12일 서거하고 부통령이던 트루먼이 대통령에 오른 것이다.

1945년 7월 하순에 스탈린, 트루먼, 처칠은 포츠담에 모여 일본에게 무조건 항복을 요구했다. 일본은 이를 곧바로 거부하면서도 속으로는 소련이 일본과 싸우지 않고 일본과 영국 및 미국 사이에 다리를 놓아주면 조건부 항복을 하겠다는 희망을 버리지 않았다. 8월 6일에 미국의 원자폭탄이 히로시마에 떨어졌는데도 일본은 버텼다. 9일에는 상황이 숨 가쁘게 돌아갔다. 나가사키에 두 번째 원자폭탄이 떨어졌고 소련이 일본에 선전포고를 했다. 일본 지도부의 예상보다 훨씬 더 빨리 동원된 붉은 군대는 파죽지세로 만주와 한반도 북부로 밀고 들어왔다. 일본의 관동군은 속수무책으로 허물어졌다. 일본 지도부의 기대가 무참히 깨졌다. '원자폭탄과 소련의 참전이라는 이중의 충격'을 견디지 못한 일본의 전쟁 지도부는 15일에 무조건 항복을 받아들여야 했다.

만약 루스벨트가 죽지 않고 전후에도 미국 대통령 직무를 수행했다면, 어떻게 되었을까? 그에게는 항복한 일본을 독일처럼 나누어 점령할 계획이 있었다. 미국, 소련, 영국, 중국이 일본을 4등분해서 통치하고자 했던 것이다. 연합국 사이에는 전범 국가를 분할 점령한다는 원칙이 약속돼 있었다. 이를 확정하고자 스탈린은 홋카이도에 붉은 군대를 투입할 계획을 추진했지만, 트루먼의 비위를 건드릴까 봐 마지막에 그 계획을 포기했다. 일본이 연합국에게 분할 점령됐다면, 전후의 세계와 한반도의 운명은 매우 달랐을 것이다. 역사의 흐름이 한 개인의 운명에 따라 바뀌는 드문 변곡점이었다.

2) 한반도 분할 통치

이 시기는 세계의 흐름이 냉전주의가 형성되는 시기였다. 미국과 소련이 세계 제패의 패권주의가 냉전시대를 만들어 가면서 제2차 세계대전을 통한 나치독일과 제국주의 일본의 멸망이 미국과 소련의 대립구도가 형성이 되어 세계는 새로운 질서의 시대를 맞이하게 된다.

일본의 항복으로 승전국 지위에 있던 대한민국은 전쟁을 주도하던 미국과 소련의 눈치를 볼 수밖에 없는 입장이었다.
이 시기에는 한반도를 관리 하는데 있어 신탁에 반대하느냐와 신탁을 찬성하는가에 대한 부분이 아주 민감했다.

이 당시 한반도 상황을 좀 더 깊이 있게 검토 해보면 이승만과 김일성은 냉전을 이용하여 정권을 취득하려는 목적을 가진 인물로서 이승만은 미국, 김일성은 소련을 이용하여 신탁통치 찬성을 하는 입장을 표명한다. 결론적으로 보면 정권을 잡기위한 하나의 수단으로만 보는 것이다. 이 시기에 김구는 반대를 했다. 이는 민족주의를 기반으로 하기 때문에 한반도를 남과 북으로 나누어 신탁통치를 하게 되면 영구분단의 빌미를 줄 수 있다는 생각에서 반대를 한 것이다.

〈한국과 일본에 대해 4개국 분할통치 안〉

　신탁통치 문제는 1945년 8월 15일 일본이 항복을 하고 난 후 일본군의 무장해제를 이유로 미군과 소련군이 38도선 이남과 이북에 진주해 군정을 실시했다. 남한은 미국이 직접통치를 했으며 북한은 소련이 김일성을 앞세워 간접통치를 한 것이다. 이는 1945년 12월 모스크바의 3국 외상회의에서 임시민주정부의 수립, 미소공동위원회 설치, 공동위원회와 임시정부는 최고 5년간 신탁통치 협정을 만들 것 등을 결정했다. 이는 자기 진영에 유리한 정부 수립을 위하여 신탁통치 찬반으로 나누어지게 되는 것이다. 결국은 한국 문제가 유엔으로 이관되면서 신탁통치 문제 자체가 사라지면서 자연스럽게 소멸되고 한반도는 미국과 소련이 양분하여 직간접적으로 통치하게 된 것이다.

하지만, 이때도 미국은 동남아에서 일본이랑 처절한 싸움을 계속하고 있었는데 징 하게 달려드는 원숭이에 질려서 원폭투하를 결정하게 된 것이다. 이 시기에 승전에 대한 대부분의 전쟁은 미국이 하고 소련은 마지막에 참가함으로서 이득만 챙기는 형국이 된 것이다. 미국은 그렇게 일본을 제압해여 죽 쒀서 개(소련)준 꼴이 된 걸 뒤늦게 깨닫고 지푸라기라도 잡는 심정으로 소련에게 38도선을 제안한 것이다.

이후 모스크바 3상회의와 미소공동위원회에 의해 분할통치를 결정하고 이후 UN의 결정에 따른 남한총선거가 이루어지게 된다. 이로써 남한과 북한에 각각의 정부가 수립이 되고 그 결과 한반도가 두 동강이 나서 오늘에 이르고 있는 것이다.

이를 일정별로 분류를 해 보면

- 1945. 8. 18 미 단일 일본 점령 안 수정 발표
    - 소련 공산주의 확대 우려, 국무부, 해군부, 해군부 3부 조정위원회 (SWNCC) 결정

- 1945. 8. 18 미 3부 조정위원회(SWNCC) 한반도 분할 점령(안) 제시
    - 일본본토 미국 단독 점령 대신 한반도 38도선 분할, 소련에 제안

이 시기에 일본은 틈바구니에서 살아남기 위해 미국에 로비를 하여 한반도 분할을 획책했다. 미국의 입장에서는 동아시아의 공산화를 막기 위해 일본을 단독 점령하여 미국의 동아시아 지배에 있어서 전초기지를 만드는 효과가 있기 때문에 일본의 로비와 미국의 이해관계가 맞아 떨어져 한반도를 분할하여 통치하게 된 것이다. 이에 대하여는 일

차적인 책임은 우리 민족에게 있지만, 관동군의 관할지역을 38도선까지 확대한 일본도 책임을 면할 수 없다.

　이렇게 하여 패전국인 일본이 당연히 분할통지 대상이 돼야 하는데 강대국들의 자국 이익 때문에 제2차 세계대전의 승전국인 우리나라가 분할 통치되는 아픔을 겪게 되어 오늘에 이르고 있는 것이다.

7. 샌프란시스코 조약과 독도 문제

1) 샌프란시스코 조약이란?

　샌프란시스코 평화조약(대일강화조약)은 제2차 세계대전을 종식시키기 위해 일본과 연합국 48개국이 맺은 평화조약이다.
　1951년 9월 8일 미국 샌프란시스코에서 조인됐고 1952년 4월 28일 발효됐다. 이 조약은 한반도의 독립을 승인하고 대만과 사할린 남부 등에 대한 일본의 모든 권리와 청구권을 포기한다는 내용이다.

　전문(前文), 제1장 평화상태의 회복(제1조), 제2장 영역(제2~4조), 제3장 안전(제5~6조), 제4장 정치 및 경제(제7~13조), 제5장 청구권 및 재산(제14~21조), 제6장 분쟁의 해결(제22조), 제7장 최종 조항(제23~27조)으로 되어 있다.

　그 중 중요한 것은 제3장의 안전조항으로서, 미·일 안전보장조약의 체결을 위한 복선을 그어 놓은 것이다. 즉, 국제정치의 입장에서 일본을 반공진영에 편입시키는 성격을 띠었다. 이는 미국의 정치적 의도가 드러난 것으로, 미국이 이 회의를 주도하면서 상식선을 넘는 관대한 정책을 일본에 베풀었다는 지적이 있다.

　또한 한국은 일본의 전승국에 대한 전쟁배상을 위한 샌프란시스코 강화조약에 참가하지 못함으로써 전시 '손해 및 고통'에 대한 배상청구권을 향유할 수 없게 됐다.

　한편 일본은 샌프란시스코 평화조약에 독도가 한국 땅이라는 명문

규정이 없다는 이유를 들어 독도에 대한 일본 영유권 주장의 근거로 내세우고 있다

샌프란시스코 평화조약은 영토 처리 문제에 대한 조약으로 일본으로부터 강제 병합되어 통치를 받은 우리나라로서는 아주 중요한 조약인 것이다.

이 조약은 한반도의 독립 승인, 타이완과 펑후[澎湖]제도, 지시마[千島] 열도, 남사할린 등에 대한 일본의 모든 권리와 청구권 포기와 남태평양 제도의 구 위임 통치 지역을 미국의 단독 시정권(施政權)으로 신탁 통치한다는 내용의 협정에 승인한 것이다. 또한 일본의 오키나와[沖繩]와 오가사와라[小笠原] 제도(諸島)를 신탁 통치 예정 지역으로 삼고, 그 동안 미국에 의한 시정권 행사 및 일본의 잠재주권의 유지 등을 규정하는 내용을 담고 있다.

여기서 우리나라의 영토에 대한 규정은 '한국의 영토정립은 울릉도·거문도·제주도 라인 정립' 한다고 조약에 나와 있는데 일본은 이 조약의 내용에 독도가 빠져 있다고 하여 오늘날 국제사법재판소에 가져가자고 하는 것이다.

샌프란시스코 조약에서 처음 1차부터 5차 초까지는 일본이 한국에 돌려주어야 할 영토에 당연히 독도가 포함되어 있었다. 그러나 미국이 단독으로 작성한 제6차 초안에 독도가 빠진 채 초안이 마련됐다. 이에 대하여 영국과 호주 뉴질랜드 등이 항의를 하여 다시 제 7차 초안을 3국이 주도로 하여 작성을 하게 되는데 당연히 이 초안에는 독도를 일본이 한국에 돌려주어야 할 영토에 포함 하고 있다. 이후 초안에 대하

여는 보안에 붙여 외부에 발설하지 않고 내부적으로만 작성했는데 1951년 9월 7일에 조약체결이 될 시 12차 초안에 최종적으로 독도에 대한 부분이 빠진 채 발표하고 조약을 체결하게 된다.

이 시기는 한국전쟁이 한창 전개 될 무렵이다. 초안에 독도가 빠진 데 대하여는 여러 설이 있으나 가장 유력한 설은 한국전쟁으로 만약 한반도가 공산화가 된다면 미국이 동아시아를 통제 하는데 독도가 중요한 역할을 하기 때문에 초안에서 빼게 하여 전쟁에서 진다고 하여도 독도를 일본이 점유하게 하여 중국과 소련을 견제하는 전초기지로 삼으려 했다는 것이다. 그러나 이 당시 일본이나 한국이나 전체 섬을 언급한 게 아니라 대표적인 섬만 언급하여 조약을 맺은 것이기 때문에 독도가 빠졌다고 해서 일본의 영유권이라는 것도 말이 되지 않는 것이다. 독도는 당연히 울릉도와 함께 하는 부속도서로서 언급되지 않을 수도 있는 것이다.

2) 독도는 분쟁 지역인가?

영토학에서는 영토는 국가 단위 즉 한 정부에서 무주지나 역사 속의 영토에 대하여 자국의 영토로 만들기 위해서는 영유권을 선언해야만 자국의 영토로 취득이 가능하고 기존의 영유권이 있으면 영토분쟁지역으로 인정한다. 다시 말해 개인이 일정지역의 소유권만 가지고는 영토화가 될 수 없다는 것이다.

일본은 지금도 독도에 대하여 영유권을 주장하고 있다. 이는 일본 정부에서 독도에 대하여 영유권 선언을 했기 때문에 일본의 영토라고 주장하고 최근에는 국제사법재판소에 이 문제를 가져가자고 한다. 그

러나 우리는 역사적, 지리적, 지적학적, 국제법적으로 우리의 영토이다 보니 무 대응으로 일관 하고 있다. 대응 자체의 가치가 없다고 하는 것인데 일부의 식자들은 국제법적으로 국제 사법재판소에 가서 재판을 받으면 이길 수 없기 때문이라고 하기도 한다. 잘못된 논리이고 친일적인 시각이다. 국제법적으로도 아무 문제가 없다.

광복이 되고 한반도는 남과 북을 미국과 소련이 직접 또는 간접적으로 통치를 했다. 이 당시 통치의 범위에 독도가 포함되어 있었다. 특히 일본이 1945년 8월 15일 연합국에 항복한 후, 동경에 설치된 연합국 최고사령부는 구 일본제국이 이웃나라 영토를 침략하여 빼앗은 모든 영토들을 원 주인에게 반환해 주는 작업을 시작했다. 연합국 최고사령관은 1946년 1월 29일 연합국 최고 사령관 지령(SCAPIN) 제677호를 발표하여 한반도 주변의 제주도 · 울릉도 · 독도(리앙쿠르도) 등을 일본의 주권에서 제외하여 한국에 반환하라고 했고 이 지역은 일본의 행정권이 미치지 않는 지역이라고 명시하고 있다. 그리고 연합국의 결정은 아직도 국제법적 효력 있기 때문에 일본의 독도에 대한 영유권 선언은 의미가 없다.

또한 연합국 최고사령관은 뒤 이어 1946년 6월 22일 연합군 최고사령관지령(SCAPIN) 제1033호를 선포하여 일본 어부들의 독도와 그 12해리 수역에 접근하는 것을 엄금하여, 독도가 한국 영토임을 확인한 것이다.

1946년 1월 29일에는 연합국 최고사령관(SCAP)의 지령 제677호를 보면 일본의 행정이 중단돼야 할 지역들의 목록에 독도가 포함되어 있으며 같은 날 SCAP는 관할권을 미국 육군 군사정부에 이관했다.

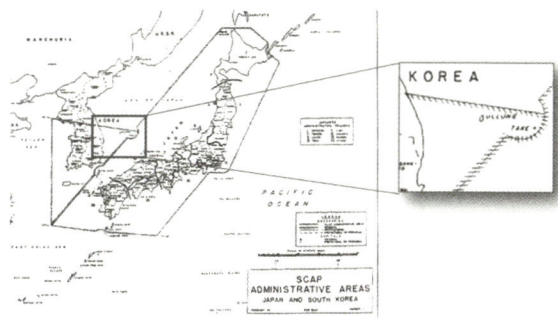

〈연합국 최고사령관이 SCAPIN 제677호의 부속지도로 작성해서 한국과 일본의 영토를 구획한 지도. 독도를 'TAKE'로 표시하고 한국영토에 부속〉

　　미군정은 이어 1948년 8월 15일 독도를 포함한 지역을 대한민국 정부에 이관하여 오늘에 이르고 있기 때문에 독도는 이미 광복과 더불어 국제사회의 질서를 담당하고 있는 유엔으로부터 한국 령으로 인정을 받은 것이다.

　　연합국 최고사령관은 1952년 4월 해체 될 때까지 SCAPIN 제677호와 제1033호를 수정한 일이 없으며 독도가 한국 영토임을 연합국 최

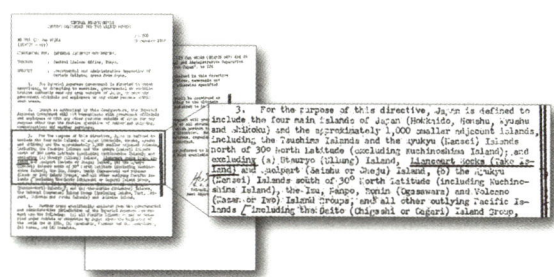

〈연합국 최고사령관 지령(SCAPIN) 제677호는 제3조에서 '독도'(Liancourt Rocks, 竹島)를 일본 영토에서 분리 제외하여(excluding) 한국에 반환〉

고사령관이 확인했다. 대한민국은 1948년 8월 15일 독립하여 대한민국 정부수립과 동시에 주한 미군정(연합국행정대리)으로 부터 한반도와 독도 등 모든 부속도서들을 인수하여 정부를 수립했다. 대한민국 정부는 1948년 12월 12일 UN총회에서 이 날짜 현재의 국민과 독도를 포함한 자기영토를 통치하는 합법적 주권국가로서 공인을 받았다. 이는 국제사회로부터 독립국의 인정을 받을 시 영토의 범위에 대해 독도를 포함하여 결정한 것이기 때문에 대한민국의 영토이다.

정부수립과 동시에 영토를 확정한 것이다. 정부 수립 시 연합군 사령관의 영토 확정으로 대한민국 영토는 사실 상 확정 된 것이다. 이때 독도가 포함 된 대한민국 영토가 확정 되었으며 이 당시 일본의 반대 의견이 없었다.

연합국은 1952년에 일본을 독립시키기로 결정했는데 이에 앞서 체결해야 할 1951년 '평화(강화)조약' 의 사전 '준비'로 1950년에 『연합국의 구 일본 영토처리에 관한 합의서(Agreement Respecting the Disposition of Former Japanese Territories)』를 합의 작성했다. 이 합의서는 샌프란시스코 조약을 맺기 위한 사전 준비서면이었다. 이 합의서 제3항에서 연합국은 대한민국에 반환 할 영토로서 "연합국은 대한민국에게 한반도와 그 주변 한국의 섬들에 대한 완전한 주권을 이양하기로(that shall be transferred in full sovereignty to the Republic of Korea) 합의했다. 그 섬들에는 제주도, 거문도, 울릉도, 독도 (Liancourt Rocks, Takeshima)를 포함한다."(이하 생략)고 규정되어 있어 이미 샌프란시스코 조약을 체결하기 전 독도는 돌려주어야 할 영토에 포함되어 있었던 것이다.

세계 각국은 1969년에 '조약법에 관한 비엔나협정'(1969 Vienna Convention on the Law of Treaties)을 체결했다.

32조에서 조약 해석에 의문이 있을 때에는 '조약의 준비물과 결론의 환경(the preparatory work of the treaty and the circumstances of its conclusion)'을 해석의 보조수단으로 적용하도록 규정하고 있다.

만일 1951년 샌프란시스코에서 체결 된 '연합국의 일본에 대한 평화조약'의 조문해석에 의문이 있거나 애매한 경우에는 영토문제의 경우 '연합국의 구 일본영토 처리에 관한 합의서'가 가장 가까운 직접의 준비물(the preparatory work of the treaty)로서 적용을 하면 되는 것이다. 이 준비물 제3항에서 독도(Liancourt Rocks, Takeshima)는

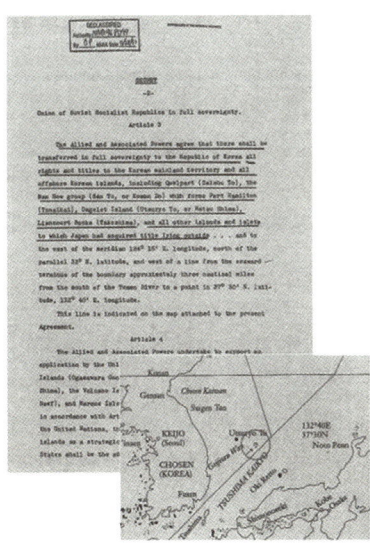

〈1950년『연합국의 구 일본 영토처리에 관한 합의서』제3항의 독도 등을 대한민국의 완전한 주권에 귀속시킨다는 부분과 부속지도 부분〉

대한민국의 완전한 (배타적) 영토로 명백히 규정하고 있어 샌프란시스코 조약 체결에 따른 국제법적 논쟁은 이제 없어야 한다.

이 합의서는 만일 일본과의 평화조약 조약문에 애매한 사항이 있어 해석에 논란이 있을 경우에 적용해야 할 극히 중요한 연합국의 준비된 합의서이다.

일본이 1952년 4월 28일 재 독립 하자 1개월 후인 5월 25일 마이니치신문사는 '대(對)일본평화조약' 이라는 600여 쪽의 샌프란시스코조약 해설서를 간행 했다. 그 조약문 머리에 연합국이 승인해 준 '일본영역도(日本領域圖)'를 게재했다. 이 '일본영역도'도 선명하게 독도(竹島)를 한국영역에 포함시키고 일본영역에서 제외한 국경 표시를 하고 있다.

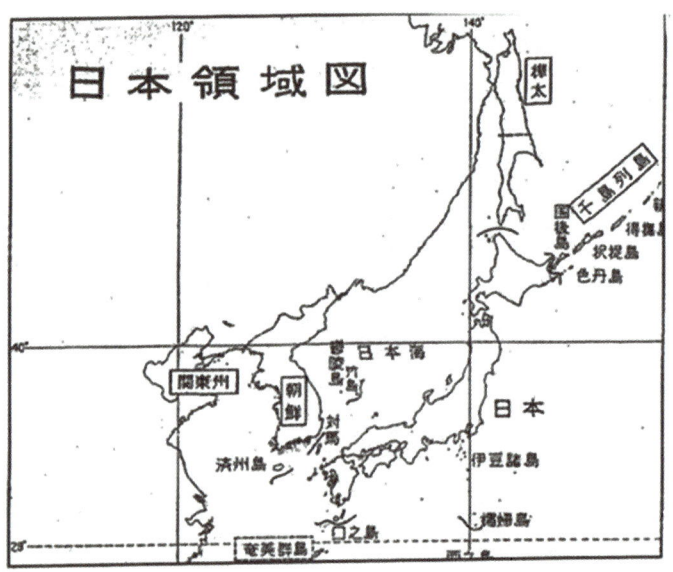

每日新聞社, 『對日本平和條約』, 1952.

8. 한국전쟁과 남북분단

1) 한국 전쟁 발발 원인

　미국 국방 장관인 애치슨이 주장한 것으로, 미국의 극동 방위선에서 한반도를 제외시켜 한국 전쟁의 발발 원인이 된 선언이다. 애치슨(1949~1953년 미국의 국무 장관을 역임)은 1950년 1월 12일에 전 미국신문기자협회(National Press Club)에서 애치슨 선언이라고 하는 미국의 극동 방위선을 발표 하게 됐다. 태평양에서의 미국 극동 방위선을 한국과 타이완을 제외한 알류샨 열도-일본-오키나와-필리핀을 연결하는 선으로 정했다. 이 선언으로 미군이 한반도에서 철수했고 이 틈을 이용해 김일성이 1950년 6·25 전쟁(한국 전쟁)을 일으켰다. 그 후 이 선언은 미국 공화당으로부터 비난을 받고 폐지됐다.

　내용은 소련의 스탈린과 중공의 마오쩌둥의 공산화를 저지하기 위해 태평양에서의 미국 방위선을 알류산열도-일본-오키나와-필리핀을 연결하는 선으로 확정했다. 이때 한국이 제외되게 되는데 이로 인하여 한국에 주둔 중이던 미군이 군사 고문단을 제외 하고는 전부 철수하는 과정을 겪는다. 주요 내용은 미국은 한국과의 사이에 상호방위원조협정과 군사고문단 설치협정을 체결하고 군사원조와 한국군의 군사력 강화를 조언하는 한편, 1949년 6월 29일에는 군사고문단을 제외한 미군철수를 완료하게 되는 것이다.

　애치슨라인 선포는 1950년 1월 12일 애치슨 미 국무장관이 내셔널 프레스클럽의 연설을 통하여 발표 했다. 미국의 서태평양에서의 방위선으로서 알류샨 열도, 일본, 오키나와, 필리핀을 연결하는 선('불 후

퇴 방위선')을 발표 함으로서 김일성과 스탈린의 오판을 가져 오게 하여 한국전쟁의 불씨가 된 것이다. 북한은 이러한 미국의 대한 커미트먼트의 축소를 민족해방전쟁 시작의 호기로 인식하고 소련에 찾아가 스탈린의 재가를 받아 한국 전쟁을 일으키게 된 것이다.

2) 한국전쟁

1943년 12월의 카이로선언에서 '조선'의 독립을 보장했고 이는 다시 1945년 7월의 포츠담선언에서 재확인됐다. 다만, 독립은 '적당한 시기에' 이룩한다는 조건부였다.

이러한 상황 속에서 1945년 8월 15일에 일본은 항복했고, 그 통치 지역이었던 한반도는 군사적인 편의에 따라 38선을 경계로 남북한은 미·소 양군에 의해 분할, 점령됐다.

분할된 상태로 미·영·소 3국 외상은 그 해 12월에 모스크바에서 회동하고 한반도에 5년 간 신탁통치를 실시할 것을 합의했다. 이에 대해 한국민은 맹렬히 반탁운동을 전개했으나 좌파세력이 소련의 지령을 받고 찬탁으로 돌아섬으로써 정치적인 혼란이 일어났다.

한국문제가 반탁운동으로 난국에 직면하자, 이 문제를 해결하기 위하여 1946년과 1947년 두 차례에 걸쳐 미소공동위원회가 개최됐었으나 아무런 해결책도 강구하지 못한 채 결렬됐다.

1947년 9월에 미국은 소련의 반대를 뿌리치고 한국 문제를 일방적으로 유엔에 제기했다. 이로써, 38선을 경계로 한 남북한은 미국과 소련의 대립 속에서 이데올로기의 갈등마저 겪으면서 국제무대에 노출됐다.

1947년 11월에 열린 유엔총회에서는 유엔 임시한국위원단을 구성하고 그 위원단의 감시 아래 남북한 총선거를 실시하기로 결의했다.

그러나 북한을 점령하고 있는 소련군사령관은 1948년 초에 활동을 개시한 위원단의 입북을 거절했다. 이에 유엔소총회에서는 선거 감시가 가능한 지역에 총선거를 결의하여 그 해 5월에는 남한만의 선거가 행해졌고, 8월에는 대한민국 정부가 수립됐다.

그 해 12월의 제3차 유엔총회에서는 한국을 총선거가 실시된 합법정부로 승인하기에 이르렀다.

한편, 북한에서는 김일성(金日成)을 중심으로 '최고인민회의' 선거를 실시해 9월에는 '조선민주주의 인민공화국'을 선포함에 따라 소련을 비롯한 공산 여러 나라가 이를 승인하기에 이르렀다. 이로써, 한반도에서는 남북한이 각각 별개의 정권을 수립해 분단을 공식화했었다.

정부 수립을 마친 북한은 곧이어 미소 양군의 철수를 요구했고, 이에 부응하여 지정학적으로 유리한 소련은 그 해 10월부터 철병을 시작했다.

남한에서는 공산세력의 준동에 대응하여 주한미군의 계속 주둔을 요청한 바 있고, 이에 따라 미군의 주둔은 잠시 연기되긴 했으나, 1949년 6월에 미국은 약 500명에 달하는 군사고문단만을 남긴 채 남한에서 철병을 완료했다.

3) 남북한의 군사력 증강

미국과 소련이 그어 놓은 잠정적인 군사분계선이었던 38선은 이제 남북한이 각각 별개의 정부를 수립함으로써 국경 아닌 국경선이 돼버

렸다.

그러한 분단 과정에서 우선 북한은 소련에 의한 계획적인 군사력 증강에 박차를 가하여 1948년 10월에 소련군이 철수할 때까지 이미 완전 무장한 4개 보병사단과 소련제 T-34 중형전차로 장비한 제105 기갑대대를 편성했다.

1949년 3월 17일에는 소련과 북한 간에 조소군사비밀협정이 체결되고, 또 3월 18일에는 중공과 상호방위조약을 체결하여 중국 공산군에 있던 조선군 2만 5000명이 북한에 인도됐다. 이로써 10개 북한군 사단 13만 명이 38선에 배치됐고, 10만 명의 예비군까지 후방에 조직됐다.

막강한 군사력을 갖추게 된 김일성은 이어 국내외 정세의 변화에 고무되어 무력통일을 구상하게 됐다. 국외의 요인으로는 ① 1949년 10월 중국 대륙이 공산화됐고, ② 1949년 6월에 주한미군이 철수를 완료했으며, ③ 1950년 1월 미국의 극동방어선에서 한국과 대만을 제외시킨다는 애치슨(Acheson, D. G.)미국무장관의 성명이 있었다는 것, 그리고 ④ 1949년 말경 김일성이 모스크바를 방문, 남한의 무력침공 계획에 대한 스탈린(Stalin, I. V.)의 승인을 받아냈다는 것 등을 들 수 있다.

또 국내의 요인으로는 ① 남로당의 실질적 붕괴에 따라 남한 내부에서 '인민혁명'이 일어날 가능성이 희박해졌고, ② 김일성은 '민족해방을 위한 투사로서의 경쟁'에서 박헌영(朴憲永)을 압도해야 할 필요가 있다는 것, 그리고 ③ 남한이 아직도 정치·경제적으로 혼란 상태에 있었고, ④ 국군의 병력·장비가 열세했기 때문이었다.

이러한 배경에서 김일성은 1950년 4월 초 조선노동당 중앙정치위원회에서 무력통일안을 확정시키는 한편, 이러한 침략계획을 은폐하기 위해 북한 공산당은 남북통일 최고입법회의의 서울 개최, 남북 국회에 의한 통일정부 수립을 주장하는 등, 평화공세를 펼쳤다.

한편, 남한에서는 1946년 1월에 미군정 산하 국방경비대와 해안경비대가 1948년 8월에 정부가 수립되면서 국군은 각각 육군·해군으로 개편됐다. 1949년 4월에는 해병대, 그리고 10월에는 공군이 편성되어 병력은 약 10만에 이르렀다.

그러나 장비가 빈약하여 북한의 군사력에는 비할 수 없는 상태였다. 더구나 예비군도 없이 8개 사단 중 4개 사단은 38도선에서부터 먼 후방에 배치되어 공산게릴라 소탕에 여념이 없었다.[66]

---

66) 한국전쟁 [韓國戰爭] (한국민족문화대백과, 한국학중앙연구원)

제4장 　　　　　　　　　　　　　　　　　한국전쟁과 휴전선

1. 휴전선의 의미

1) 휴전선과 휴전협정

휴전선은 휴전협정(armistice agreement) 또는 정전(armistice)이라는 협정에서 비롯된 것으로 한반도의 허리에 해당하는 실제 존재 하는 선이다.

armistice의 어원을 보면 라틴어 arma(무기)와 institum(휴지기)이 합쳐진 말로, 병기의 휴식을 뜻한다. 북한공산군이 1950년 6월 25일에 불법으로 남침하자, 유엔안전보장이사회에서는 당일 북한군에 대해 침략행위를 중지하고 군대를 38선 이북까지 철수할 것을 요구했으나 북한은 이에 불응했다.

6월 27일에는 리(Lie, T.) 유엔사무총장이 재차 이를 요구했으나 불응, 6월 30일 미국 트루먼(Truman, H.S.) 대통령은 한국전쟁에 미국 지상군이 참가할 것을 발표했였다. 7월 12일에 워커(Walker, W.H.) 중장이 지휘하는 미국 제8군사령부가 한국에 설치되어 한국에 주재하는 전 유엔군 및 국군의 작전권을 통합해 단일지휘를 맡게 됐었다.

유엔군은 9월 28일에 수도 서울을 탈환하고 북쪽 국경선 초산까지 북진했으나, 1950년 10월에 예기치 않은 중공군의 개입으로 유엔총회는 전후의 확대를 방지하기 위하여 12월 14일 '정전 3인단' 설치를 결의했다.

회의 결과 총회 의장이 된 이란 대표 엔테잠(Entezam,N.)과 인도 대표 라우(Rau,B.), 캐나다 대표 피어슨(Pearson,L.B.) 외상이 52:2 표의 다수결로 유엔정전3인위원회의 대표로 선임됐다. 이 3인단의 임무는 한국에서 만족할 만한 정전의 기초를 결정하고 이를 총회에 권고하는 것이었으나 중공 대표와의 회담교섭에 실패했다.

오히려 1951년 1월 1일에 중공과 북한이 대규모 공세를 시작하므로 그 해 2월 1일에 유엔총회는 중공이 한국 침략자라는 결의를 채택했다.

전쟁 1년을 맞으면서 1951년 5월 18일 미국 민주당 상원의원인 존슨(Jhonson,E.)은 상원에서, "유엔군은 38도선 이남으로 철수하며, 북한이 남침을 한 지 만 1년이 되는 6월 25일을 기하여 휴전한다. 그리고 이 해 12월 1일 이내로 한국 내의 모든 외국군이 철수하자."는 휴전안을 발표했다.

이는 유엔기구 밖에서 나온 최초의 실질적인 휴전안이었는데, 이 제안에 대해서 소련에서 반응을 나타내기 시작했다. 즉, 유엔의 말리크(Malik,J.) 소련 대표는 1951년 6월 23일 한국문제 해결을 위한 휴전을 정식으로 제의해 왔다.

한국의 임시수도 부산에서는 소련의 화평제안을 놓고 6월 26일 긴급국무회의가 소집됐다. 이때 정부는 국토가 양단되어 통일이 이루어지지 않은 상황에서의 휴전안은 결단코 반대한다고 결의했다. 이승만

(李承晩) 대통령은 6월 27일 공보처를 통해 다음과 같은 특별성명을 발표했다.

"한국의 국토는 비록 황폐해졌으나 우리는 계속 싸울 것이며, 적을 압록강과 두만강으로 몰아낼 때까지 어떠한 유화정책에도 양보할 수 없다." 이와 때를 같이해 대한민국 국회에서도 38선상의 정전을 반대하면서, 38선의 정전은 곧 자살행위라고 결의했다.

6월 30일 한국 정부는 정전 반대 5개 조건에 대한 성명을 발표했다. ① 중공군의 철퇴, ② 북한군의 무장해제, ③ 유엔의 침략원조 방지, ④ 한국 대표의 국제회의 참석, ⑤ 한국의 주권이나 영토의 침범을 불법으로 한다는 것 등이다. 6월 30일과 7월 1일에는 38선 정전을 반대하는 국민총궐기대회가 전국에서 열렸다.

1951년 6월 29일 트루먼 대통령은 리지웨이(Ridgway, M. B.) 유엔군 총사령관에게 현지에서 공산 측과 휴전교섭을 할 것을 지시했다. 이후부터 공산 측과의 협상은 어떠한 문제라도 워싱턴 당국의 승낙 없이는 안 된다고 규정했다.

리지웨이 사령관은 처음 원산 앞바다에 정박하고 있는 덴마크병원선인 주틸랜디아호(Jutilandia號) 선상에서 회담을 열자고 제의했으나 공산 측의 반응이 없어 다시 원산비행장·개성, 임진강 사이의 공로(公路)에서 하자고 계획을 변경, 수립했다.

7월 1일 중공은 처음으로 리지웨이 사령관의 제의를 수락하면서 회담장소를 서울에서 서북쪽으로 35마일 떨어진 38선 이남의 개성을 택

했다. 한편, 공산측은 마치 유엔군이 전황이 불리해지자 휴전안을 제의해 온 것처럼 선전하면서 공산군이 전쟁에 승리한 것으로 선전했다.

최초의 공산 측의 휴전회의 제의가 김일성(金日成)과 펑더화이(彭德懷)의 이름으로 리지웨이 사령관에게 보내졌다. 1951년 7월 8일 개성 내봉장에서 예비회담을 갖고, 이어서 7월 10일 같은 장소에서 제1차 본회담을 개최했다.

이 회담의 유엔군측 대표는 미국군의 조이(Joy,C.T.) 해군중장·크레이기(Craigie,L.C.) 공군소장·호디스(Hodes,H.I.) 육군소장·버크(Burke,A.A.) 해군소장, 한국군의 백선엽(白善燁) 소장이었다. 공산군 측 대표는 북한의 남일(南日) 대장·이상조(李尙朝) 소장·장평산(張平山) 소장, 중공군의 덩화(鄧華)중장·세팡(謝方) 소장이었다.

유엔군 대표들은 순수 군인 출신이었고, 공산군 측 대표들은 군사경력과 함께 정치적 경험을 가진 정치군인이었다. 1951년 10월 하순 2개월 만에 휴전회담은 개성에서 판문점으로 장소가 옮겨졌다. 11월 27일 쌍방은 30일간의 잠정적 군사분계선을 실제접촉선으로부터 2㎞씩 떨어진 너비 4㎞의 비무장지대로 설치하는 데 합의했다.

이후 휴전선이 확정되고 휴전선감시기구인 군사정전위원회가 휴전협정 제2조에 규정됐다. 1952년 5월 22일 유엔군 수석 대표직이 해리슨(Harrison,W.K.)으로 바뀌고, 매코넬(McConnell,F.C.)이 추가됐다. 한국군 이한림(李翰林) 준장이 유재흥(劉載興) 소장과 교체됐다. 1952년 10월 8일까지 1년간 200회의 회합과 345시간의 시일을 소비한 휴전회담은 제안단계에서 휴전성립 여부를 기다리게 됐다.

1952년 10월 14일 제7차 유엔총회에 한국휴전문제가 16번째 의제로 채택됐다. 하지만 1953년 4월 14일 10시 30분(한국시간 4월 15일

0시 30분) 유엔정치위원회에서 브라질 대표의 '한국의 휴전협상은 유엔총회에 상정할 것 없이 현지인 판문점에서 해결 짓도록 하자'는 결의안이 정식으로 제출되어 만장일치로 채택됐다.

1953년 4월 11일에 상이포로교환협정이 조인됐고, 한편 국내에서는 1953년 3·1절을 계기로 휴전반대운동이 열화처럼 일어나 5월 말까지 연 7,000회에 달할 만큼 전국에 확산됐다.

이러한 반대운동의 주요 원인은, 첫째 미국이 포로문제에 대해 공산군 측에게 일대 양보를 해 석방이라는 우리 입장을 무시하고 송환을 원하지 않는 포로를 중립국관리위원회에 이관시킨 점, 둘째 중립국 가운데 공산국가와 인도가 한국에 파병된다는 것, 셋째 5·25송환제안을 함에 있어 한국과 일체의 협의가 없었다는 점 등이다.

미국은 6월 25일 로버트슨(Robertson, W. S.) 대통령특사를 보내어 한미 현안문제를 논의한 결과, 한국 정부는 미국의 조건을 받아들여 휴전협상의 전망은 밝아졌다. 미국의 조건은 ① 한미상호방위조약 체결, ② 장기적 경제원조, ③ 한미 양국은 90일이 경과하여도 성과가 없는 경우 정치회담에서 탈퇴, ④ 한국군 확장업무 수행, ⑤ 정치회담 개최 전에 한미고위회담 개최 등이었다.

3년간의 민족상잔의 피해만 남긴 채 전쟁은 휴전선을 중심으로 중립지대를 설정하고 중립국감시위원단이 조직됐다. 이들은 양측의 휴전협정 준수와 위반 등을 감시하게 됐다. 한국은 휴전협정의 체결을 결사반대하면서 국토와 민족통일을 유엔군에 호소했으나, 성과를 얻지 못한 채 분단선인 38선은 휴전선으로 대치됐다.

휴전 이후 북한은 수만 건의 휴전협정을 위반하는 간첩남파, 무장공비침투, 각종 테러사건 등을 자행해 왔으나 그 사실을 일체 인정하지 않았다. 오히려 1990년대 들어서면서부터 핵위협카드로 남한을 고립시키기 위하여 미국, 일본과의 관계개선을 도모하는 각종 전략전술을 펴왔다.

그 중 휴전선과 관련된 대표적인 것이 북한의 '평화협정론'이다. 1993년 3월 핵확산금지조약(NPT) 탈퇴와 병행해 판문점에 있는 중립국감독위원회의 체코슬로바키아를 철수시키고 이어 1995년에는 폴란드 대표단마저 강제 축출함으로써 정전협정이 무력화되어 휴전선에는 한 때 긴장감이 감돌았다.

실제 무장군인들이 군사분계선을 넘어 무력시위를 자행했으며 스위스, 스웨덴, 폴란드 중립국감시위원들의 회의에서 북한의 무력시위에 대해 엄중 경고했다.

그 후 남한을 배제한 상태에서 북·미 관계를 개선하고자 했던 북한은 제네바 합의(1994.10.21.) 이후 군사정전위원회와 중립국감독위원회 기구들을 무력화시키는 행동을 더욱 강화했다. 사실 북한은 핵무기 개발을 빌미로 진행한 미국과의 회담을 북·미 평화협정 체결로 마무리 지으려는 의도를 갖고 있었다.

북·미간 평화협정 체결문제는 어떠한 반대급부를 바라며 진행시켜 온 경수로 협상과는 달리 유엔군 사령부 해체, 주한 미군 철수 등과 밀접하게 맞물려 있는 군사적인 문제임과 동시에 남북한의 국제적 위상 및 정통성 문제와 맞물린 정치적 사안이기 때문에 북한은 이를 집요하게 요구하고 있는 것이다.

　북한의 평화협정 체결 주장에 대한 미국의 공식적 입장은 한결같다. 미국은 평화협정이 체결되기 전까지는 정전체계가 유지돼야 하며 한반도 평화협정은 남·북한 간에 합의돼야 한다는 입장을 거듭 확인하고 있다. 그리고 주한 미군을 현 단계에서 감축할 경우 북한이 상황을 오판하게 할 우려가 있기 때문에 주한 미군의 감축계획이 전혀 없음을 분명히 하고 있다.[67]

2) 휴전협정 당사자국과 그 지위

　그 당시 남한으로서는 휴전 협정을 받아들이지 않았다. 유엔군의 협력을 통해 통일을 할 수 있는 기회라고 믿었기 때문에 휴전보다는 계속 전쟁을 실시해 한반도 통일을 원했던 것이다. 그러나 미국을 중심으로 한 유엔과 소련의 이해관계가 맞아 북진통일과 휴전선에서 중공군을 철수시키려던 계획은 수포로 돌아갔다. 한국군 대표는 5월 25일 이후 불참을 선언하고 조인식에도 나가지 않으려고 했으나, 울분을 느끼는 가운데 7월 27일 10시에 휴전협정을 지켜보았다.

　휴전협정을 하는데 한국의 대표단은 관람자의 역할이었다. 전쟁 당사자인 남한은 빠진 채 공산군 측 대표는 김일성·남일·펑더화이였고, 유엔군 측은 사령관 클라크(Clark, M.W.)·해리슨이었다. 다시 말

---

67) 휴전선 [休戰線]에 관한 사항은 한국민족문화대백과의 내용을 그대로 전체를 인용하였음. 한국학중앙연구원

해 공산 측은 북한과 중국의 대표단이 참가 했으며 유엔군은 미국 측이 대표로 참가한 것이다.

휴전협정은 1953년 7월 27일 체결된 협정으로서 정식 명칭은 '국제연합군 총사령관을 일방으로 하고 조선민주주의인민공화국 최고사령관 및 중공인민지원군 사령원을 다른 일방으로 하는 한국 군사정전에 관한 협정'이다. 당시 UN군 총사령관 클라크 · 북한군 최고사령관 김일성 · 중공인민지원군 사령관 펑더화이[彭德懷]가 서명했다.

이 협정으로 인해 6 · 25 전쟁이 정지됐다. 남북은 국지적 휴전상태에 들어갔다. 남북한 사이에는 비무장지대와 군사분계선이 설치됐다. 그러나 이 당시 이승만 대통령은 통일을 주장하며 끝까지 서명하지 않았기 때문에 한국전쟁에 대한 정전협정을 평화협정으로 대체할 때에 한국이 당사자에 해당하는지 여부에 대해 논란되고 있다.

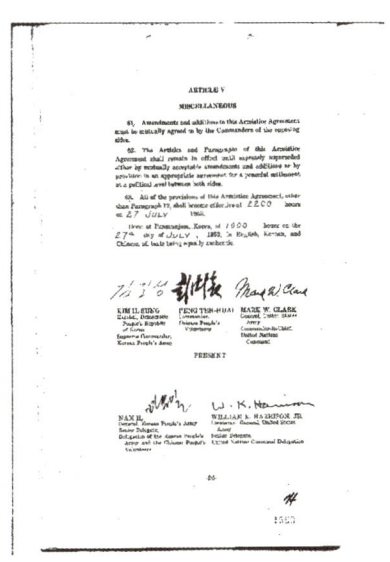

〈휴전협정 당사자인 북한 김일성, 중국의 펑더화, 유엔군 사령관 클라크, 북한의 남일, 유엔군의 해리슨이 서명〉

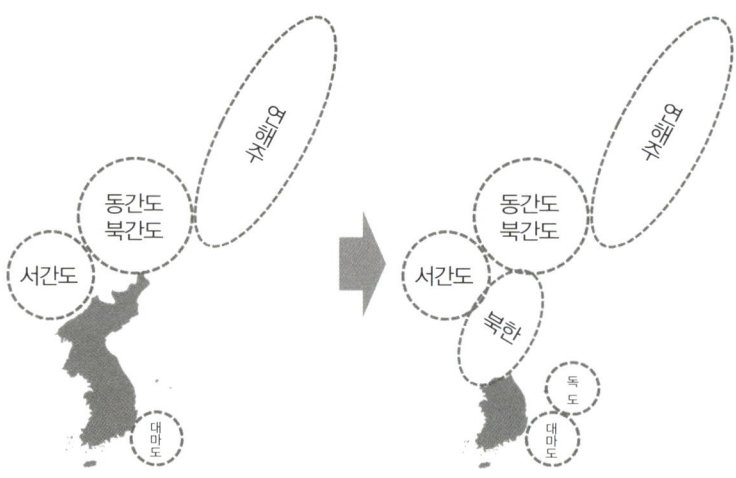

〈한국전쟁에 의한 영토축소〉[68]

---

[68] 한국전쟁으로 휴전이 됨으로서 한반도 전체의 국토에서 휴전선 까지만 주권이 미치는 영토로서 영토를 잃어버림.

2. 국제법과 북한의 붕괴

1) 북한 붕괴와 중국의 자동 진주권

　남한 사회의 보수주의자들은 북한의 붕괴를 꿈꾼다. 그들은 체제의 우월성과 더불어 경제적으로 앞서 있다는 점을 들어 북한의 붕괴를 예측하고 기원하기까지 한다. 그들의 주장은 두 가지이다. 경제적 어려움 때문에 민중에 의한 봉기로 붕괴가 되거나 김정은의 독재정치에 대한 반발로 측근들에 의한 반란을 통해 붕괴를 생각한다.

　대체적으로 대한민국 국민들이나 북한의 붕괴를 꾀하는 자들은 북한이 붕괴되면 남북한이 자동으로 통일이 된다고 믿고 있다. 국제관계나 조약, 협약 등에 대한 지식이나 상식이 없이 북한 붕괴는 자동으로 남북통일이 된다고 믿고 있는 것이다.
　그러나 이들은 생각은 틀렸다. 잘못 생각하고 있는 것이다. 대체적으로 그들은 통일을 낭만적으로 생각하는 구성원들이다. 북한을 오로지 적으로만 생각하고 그들은 망하거나 붕괴의 대상으로 남한에 의하여 통일이 돼야 한다는 생각을 가지고 있다.

　북한이 붕괴가 되면 남북의 관계는 영구분단이 된다. 북한의 붕괴는 남북한 통일이 아니라 중국의 영토침탈로 이어지게 되는 것이다. 지금 한반도의 국제 관계의 협약과 조약 등을 자세히 이해해야 한다. 지금 한반도는 휴전협정 단계이다. 지금 그런 상태가 계속하여 유지되고 있는 것이다.

　한반도는 휴전협정이 유지 되고 있는 상황으로 만약 북한이 붕괴가 된다면 휴전협정 당사국인 중국이 자동 진주권을 가지고 북한을 영토 침탈 하게 되는 것이다. 다시 말해 한반도의 휴전협정은 미국을 중심으로 한 유엔과 중국 그리고 북한이 당사자이다. 여기서 북한이 붕괴가 된다면 당연히 협정에 의거 북한은 붕괴가 됐으니 중국이 북한의 지역을 관리하게 되는 것이다. 휴전협정의 내용을 자세히 보면 북한 지역은 중국이 남한지역은 유엔이 관리하게 되어있는 것이다.

따라서 북한은 남북이 협의해 통일이 되는 대상이지 절대 붕괴의 대상은 아니라는 것이다. 북한이 붕괴가 되면 중국이 자동진주권을 가지고 북한 지역을 관리하게 되면 남북한은 영구분단이 될 수가 있는 곳이다. 북한은 붕괴의 대상이 아니다.

2) 미국과 중국의 북한 붕괴의 대응전략

북한은 김일성에서 김정일로 그리고 다시 김정은으로 이어지는 3대 세습은 냉전체제가 붕괴된 21세기의 시각으로 보면 도저히 이해할 수 없는 국가체제이다. 그러나 세계는 항시 북한의 붕괴를 예상하곤 한다. 북한이 체제 변화에 따른 붕괴가 우려된다고 하는 것이다.

이런 현상에 대해 미국과 중국은 전혀 다른 시각에서 이 현상을 바라보고 있는 것이다. 당연히 중국의 입장에서는 북한의 붕괴는 휴전협정에 따라 자동 진주권으로 북한 사회를 관리 하면서 중국의 영토를 만들려는 속셈을 갖게 된다. 이렇게 해서 전략적으로 접근하는 정책이 바로 동북공정정책이다. 반면 미국의 입장에서는 북한의 영토를 중국이 관리 한다고 하는 것은 중국의 권력이 강해지며 한반도를 통해 태평양 진출의 지리적 관계가 만들어 지며 또한 일본의 턱밑에 영토를 두게 되어 특별한 정책을 세우지 않으면 안되는 상황이다.

이런 한반도의 상황에 대처하기 위해 2013년 9월 23일 미국의 국가 방위정책 연구소인 랜드연구소에서 한반도의 정책을 수립하게 되는데 이 연구소 국방전문가 브루스 베넷(Bruce Bennett)은 북한의 급변사태를 대비하여 "北 붕괴를 대비해 중·미가 새로운 38선을 미리 정해 놓아야" 한다고 주장했다. 늘 우리는 우리가 힘이 없을 때 한반도는 분할된 역사를 가지고 있는데 지금 이 상황도 같은 개념이다.

미국의 랜드연구소가 북한의 붕괴에 대비하여 제2의 휴전선을 주장하는 것은 북한의 붕괴 시 자동진주권을 가진 중국이 북한 붕괴를 빌미로하여 북한전역을 지배 할 것을 우려하여 만든 것으로 한국 정부와 전혀 상관없이 자체적으로 계획하여 중국과 협의한 것으로 보인다. 랜드연구소의 보고서 주요 내용은 미국의 랜드연구소는 북한의 급변 시 중국의 자동 진주권에 대하여 인식하고 있기 때문에 사전에 붕괴에 따

〈북한붕괴에 대비하여 제2의 휴전선이 필요하다는 미국의 랜드연구소 주장에 대한 국내 신문의 기사 세계일보 2014. 9. 13일 보도〉

〈미국 랜드연구소의 북한 붕괴를 대비한 보고서 표지〉

른 북한 지역 관리계획(안)을 제시한 것으로 제1안은 압록강과 두만강을 기준으로 50 Km 남측 선, 제2안은 평양 북측의 동해와 서해안을 연결한 선, 제3안은 평양을 중심으로 동서 간 일직선으로 한 선을 제시해 북한 붕괴 시 새로운 분할통치 선을 제시한 것이다.

이와는 별도로 미국 국방부에서도 북한의 급변사태를 대비해 한반도 내 북한 지역의 관리계획을 내 놓았는데 이 문제를 기사화 한 부분을 보면 "미국 국방부가 지난 9월 초 내놓은 '4개년 국방정책 검토 보고서(QDR)'에 실린 북한 붕괴 시나리오 중 하나, 한국이 초기 대응에

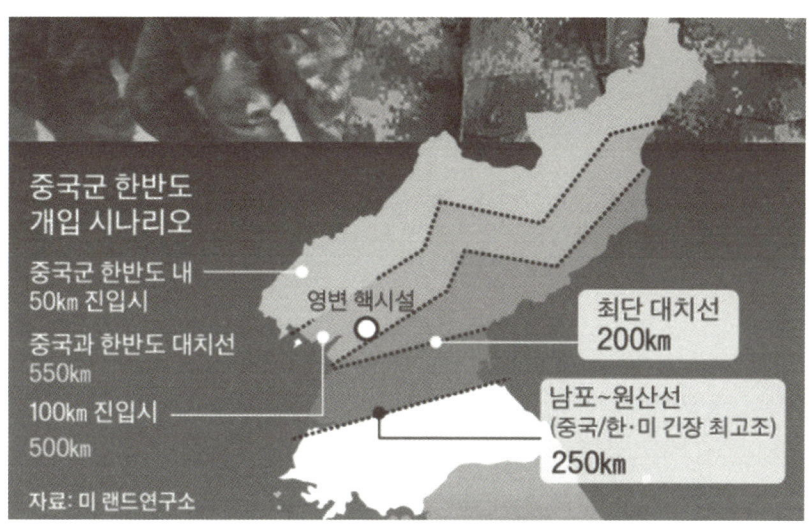

〈미 랜드연구소의 북한 붕괴 시 중국과 제2의 휴전선 협상 안〉

〈미국 국방부 QDR이 제시한 북한 지역 분할 통지안〉

세계일보

[단독] 북한 급변사태 대비, 美·中 공조체제 가동

1면 기사입력 2014-03-19 06:02 최종수정 2014-03-19 18:06

美 국방부 '북한 붕괴 시나리오' 검토

서울경제 | 입력 2009.09.09. 18:25 | 수정 2009.09.09. 20:39 | 누가봤을까?

(QDR: Quadrennial Defense Review, 미국방성 4개년 국방백서)

〈미국 국방부 QDR이 제시한 북한 지역 분할 통치 안에 대한 세계일보 기사〉

실패하면 중국, 러시아가 남하해 북한 북부를 장악하고 UN과 미국, 일본 등이 휴전선 일대를 점령해 대치한다" 는 내용이다.

 이 보다 앞서 2009년 9월 9일 서울경제신문에서도 북한의 붕괴 시나리오에 대해 언급하고 있는데 내용은 미국방부의 QDR에 관련한 내용이다.
 이 보고서의 내용을 보면 한국은 없다. 중국을 중심으로 하여 대부분을 중국이 관리하여 중국의 동해안 진출을 도와주고, 함경북도는 러시아와 접경을 이루고 있어 러시아에 관할을 두고, 강원도 일대는 미국과 일본이 관리하며, 평양을 중심으로 한 황해도 일부 지역은 유엔이 관장 하도록 하는 북한붕괴에 따른 북한 지역 분할 통치 계획을 내놓은 것이다. 여기서 중요한 것은 대한민국은 북한 지역 분할관리 계획에 없다는 것이다. 이렇기 때문에 북한이 붕괴 되면 안 되는 것이다. 남북이 협의하여 민족끼리 자주 통일만이 답이다.

반면 중국의 입장을 살펴보면 중국은 경제대국으로서 최근에 군사력증강을 통해 세계의 패권국으로 부상하여 G1부상을 꿈꾸고 있다. 팍스차이나를 꿈꾸는 중국은 일대일로 정책을 통해 북경을 세계의 중심도시로 만들어 세계에 대한 지배력을 높이려 하고 있으며 소수민족정책 강화를 통해 내부의 안정을 꾀하고 있다.

이미 북한의 붕괴를 준비하고 있는 중국은 북한의 급변 사태에 대해 북한 진주에 대한 준비까지 하고 있다. 2013년 10월 17일 홍콩명보의 기사를 보면 '한반도 유사시 인민해방군 북한에 진주'에 대해 중국 정부에 촉구하는가 하면 이미 중국군은 북한의 붕괴 시 북한 진주 5단계 시나리오 수립해 북한 붕괴에 대비하고 있다는 부분을 눈 여겨 보아야 한다. 다시 말해 중국은 이미 북한의 붕괴에 대비해 북한 지역 진주를 위한 군사훈련까지 하고 있는 것이다.

〈한반도 유사시 중국 인민해방군의 진주지역〉

〈중국이 제시한 북한 붕괴 시 한반도 분할통치 안〉

　중국은 2015년 9월 17일 한반도 4개국 분할 통치 제안을 했다. 이 제안은 미국과 사전협의 가능성이 의심되고 있다. 한반도의 당사자 국가인 대한민국은 빼고 휴전협상 당사자 국가인 중국과 미국이 협의를 하고 있다는 점을 눈여겨 보아야 한다.

　중국이 제안한 안을 살펴보면 미국 국방부 제안과 흡사한데 미국의 안은 강원도와 황해도 일부 지역을 미국과 일본이 관할하여 대한민국과 북한지역을 완전 차단하는 안인데 비해 중국의 안은 평안남북도와 황해도를 대한민국이 관할하는 발전된 안이다. 다만 평양의 도심은 유엔이 관장 하는 곳으로 계획하고 있다.

　위에서 보는 바와 같이 북한이 붕괴가 되면 통일이 되는 것이 아니라 강대국의 분할통치에 의한 새로운 영토 분쟁이 일어나게 되어 있으며 중국의 동해 진출의 길이 열리기 때문에 분단의 영구 고착화가 이루어지게 되어있다.

3) 중국 동북공정의 숨은 뜻

　중국은 2002년부터 동북공정을 추진해 왔다. 중국의 공정 역사를 보면 영토에 변화가 생길 우려가 있으면 공정을 통해 문제 해결을 하곤 했다. 중국은 한족을 중심으로 하여 55개 소수민족이 모여 국가를 이룬 다민족 국가 체제로서 중국에서 가장 문제가 되는 것이 바로 소수민족의 독립을 통한 영토문제이다.
　이미 잘 알려져 있는 바와 같이 중국은 국가 분열론과 분리론에 의해 민족단위나 언어, 종교, 빈부격차 등으로 분열이 예상되는데 소수민족인 티베트와 종교문제로 신장위그루가 독립을 추진하고 있어 중국내에 골칫거리가 되어있다. 티베트의 민족 분리운동에 대해 중국은 서남공정을 실시해 문제를 해결하려 했으며 신장위그루의 민족 분리운동에 대하여도 서북공정을 통해 제압하고 정책적으로 문제 해결을 위한 방법론으로 제시한 것이다.

　중국은 한국과 국교를 수립하면서 가장 우려한 부분이 바로 간도지방에 대한 영유권 문제와 북한토지의 문제였다. 따라서 중국은 이 문제를 해결하기 위해 동북공정 프로젝트를 실시하는데 동북공정은 3가지의 특징을 가지고 있다. 첫째는 역사침탈로서 고구려의 역사를 중국의 지방사로 만들어 공정의 명분을 삼으로 하고 있다. 둘째는 문화침탈로서 중국이 지구촌의 중심국가로서 자리 메김을 하려고 하는 것이다. 이는 지금까지 중국은 세계 4대문명이라고 하는 황화문명을 중심 문명으로 하여 중화사상을 가지고 있었는데 황화문명보다 1,000여년이 앞선 고조선의 문명인 요하문명이 새롭게 발견됨에 따라 황화문명에 의존하던 중화 사상이 흔들려 버렸다. 따라서 요하문명을 중국의 문명으로 둔갑을 시켜야 하다보니 역사침탈을 통해 요하문명을 중국의 문명으로 만들고자 하는 프로젝트이다. 마지막으로 셋째는 영토침탈이다. 중국은 잠정적으로 휴전협정을 맺어 존재하는 북한의 영토에 대해 본인들의 관리 하에 있다는 잠재적 영토관을 갖고 있다. 그런 측면에서 북한이 급변사태를 맞이해 붕괴가 된다면 당연히 북한의 관리권한을 본인들이 가져야 한다고 생각한다.

중국은 북한이 붕괴가 되면 국제법적으로 이미 휴전협정 당사국으로 지위를 갖고 있기 때문에 명분만 가진다면 북한을 중국의 영토화를 만드는 데는 별로 어렵지 않다고 생각한다. 그 명분을 갖는 것이 바로 동북공정이다.

동북공정은 고구려의 역사가 중국의 지방사로 규정 하는 것이다. 고구려의 강역을 살펴보면 한반도의 한강 이북 지역이 된다. 다시 말해 지금의 북한지역 전역이 해당 되는데 고구려의 역사가 중국의 역사라면 북한이 붕괴 됐을 시 당연히 북한 지역의 영토는 국제법적으로나 역사적으로나 중국의 영토가 돼야 한다는 생각을 갖고 동북공정을 실시하는 것이다.

이래서 동북공정의 논리는 반드시 타파해야 하는 논리인데 지금 우리나라의 주류 사학계는 동북공정의 논리에 힘을 보태주고 있으며 근본적으로는 동북공정의 기본 논리에 대한 명분과 역사적 근거를 만들어 주고 있어 대책이 시급한 편이다.

바로 한사군의 평양주둔설이다. 민족사학계에서는 역사적 근거인 1차 사료에 근거해 한서의 지리지나 태강지리지에 나와 있는 요동설을 중심으로 한사군의 위치를 비정하고 있으나 강단사학이라고 하는 주류 사학계는 평양설을 주장하고 있다.

한사군의 위치 비정은 아주 중요한 부분으로 한사군은 고조선시대에 있었던 것으로 한나라가 고조선을 지배했다는 것이다. 중요한 것은 고조선이 멸망하면서 고구려가 탄생 하게 되는데 만약 한사군이 평양에 주둔했다고 하면 평양에 근거하던 한나라의 통치 국가가 고구려의 탄생으로 연결이 되는 셈이다. 그렇다고 하면 당연히 고구려는 한나라의 후손 국가가 되는 셈이다. 중국의 동북공정 논리를 그대로 뒷받침해 주는 논리로서 우리나라 주류 사학계가 주장하는 논리이다. 만약 한사군의 평양설이 고착화 된다면 중국의 동북공정은 막을 수 없다. 대한민국 주류사학계가 한나라 후손이 만든 고구려라고 확정하는데 어찌 고구려가 우리의 역사라고 말하겠는가?

결론적으로 중국의 동북공정은 여러 가지의 문제를 해결하기 위해 만들어진 중국의 국가차원에서 연구하는 프로젝트인데 근본적인 목적은 영토침탈인 것이다. 만약에 북한이 붕괴되어 북한의 영토를 중국이 직접 관리하게 된다면 대한민국은 더 이상 간도 땅에 대해 이의를 제기하지 않을 것으로 보기 때문에 동북공정을 통해 얻을 것이 너무나 많다. 정부 차원에서 약 3조원의 예산을 편성해 연구하는 것이다.

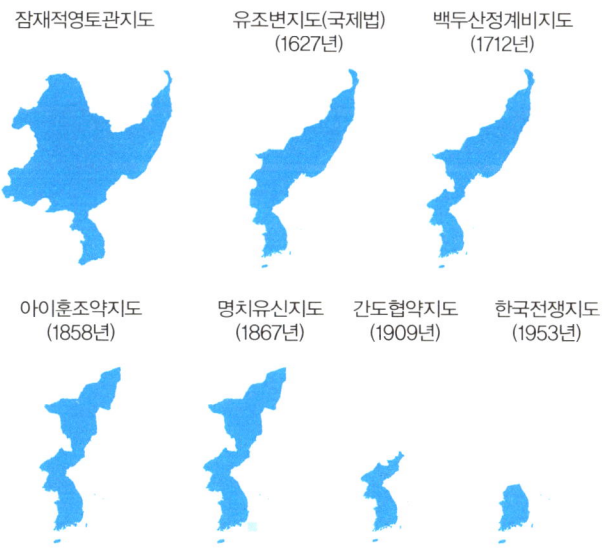

〈잠재적영토관에서 현재 대한민국의 영토축소의 역사〉

鳳凰의 나라

대륙을 품다

위기의 한반도 2

제1장 ● 강대국의 한반도 통일에 대한 시각

　한반도를 둘러싼 세계 강대국의 관심은 130년 전이나 지금이나 같은 시각이다. 130년 전 조선사회의 몰락과 대한제국의 탄생 그리고 일제강점기를 맞이하던 소용돌이 가운데는 미국과 일본 그리고 중국과 러시아가 있었다. 결론은 당시의 동아시아는 서구열강의 아시아 진출과 맞물려 엄청난 문화를 비롯한 영토의 변화가 있었다. 우리 사회도 4대 강국의 이해관계에 얽혀 일제 강점기를 맞이하는 불행을 겪게 된 것이다.

　오늘 현실의 분단된 한반도는 4대 강국의 이해득실 관계 속에서 130년 전과 똑 같은 형국이다. 분단된 현실에 대해 통일을 함께 하는 듯 하지만 각 국의 이해득실 관계 속에서 자기 몫 챙기기에 바쁘게 돌아가는 것이다. 한반도의 평화 유지를 모두 외치고는 있지만 그 목적은 각 국가별로 다르다는 것이다.

　130년 전 한반도는 외세의 개방에 전혀 준비가 되어 있지 않았다. 개화기 시절에 김홍집이 일본을 다녀오면서 조산책략이라는 서적을 통해 조선을 살리기 위해서는 '자강과 균세' 라는 단오가 등장 하는데 칼럼을 통해 내용을 알아보기로 하자.

'조선책략'과 한반도 운명

지리적 환경의 영향으로 구성된 역사는 순환구조를 가진다. 다시 말해 지리적 특성에 의한 주변국과의 상관관계에서 역사는 반복된다는 것이다. 지금 한반도의 형세는 130년 전 한반도의 형세와 너무 비슷하다. 한반도를 둘러 싼 미, 일, 중, 러의 관계가 예나 지금이나 같은 양상을 띠고 있는데 해법은 역시 역사에서 찾아야 한다.

'조선책략' 말하는 한반도

'조선책략'은 청나라 외교관 황준헌이 쓴 책으로 호는 인경려주인(人境廬主人)이며, 광동출신으로 초대 주일공사 하여장을 수행해 일본에서 활동한 인물이다.

고종은 1880년 6월, 조선은 위기 상황을 극복하고, 일본의 의도는 물론, 국제정세를 파악하기 위해 예조참의 김홍집과 수행원 58명으로 구성된 제2통신사를 일본으로 파견했다. 그러나 일본과 교류에 있어서 외교에 어두운 조선은 외교적 여건을 갖추지 못해 일본과 협상을 실패하고 청나라 공관으로 찾아가 청의 외교관들과 일본에 대한 관계를 논했다.

청은 당시 러시아의 남하정책에 대한 대책으로는 한·중·일 3국이 협력해 미국과 연합세력을 구축하는 것이 최선책이라고 주장했다. 또 조선 통신사 김홍집과 만나 국제관계에 대한 의견을 교환한 뒤, 〈조선책략〉(朝鮮策略)을 제공했는데 총 11권에 1천여 편의 시를 수록한 '인경려시초'(人境廬詩草)》를 남긴 인물이다.

〈조선책략〉은 김홍집이 청나라 공사관 참찬관 황준헌에게 받았다. 김홍집과 청나라 외교관들과 필담을 통해 동북아시아 등 국제 정세를 알게 됐다. 이를 기초로 하여 조선의 개국을 꿈꾸게 됐고 개화에 대한 준비를 해야 한다는 사실을 깨닫는 계기가 된 것이다. 〈조선책략〉은 약소국 조선이 4강의 틈바구니에서 외교적으로 나라를 보전할 수 있는 방책을 담은 책이다. 조선책략은 연미(連美), 결일(結日), 친중(親中). 특히 중국과 일본의 틈바구니에서 조선이 해야 할 가장 중요한 외교의 물꼬는 미국과 손을 잡아야 한다는 것을 처음 제시한 책으로 오늘날에도 유효한 내용이다.

〈조선책략〉의 내용은 조선과 청나라와 일본에게 가장 두려운 나라는 러시아이니, 조선이 러시아에 맞서려면 청나라와 친하게 지내는 것이 좋고, 미국·일본과는 협조 관계를 취하는 것이 좋다는 주장을 펼치고 있다. 즉, 청나라에게 유리하도록 국제정세를 끌어가고자 하는 의도이다. 여기서 주목할 만한 내용은 '자강과 균세'이다. 우리는 교훈을 얻어야 한다.

개화파로 알려진 김홍집은 '조선책략'의 내용과 개화된 일본을 둘러보고 청의 일본 공관에서 필담을 나눈 대화 내용을 근거로 하여 조선사회의 개혁을 주도 하게 된다. 과정의 문제도 많았으나 조선의 개방이 살아남는 길이라 생각하고 스스로 나라의 힘을 길러 지켜 나 갈 수 있는 '자강'과 러, 일, 청, 미 등의 나라와 고르게 등거리 외교를 통해 존립을 해야 한다는 '균세'를 이루어야 한다고 주장했다. 그러나 역사의 아이러니는 개혁파 김홍집은 조선사회를 개화 시켰으나 끝은 좋지 못했다. 을미사변(명성황후 시해)과 아관파천 직후 친일파의 거두로 몰려 광화문 한복판에서 군중에게 몰매를 맞고 처참한 최후를 맞았다. 이때 일본 군인들이 달려와 김홍집에게 일본 수비대로 피신하라고 권고했으나 총리대신 김홍집은 "먼저 전하(殿下)를 뵙고 말씀을 드린 후, 어심(御心)을 돌리지 못하면 일사보국(一死報國)하는 수밖에 없다." 그래도 일본 공사관 측은 김홍집을 가로막고 계속 피신을 권했다. 그러나 김홍집은 "나는 조선의 총리대신이다. 조선인에게 죽는 것은 떳떳한 하늘의 천명이지만 다른 나라 사람(일본)들에게 구출된다는 것은 짐승과도 같다"라고 하면서 피신을 거부했다.

당시 조선은 친(親)중국 하고 결(結)일본 하면서 연(聯)미국만 하면 조선반도가 균세를 이루어 그나마 나라 자체는 유지하리라 생각했지만, 결코 '자강'이 되지 않으면 나라를 지켜낼 수 없다는 것을 뼈저리게 느꼈다. 유길준, 서재필, 김홍집 등 구한말 개화파들이 그토록 갈망하던 개화(開化)는 달리 말하면 중국이라는 대륙세력으로부터 벗어남을 뜻했다. 미국이라는 선진해양세력과 손잡은 대한민국은 개화파들이 원하던 비약적 발전을 이뤘다. 그러나 내부 정리가 되지 않아 균세를 이루지 못한 조선은 파국으로 가고 만다.

조선 후기 이후 우리는 역사에서 보면 늘 대국에 대한 의존적 관계를 유지해왔다. 인조반정이 일어난 이유 자체가 명나라를 섬겨야 한다는 몰지각한 생각을 가진 자들인 서인들에 의해 저질러졌고, 등거리외교를 통해 균세를 해야 한다는 광해를 추출해 낸 사건 이후 일본에 기대고. 러시아에 기대어 오늘에 이르게 됐다. 지금의 형국은 맹목적 미국에 기대어 가고 있는데 이는 일부 사대 파들에 의해 자강은 물 건너가고 사대 파들만 득세를 하는 형국이다.

미국과의 관계는 이 시기 김홍집에 의해 한·미간은 통상조약을 체결할 수 있었으며 이때부터 우리는 미국을 짝사랑하기 시작했다. 물론 굳건한 한미동맹을 우리는 믿고 있다. 그리고 미국의 핵우산을 믿어 의심치 않는다. 북한의 핵 위협도 충분히 대응할 수 있는 여건 속에 있다고 판단된다. 그러나 국제 질서는 움직이는 생물체이다. 미국은 자국의 이익에 부합하지 않으면 축을 돌리는 나라이다. 이미 우리는 역사에서 가쓰라-테프트조약이라든지 포츠머스조약, 애치슨라인 선포 등 수많은 사건들을 보아왔다. 과연 우리가 미국만 맹목적으로 믿고 가야하나?

그동안 우리는 엄청난 국방예산을 들여 무기현대화 등 자주국방에 애를 써 왔다, 그러나 결과는 별로 신통치가 않다. 사실 이쯤 되면 근본적으로 한번 돌아보아야 한다. 그러나 무기 체제보다 더 심각한 것은 일부 국민들이 갖는 정신세계와 가짜 보수들의 사대근성이다. 전작권을 가지고 오자 하면 별별 이유를 들어 사대근성을 발휘해 미국에만 의존하려고 한다. 이제는 정신 차려야 한다. 김홍집이 가져 온 '조선책략'에서 보듯이 균세와 더불어 '자강'을 이루지 못하면 끌려 다닐 수밖에 없는 것이다. 지배를 받는 다고 하는 것은 주권의 지배만이 아니라 군사적 지배, 정신적 지배 등 다양하게 나타난다.

균세와 자강이 필요한 시점이다. 한반도를 둘러싼 4대 강국의 전략으로 보아 등거리 외교를 통한 균형이 필요하다. 4대 강국의 외교를 통해 한반도의 안정을 가져올 필요가 있으며 평화를 유지해야 한다. 그러면서 스스로 나라를 지켜낼 수 있는 자강의 힘이 필요한데 이는 경제력이다.

한반도의 통일에 대하여 4대 강국이 바라보는 시각을 분석해 볼 필요가 있다. 각 국의 이해득실 관계가 다르기 때문에 정확한 분석을 통한 대응 전략이 필요하다.

통일문제는 우리사회의 가장 큰 화두이다. 일부 젊은이들 사이에 비용이 많이 들어가는 통일을 왜 해야 하는가에 대한 회의적 시각도 존재 하지만, 통일은 우리민족이 풀어가야 할 숙명적 과업이다. 우리 세대에서 반드시 이루어 후세에 물려주어야 한다.

130년 전이나 지금이나 한반도는 지리적 여건으로 인해 강대국과 상관관계의 외적 변수에 의해 우리의 운명이 결정지어지는 형국이다. 지금도 북한과의 문제에 있어서 미국, 일본, 중국, 러시아와 외적 변수를 가지고 있다. 대체적으로 그들은 한반도의 통일을 원하지 않으며 자국 중심적 사고로 판단해 한반도 통일을 꼬이게 만들어 간다.

1. 미국의 시각

우방이며 혈맹인 미국은 우리 사회와 상당히 밀접한 관계를 가지고 있다. 대부분의 우리 국민들이 사대사상을 말 할 정도로 미국에 기대고 있다. 그들은 세계 경찰 역할을 자처하고 있어 한반도에 대한 관심 또한 많은 것이 사실이다. 그러나 미국의 한반도 전략과 정책을 역사적인 측면으로 통해 보면 사실 믿지 못할 나라 중에 한 나라이다.

가쓰라-테프트조약으로 한일합방의 계기를 만들어 주고, 샌프란시스코 조약을 통해 독도를 분쟁화 지역으로 만들고, 극동방위선인 애치슨라인을 통해 한국전쟁의 원인을 제공했으며, 한국 전쟁 후 미소공동회의를 통해 38선으로 남북이 분단이 되는 역사의 흔적이 있다.

또한 미국은 국내 정치의 흐름을 세계 전쟁의 역사에 대입을 시키는 국가이다. 미국의 버팀목은 군수품 수출인데 내부 사정이 문제가 있으면 세계 어느 곳이나 전쟁을 일으킨다. 이는 경제적 문제나 정치적 문제를 막론하고 무기업자들에 의해 경제와 정치가 놀아나기 때문이다. 문제는 일으킨 전쟁을 마무리를 짓지 않는데서 또 다른 문제를 발견할 수 있다.

한국전쟁 시도 이승만 전 대통령이 북으로 올라가자고 해도 반대하고 자국의 피해를 줄이기 위해 전쟁의 중도 포기로 휴전을 선택했다. 베트남 전쟁도 중간에 포기 하고 철수 했으며, 최근 이라크 전쟁도 말도 안 되는 생화학무기를 트집 잡아 전쟁을 일으키고 원유만 확보 한 채 전쟁을 중도에 포기하고 이라크에서 철수했다.

전쟁을 일으키는 목적은 군수장비 판매에 있다 보니 미국 내 경제 및 정치와 직결되고, 전쟁 철수는 전쟁의 명분보다는 미국 내의 이해 득실을 중심으로 결론을 내리는 나라이다. 이것은 사실 미국의 입장에서 보면 당연한 이치일 것이다.

미국의 한반도 전략은 단순하다. 미국에 이익이 되는가 안 되는가에 대한 정책적 판단만 있을 따름이다. 현재 미국은 북한을 축으로 중국 길들이기를 하고 있다. 경제적 측면에서 중국을 미국의 틀에 정립시키기 위한 전략적 접근으로 보면 될 것이다.

미국은 한반도에 대한 통일을 반대하지는 않지만 절대 적극적이지 않다.

북한을 사이에 두고 중국과 시소게임을 하는 것이 미국의 이익에 부합하기 때문이다. 또한 한국이 최대의 군수산업 시장으로 활용가치가 크기 때문인데 지리적, 전략적 부분은 일본이 존재하기 때문에 한반도가 그리 중요하지는 않다. 앞으로도 한일 관계에 있어 미국은 일본의 편에 설 것이다. 지금 한반도는 군수품의 최대 시장으로 인식하고 있다.

2. 중국의 시각

가까운 이웃인 중국은 과거로부터 우리의 사회나 문화 그리고 영토 문제에 있어서 끼친 영향은 너무나 크다. 지금도 마찬가지이다. 특히 한국전쟁을 통해 중국과 우리는 냉전시대의 산물인 이념전쟁을 치러야 했고 국교수립은 채 30년이 안 된다. 동북아 역사를 함께 해온 중국과 우리의 사이에는 보이지 않는 경계가 있다. 역사에 얽힌 부분과 중국이 미국을 보는 시각문제 그리고 북한의 지배권 문제까지 다양한 문제가 존재한다.

한반도 통일을 원치 않는 강대국 중에서 가장 통일을 반대하는 국가일 것이다. 이유는 간단하다. 한반도의 통일은 중국이 북한토지에 대한 잠재적 영유권을 가진 상태인데 포기해야 하는 문제가 첫째요, 미국에 영향을 받는 통일 자유대한민국이 압록강을 중심으로 직접 국경을 마주 대하기 때문에 상당한 문제로 인식하는 것이 둘째요, 셋째는 통일 대한민국에서 북방영토(간도)에 대한 주장을 우려하기 때문에 통일에 적극 반대할 것이다.

만약 북한이 자연스레 붕괴가 된다면 북한 토지는 휴전협정 당사자 국가로서 중국이 자동 진출권으로 가지고 북한을 통제 할 수 있다고 믿고 있기에 지금도 동북공정을 통해 명분 만들기에 열을 올리고 있는 것이다. 이런 현상으로 본다면 중국과의 관계는 상당히 전략적으로 접근할 필요가 있고 우선적으로 역사 전쟁에서 우위를 점해야 한다. 명분을 빼앗기면 통일은 요원하다.

3. 일본의 시각

멀고도 가까운 나라 일본은 한반도의 통일에 대해 아주 소극적이다. 일본의 보수 세력은 항상 북한 정세의 문제로 정권을 잡고 유지해 왔기 때문이다. 일본 보수는 한국 보수와 마찬가지로 북한의 존재 자체가 정치적 자산으로 취급하고 있다.

또한 일본은 통일 한국을 바라지 않는다.

이는 강대국 통일한국은 일본을 압도 할 것이고, 동아시아의 주도권을 통일 한국에 빼앗기게 될 것이 자명하기 때문이다. 이렇게 되면 독도문제서부터 시작하여 대마도 문제까지 복잡한 영토 분쟁이 커지는 양상이 되기 때문에 한반도의 통일을 바라지 않을 것이다.

통일 한국을 두려워하는 또 다른 이유는 경제적인 측면이다. 지금은 한반도가 휴전의 상태이기 때문에 도시의 기능에서 서울 보다는 동경을 중심으로 아시아 경제가 돌아가고 있다. 물론 최근에 싱가포르와 상해에 많이 점유 당한 부분이 있지만 세계 각국의 지사 설립 등은 아직 동경을 중심으로 경제 패권을 쥐고 있다.

그러나 통일 한국이 되면 이런 부분을 경제적 허브 측면에서 한국에 빼앗길 것을 우려한다. 통일 한국이 된다면 일본의 경제는 상당히 약화될 것이 분명하며 한국이 동아시아의 주요 경제허브로서 역할을 하게 될 것이다. 이는 러시아의 극동정책과 중국의 일대일로 정책 등 각국의 주요 정책의 퍼즐을 맞추어 보면 쉽게 보이는 부분이다.

4. 러시아의 시각

한반도의 통일에 대해 가장 변수가 적은 국가이다. 따라서 통일 문제는 앞으로 러시아를 중요한 축으로 삼아야 한다. 통일이 됐을 시 이해득실 관계에서 이득을 보는 유일한 국가이다. 러시아는 조선 말기에도 같은 상황으로 인식했으나 실패를 했는데 지금의 상황은 많이 다르다.

통일 한국이 되면 압록강과 국경을 마주하게 된다. 이렇게 되면 중국에 대한 견제가 자연스럽게 이루어지기 때문에 러시아 입장에서는 중국의 동북아 군사 정책에 힘의 분산을 가져 올수 있어 러시아 입장에서는 좋은 환경이 될 수 있다.

또한 경제적 측면에서도 한반도와 직접 연결이 되는 가스관으로부터 철도를 활용한 유통의 라인이 형성되어 러시아 입장에서는 한반도의 통일을 반대할 이유가 없으며 통일이 됨으로서 손해가 나는 일이 없다. 따라서 한·러공생국 등 대 한국 정책에 우호적인 러시아와 깊은 관계를 갖고 통일에 대한 정책과 전략을 수립하는 것이 바람직하다.

5. 자강과 균세에 의한 통일전략

　한반도를 둘러싼 강대국들의 이해득실 관계는 모두가 사안 별로 다르다. 우리의 외교는 4대 강국에 맞춤형으로 진행 돼야 한다. 이미 조선 말기 김홍집이 가지고 들어 온 조선책략에 4대 강국에 대한 당시 여건과 환경에서 방향을 잡았듯이 지금의 한반도를 둘러싼 각국의 이해득실관계를 잘 따져 새로운 균세전략을 만들어 나가야 한다. 물론 내적으로는 자강을 통해 외세를 막아 낼 수 있는 힘을 길러야 하며 자강을 통해 자주외교의 틀을 만들어 나가야 한다.

　통일 운동은 대한민국의 미래이다. 서두른다고 되는 문제도 아니지만 통일은 절대 저절로 되지도 않는다. 전 국민이 염원을 하며 실질적인 전략을 세워 국민이 바라고 실천운동을 통해 실행해야 한다. 정치적 이해관계나 경제적 득실을 따져서는 안 된다. 한국 사회의 병폐라고 할 수 있는 이념적 잣대로 재서도 안 되는 것이 통일 운동이다.

　내적으로는 자강을 준비하면서 외적으로는 국제사회에서 균세를 통한 통일 자주외교를 펼쳐 나가야 한다. 민족의 숙원이며 국민의 염원이다

제2장 　　　　　　　　　　　　　　● 북한사회의 내부

1. 주체사상과 자력갱생

1) 주체사상과 자력갱생

(1) 주체사상

북한 사회를 유지하고 있는 주체사상의 정의를 내려 보면 '혁명과 건설의 주인은 인민대중이며 혁명과 건설을 추동하는 힘도 인민대중에게 있다는 사상' 혹은 '자기 운명의 주인은 자기 자신이며 자기 운명을 개척하는 힘도 자기 자신에게 있다는 사상'으로 규정된다. 그러나 이런 추상적 언명 뒤의 구체적인 논리를 들여다보면, 주체사상은 이원적 구조로 이루어져 있다. 이 이원적 구조는 이론과 역사 모두에서 나타난다.

이론적 측면에서 주체사상은 좁은 의미의 주체사상과 김일성주의를 일컫는 넓은 의미의 주체사상으로 나뉜다. 좁은 의미의 주체사상이란 철학적 원리, 사회역사 원리, 지도적 원칙으로 구성된 본래 의미의 주체사상을 가리킨다. 이 주체사상은 1982년에 김정일이 발표한 논문

「주체사상에 대하여」에서 정밀하게 체계화됐다.

주체사상의 철학적 원리는 "주체사상은 사람 중심의 새로운 철학사상"이라는 선언으로부터 시작된다. 철학적 원리는 주체사상의 전체 체계를 규정하는 두 개의 명제를 중심으로 이루어져 있다. 첫 번째 명제는 세계에서 사람이 차지하는 지위와 역할에 관한 것으로서 "사람이 모든 것의 주인이며 모든 것을 결정한다"는 것이다. 이로부터 주체사상은 "사람을 위주로 하여 철학의 근본 문제를 제기"한 사람 중심의 철학으로 규정된다. 두 번째 명제는 사람의 본질적 특성과 관련된 것으로서 "사람은 자주성과 창조성, 의식성을 가진 사회적 존재"라는 것이다. 이런 본질적 특성에 의해 사람은 세계에서 특별한 지위와 역할을 차지할 수 있다고 규정된다.

여기서 자주성은 "세계와 자기 운명의 주인으로서 자주적으로 살며 발전하려는 사회적 인간의 속성"으로 간주되며, 사회적 존재인 사람의 사회정치적 생명으로 규정된다. 그리고 창조성은 "목적의식적으로 세계를 개조하고 자기 운명을 개척해나가는 사회적 인간의 속성"으로 정의되며, 의식성은 "세계와 자기 자신을 파악하고 개변하기 위한 모든 활동을 규제하는 사회적 인간의 속성"으로 규정된다.

사회역사 원리는 철학적 원리에 기초해서 사회역사의 운동 법칙을 밝힌 것이다. 즉 "세계의 한 부분인 사회가 역사적으로 어떤 원인에 의하여 변화 발전하는가, 역사를 전진시키고 사회를 발전시키자면 어떻게 해야 하는가"를 규명했다는 것이 사회역사 원리이다. 이 사회역사 원리는 사회역사적 운동의 주체, 본질, 성격, 추동력 등 네 가지 부문에서 자기 원리를 밝히고 있다.

그 중 가장 주목할 것은 "인민대중은 사회역사의 주체이다"라는 명제이다. 철학적 원리의 '세계에서 사람이 차지하는 지위와 역할'로부터 연역된 이 명제는, 철학적 원리에서 세계의 주인인 사람이 사회역사 원리에 와서 사회역사적 집단인 인민대중으로 더 구체화되어 나타났음을 보여준다. 여기서 인민대중은 "혁명과 건설의 주인이며 자연을 개조하고 사회를 발전시키는 결정적 요인"으로 규정된다.

그런데 사회역사 원리는 이 부분에서 '역사의 주체'와 관련하여 쟁점이 될 만한 중요한 문제를 제기하고 있다. 그것은 사회역사 원리가 "인민대중이 역사에서 주체로서의 지위를 차지하고 역할을 다하자면 지도와 대중이 결합되어야 한다"고 밝힌 점이다. 이와 관련하여 김정일은 "인민대중은 역사의 창조자이지만 옳은 지도에 의하여서만 사회역사 발전에서 주체로서의 지위를 차지하고 역할을 다할 수 있다"고 했다. 즉 인민대중은 사회역사의 주체이지만 저절로 주체의 지위를 고수하고 역할을 다하는 것이 아니라 반드시 옳은 지도와 결합돼야 한다는 것이다.

그런 맥락에서 지도와 대중의 결합은 역사의 주체로서 인민대중의 지위와 역할을 담보하는 근본 요인으로까지 규정된다. 그러나 이런 규정으로 인해 "인민대중은 사회역사의 주체"라는 명제가 구체적인 역사현실 속에서 관철되기 위해서는 지도라는 개념이 매개되지 않으면 안 되게 됐다. 이로써 "인민대중은 사회역사의 주체"라는 명제는 독자적으로 자기 완결성을 갖지 못하고 수령의 지도라는 개념을 통해서만 사회역사 원리의 핵심 테제로서 완성될 수 있게 된 것이다.

이렇게 지도와 대중의 결합을 주체사상 체계 속에서 최초로 제시한 김정일은 지도의 주체를 당과 수령으로 규정했다. 그렇지만 노동 계급의 당은 "수령의 사상과 영도를 실현하기 위한 정치적 무기"이고 당의 영도는 "곧 그 당을 창건하고 이끄는 노동 계급의 수령의 영도"로 규정됨으로써, 사실상 지도의 본질은 수령의 지도를 의미하게 된다. 바로 이 "(수령의) 지도와 대중의 결합"에 대한 사회역사 원리의 규정을 통해, 혁명적 수령관은 주체사상과 결합할 수 있는 이론적 공간을 획득하게 됐다.

지도적 원칙은 모든 정치생활 단위가 주체사상의 철학적 원리와 사회역사 원리를 실제생활에서 견지하기 위해 필요한 원칙들을 구체적으로 밝힘으로써 "당 및 국가 활동, 혁명과 건설의 모든 분야에서 주체를 세우기 위한 지침"으로 규정된다. 따라서 지도적 원칙은 북한사회 운용의 총노선적 성격을 지닌 명제들로 구성되어 있다.

지도적 원칙은 다음 3개의 명제로 구성된다. 첫 번째 명제로 "자주적인 입장을 견지"할 것을 천명하고 있다. 이 자주성을 실현하기 위해 사상에서 주체, 정치에서 자주, 경제에서 자립, 국방에서의 자위 원칙을 실현해야 한다고 주장한다. 이 네 가지 원칙은 1960년대 중반에 천명된 주체사상의 초기 정식화에 해당하는 테제들이다. 두 번째 명제는 "창조적 방법의 구현"이며 세 번째 명제는 혁명과 건설에서 "사상을 기본으로 틀어쥐어야 한다"는 것이다.

지금까지 설명한 주체사상이 본연의 주체사상이라고 할 수 있다. 하지만 우리가 일반적으로 '주체사상'이라고 지칭하는 것은 이보다 외연이 넓다. 즉 넓은 의미의 주체사상으로서, 김일성주의가 바로 그것이다. 흔히 "김일성 동지의 혁명사상"이라 일컬어지는 김일성주의는 원래 본연의 주체사상, 즉 좁은 의미의 '주체사상을 정수로 하여' 이론과 방법을 포괄한 김일성의 사상을 가리키는 말이었지만, 오늘날 그대로 주체사상이라 불리고 있다. "김일성 동지의 사상, 이론, 방법을 주체사상이라고 말한다"는 김정일의 규정이 이를 잘 보여준다. 즉 북한사회에서 김일성주의는 주체사상인 것이다.

주체사상의 해석권을 독점해온 김정일은 세계의 시원(始原) 문제가 선행 철학인 마르크스주의에 의해 유물론적으로 밝혀진 위에 주체사상이 "세계에서의 사람의 지위와 역할 문제를 철학의 근본 문제로 새롭게 제기하고 세계의 주인이 누구인가 하는 문제에 해답을 주었다"고 주장했다. 그는 이런 맥락에서 "사회를 물질적 조건을 위주로 하여 볼 것이 아니라 사람을 중심으로 하여 보아야 하며 사회의 발전 과정을 자연사적 과정으로 볼 것이 아니라 사회적 운동의 주체인 인민대중의 자주적이며 창조적인 활동 과정으로 보아야" 한다고 주장했다. 북한의 이론가들은 이를 주체사상의 이론적 핵심이라 보고 있다.

넓은 의미의 주체사상, 즉 김일성주의는 주체사상, 혁명 이론, 영도 방법의 3대 구성으로 이루어진 전일적 체계로 설명된다. 김일성주의는 "주체사상을 정수로 하는" 김일성의 혁명사상이 마르크스–레닌주의를 대체한 독창적 개념임을 내세우기 위해 사용된 말이다.

김일성주의에서 말하는 이론이나 방법은 북한 사회주의 건설 과정에서 김일성이 내놓았다는 각종 혁명 이론과 영도 방법을 가리킨다. 북한의 이론가들이 이를 체계화시켜 김일성주의의 구성 부분으로 자리매김한 것이다. 이렇게 해서 김일성주의의 구성 부분이 된 혁명 이론으로는 반제 반봉건 민주주의 혁명론, 사회주의 혁명 이론, 사회주

의·공산주의 건설 이론, 인간 개조 이론, 사회주의 경제 건설 이론, 사회주의 문화 건설 이론 등이 있으며 영도 방법으로는 영도 체계와 영도 예술이 있다.

그런데 주체사상은 역사적 형성 과정에서도 뚜렷이 2단계로 나뉜다. 역사로서의 주체사상은 하나가 아닌 둘이라는 것이다. 역사로서의 주체사상은 1967년을 기점으로 나뉜다. 1967년 이전의 주체사상은 북한 사회주의 발전 전략 차원에서 제시된 것으로, 공동체 전체의 생존을 위한 담론의 성격을 지녔다. 흔히 우리가 사상에서 주체, 정치에서 자주, 경제에서 자립, 국방에서 자위라는 4대 원칙으로 기억하는 것이 이것이다. 이 주체사상은 마르크스–레닌주의의 하위사상으로 위치지어졌고 상당한 합리성을 띠고 있었다.

그러나 현재의 주체사상은 1967년을 계기로 굴절되기 시작해 오늘에 이른 것으로, 그 전과 판이한 모습을 띤다. 1967년 이래 주체사상이 유일체제 구축을 위한 지배권력의 통치 담론 성격을 강하게 띠면서 변질·변용된 것이다. 그 결과 현재의 주체사상은 마르크스–레닌주의를 대체한 '보편적 사상 이론'으로 자신을 주장하게 됐다.[69]

(2) 자력갱생

자력갱생의 정의는 자신의 힘으로 생존을 추구한다는 뜻으로 남에게 의존하지 않고 오직 자신의 능력과 의지로 발생하는 도전을 극복하

---

[69] 북한의 역사, 2014. 3. 3.(1권), 2011. 10. 17.(2권), 역사비평사의 내용 전체 인용

려는 행동 또는 정신을 말하는데 북한 사회에서는 주체사상을 자력갱생을 통해 이루고자 하는 것이다.

 북한이 자력으로 경제를 발전시키고 운영해 나간다는 정책의 기조로 자주 등장하는 표현이다. 1960년대 북한에서 주체사상이 표면화되면서 중국공산당이 1950년대부터 즐겨 구사했던 자력갱생의 구호를 수용해 주체사상의 지도적 지침인 '경제에서의 자립'을 제시하게 된 근거가 됐다. 자원이나 기술이 부족한 북한이 외국에 의존하지 않고 자체의 자원과 기술에 의거하여 경제를 이끌고 나가려는 의지를 담은 표현이다. 그러나 실제로는 소련이나 중국의 경제지원을 받을 수밖에 없었던 북한으로서는 정치적인 구호의 성격이 강하다. 즉 현실적으로는 소련과 중국 등의 경제지원을 받지만 그러한 지원으로 인해 정치적인 독자성을 훼손당하지 않겠다는 의지를 담고 있다고 할 수 있다.

 북한이 추구하고 있는 자급자족에 의한 경제운용방식을 일컫는 말로서 '주체경제노선'의 기본원칙 즉, 경제운영과정에서 제기되는 모든 어려움을 자체의 힘으로 해결한다는 입장과 정신으로 규정해 독자성과 함께 자주성의 중요한 측면으로 정의하고 있다.

 이 원칙은 본래 중국공산당의 중요 지도방침의 하나로서 1959년부터 계속된 3년간의 자연재해와 1960년대에 들어서 소련의 지원이 중단되면서 제기됐다. 북한도 이 구호를 경제계획의 완수를 위한 중요한 구호의 하나로 제기했다.

 자력갱생은 자기 나라 혁명은 기본적으로 자기의 주체적 역량에 의거해 완수하려는 혁명적 입장으로서 공산주의자의 혁명적 기풍과 혁명정신의 중요한 특징의 하나이다.

'경제에서의 자립'은 자력갱생이라는 이름으로 불리고 있다. 김일성은 이에 대해 "자립적 민족경제를 건설한다는 것은 우리가 자체로 벌어서 먹고 살 수 있도록, 다시 말해서 자급자족할 수 있는 나라를 만든다는 것을 말하며 경제 모든 부문이 유기적으로 연결된 하나의 종합적 경제체계를 만든다는 것을 의미한다"라고 말하고 있다.

북한이 취하고 있는 '자력갱생'은 중공업과 경공업 그리고 농산물을 자체로 생산 공급하며 내부의 자원과 기술로 모든 수요를 충족시키는 것을 원칙으로 삼고 있다. 지하자원의 경우만을 예로 들어보아도 세계 각 나라가 각기 필요로 하는 자원을 모두 완벽하게 갖추어져 있기란 거의 불가능한 것이다. 필요한 원료를 모두 자급할 수 있는 능력을 가진 나라는 극히 제한되어 있다.

북한의 경우도 원유, 면화, 목재, 고무 등을 비롯해서 전적으로 수입에 의존해야 할 원료가 허다하다.
뿐만 아니라 북한의 기계제작 공업을 비롯해서 공업전반에 취약점이 많고 기술수준도 아직 낙후되어 있다.

이런 속에서 폐쇄적이며 비능률적인 자력갱생정책은 북한의 경제를 더욱 어렵게 만들 뿐이다.[70]

---

70) 한국학중앙연구원 한국민족문화대백과의 내용을 전부 발췌

2) 북한의 핵 포기는 가능한가?

　세계의 이목이 한반도에 지속적으로 집중되고 있는 것은 남한 사회의 모범적인 경제 발전과 북한 사회의 핵개발이다. 북한은 고립된 사회로서 외부로부터 압력을 피하기 위한 수단으로 핵을 개발 하고 있으며 이를 통한 내부 결속을 다지려는 의도를 가지고 있다.

　북한 사회는 선대의 지도자가 명령을 내린 부분을 이행하는 유훈 정치를 기본으로 하고 있다. 김일성이 유언한 유훈은 지금도 김정은이 그대로 받아 김일성의 유훈 정치를 하고 있는데 김일성의 유훈은 "한반도 비핵화"이다.

　유훈정치의 사회인 북한에서 김일성의 비핵화 유훈을 남긴데도 불구하고 김정은 시대에 돌입 하면서 핵 개발을 완성 하려는 의도는 무엇이고 과연 이것이 멈출 수 있을까에 대해 세계 이목이 집중되고 있는 것이다.

　김일성과 김정일 그리고 김정은으로 이어지는 3대 세습에서 눈여겨 보아야 할 부분은 김정은 시대에서 김정은 자본주의를 체험한 유일한 지도자라는 데에 있다. 김일성과 김정일은 학문적 자본주의를 알고 있지만 체험을 한 적은 없으나 김정은은 이미 스위스의 유학을 통해 자본주의 알고 있는 것이 아니라 체험을 한 경험이 있기 때문에 김정은 시대에 통일은 사실상 기대를 해도 좋은 것이다.

　북한의 핵 개발은 도전적 의미보다는 주체사상을 최종 목표로 하는 북한 사회에 자력갱생의 최종 수단으로서 활용하기 위한 것으로 분석된다. 다시 말해 핵 개발을 통해 내부의 결속력을 높이고 핵보유국으로써 지위를 이용해 서구 사회와의 딜을 하기위한 자력갱생의 최종 목표를 실현하기 위한 것으로 본다.

2. 북한의 경제체제 변화

1) 장마당과 포전담당제

(1) 장마당

장마당은 북한에서 시장경제의 수요와 공급에 따른 가격으로 물건을 사고파는 곳으로 농민들이 텃밭이나 가내부업으로 생산한 농산물·축산물을 매매하는 시장을 말한다.

북한에서 '인민시장'이라는 이름의 재래식 시장이 존속해오다 1950년부터 3일장·5일장의 농촌시장으로 변경됐다. 1958년 8월에는 「내각결정 140호」에 의거 농촌지역을 중심으로 10일장 형태의 농민시장으로 개칭됐다. 그 후 북한에서 비사회적 유통망으로 규정되어 수십년 간 통제됐다. 그러나 1980년대 들어 경공업 제품 부족으로 국영상업망의 기능이 악화되자 이를 보완하기 위해 공장 기업소에서 나오는 부산물로 생필품을 만들어 보급하는 이른바 '8·3 인민소비품'을 장려하면서 중소도시 지역에서 장마당으로 확산됐다. 특히 1990년대 들어 식량과 생필품 등의 배급체제가 무너진 후 급증하기 시작해 현재 북한전역에는 300~400여 개의 농민시장이 산재하고 있다. 군 단위별로 1~2개, 시 단위 별로 3~5개소의 시장이 매일 상설 운영되고 있는 것으로 알려지고 있다.

북한 당국은 2003년 3월 시장장려조치를 통해 농민시장을 종합시장으로 개편했으나, 2005년 10월 들어 다시 배급제를 실시하겠다고 밝힌 후 시장에 대한 통제 의지를 밝힌 바 있다.

농민시장에서 거래되는 물품은 종래 개인텃밭에서 생산된 채소나 가금류, 빗자루 등 가내수공업 제품에 국한됐던 것이 거래금지품목인 식량을 비롯하여 공장, 기업소 및 국영상점 등에서 빼돌린 물품과 중국 등 제3국에서 유입된 다양한 상품들이 불법적으로 유통되고 있어 새로운 사회문제로 대두되고 있다. 이용자 수도 수천 명에 이를 정도로 급속히 증가했고, 도매상 거간꾼 등 전문적인 장사꾼까지 등장하고 있어 일반주민들은 식량과 생필품의 절반 이상을 농민시장에서 구입하고 있다고 한다. 농민시장에서 통용되는 시장가격을 국정가격과 대비시켜 '암시장가격'이라고 부른다.

농민시장에서는 공식적으로 남한 상품 등 60여 종의 금지품목이 정해져 있으나 잘 지켜지지 않고 있다. 예를 들어 북한당국의 단속이 엄격한 옷감 등 금지 품목은 단속에 걸려 압수당할 것을 우려해 품목과 가격을 적은 '카탈로그'나 '샘플'만을 들고 거래를 시도하는 사례가 나타나고 있다. 사회주의 국가로서 계획경제를 채택하고 있는 북한에서 이러한 농민시장 거래가 이루어지는 것은 이율배반적인 현상이라고 할 수 있다. 그러나 배급제도가 모든 유통망을 제대로 망라할 수 없는 현실적 상황 속에서 농민시장은 자연 발생적으로 보완적 기능을 수행하고 있다. 다시 말해 농민시장(장마당)은 1990년대 이후로 북한에서 국영 상업망이나 협동단체의 상업망과 함께 상품유통 체제의 하나로 존재하게 됐다. 21세기 들어서도 자연발생적으로 생성된 시장들이 북한당국의 통제에도 불구하고 성행하고 있다.

과거에 농민시장은 사회주의 경제발전의 과도기적 행태로서 기능해 왔다. 그러나 1990년대 들어 농민시장의 활성화는 배급제의 붕괴 속에서 생존을 위한 수단으로 자연발생적으로 증가하는 양상을 보였다. 시장 확산에 대한 당국의 우려와 통제에도 불구하고 시장에 대한 주민들의 인식이 암암리에 확대되고 실제생활에 끼치는 영향이 커지고 있다.

(2) 포전담당제

지금 북한 사회의 경제체제는 일부 자본주의화 되어 있는데 대표적인 것이 포전담당제이다. 포전담당제는 김정은이 이미 자본주의 체제를 알기 있기 때문에 적극 도입한 것이다. 당 성분이 좋은 일부 계층에 대해 약 1정보(약 3,000평)의 토지를 나누어 주고 담당자는 일부의 노동자를 고용해 년간 농사를 짓고 소득 작물에 대해 일정 부분을 북한 정부에 납부하는 제도이다. 이를 통하여 농사 부분의 소득 증대가 늘어난 것으로 발표되고 있다.

지난 몇 년 동안 북한의 식량상황이 많이 좋아진 이유는 농업개혁이다. 포전담당제로 알려진 북한 농업개혁은 1970년대 말 중국에서 실시한 개혁과 유사하다. 물론 북한 선전 일꾼들은 외국 영향을 받았다는 것을 절대 인정할 수 없기 때문에 이러한 말조차 할 수 없지만 중국의 개혁 자체는 매우 좋은 전례라고 말하고 있다. 중국은 농업개혁을 시작한 지 7-8년이 지났을 때 수확이 1.4배 정도 늘어난 것으로 나타났다.

포전담당제에서는 10~15명 내외의 같은 가족들이나 이웃 사람들로 구성된 분조는 오랫동안 같은 밭에서 일하고, 분배나 배급을 받는 것보다 수확의 일부를 국가에 바치고 나머지 수확을 마음대로 쓸 수 있는 것이다. 이것은 사회주의이지만, 사실상 자본주의인 것이다.

포전담당제의 시작은 매우 좋은 소식이지만, 문제점이 없지 않다. 제일 큰 문제점은 농민들이 그들이 맡은 밭을 얼마 동안 경작할 수 있을지 모른다. 중국도 원래 농업개혁을 시작했을 때 북한처럼 아무 구체적인 약속을 하지 않았으나 1982-83년 경에 농민들은 담당하는 밭에서 적어도 7년 동안 일할 수 있도록 확정지어 주었다. 1990년대 들어와서는 같은 밭에서 농사를 지을 수 있는 기간은 7년에서 30년으로 연장됐다.

이 부분은 아주 중요한 것으로 농민들은 밭에서 열심히 일하고 땅을 잘 관리하고, 비료를 많이 쓰더라도 국가가 땅을 소유하기 때문에 언젠가는 그 밭을 빼앗길 수 있다는 것을 알고 있다. 그 때문에 그들은 밭을 대를 이어 앞으로 오랫동안 좋은 수확이 나오도록 할 용의가 있지만 망설이게 되는 것이다.

뿐만 아니라 농민들이 쌀을 비롯한 곡식과 다양한 식량을 자유롭게 장마당에서 팔 수 있어야 경제가 성장할 수 있다. 지금 북한에는 사실상 판매의 자유가 있지만 곡식 판매를 금지하는 규칙을 비롯한 여러 가지 제한들이 형식적으로 남아 있어 완전한 자본시장으로 가기에는 아직 부족한 편이다.

2) 한류 문화와 탈북인

북한 사회의 동요는 한류문화의 침투로부터 시작됐다. 북한 사회 내부에는 한국의 드라마로부터 시작해 걸 그룹의 가요까지 다양한 형태의 한류 문화가 깊숙이 침투되어 있다. 이는 특정 신분이 아닌 북한 사회 전체가 암암리에 즐기고 있어 이미 남한과 북한은 문화 통일은 된

셈이다. 남북한이 통일이 됐을 때 문화적 충격은 거의 없을 정도로 이미 북한 사회 내부에서 남한의 21세기 문화를 함께 향유하고 있어 문화 동질성을 갖고 있기 때문에 문화적 충격은 없을 것으로 보인다.

   김대중 정부와 노무현 정부 시절의 햇볕정책을 통해 들어간 한류 문화는 탈북인을 생성하는 직접적인 계기가 됐다고 본다. 이를 통한 남한 사회의 경제적 우월을 인식하고 지금도 북한 사회 내부에서는 탈북을 통한 남한 사회 정착을 꿈꾸고 있는 인민들이 많은 것으로 파악되고 있다. 또한 탈북인을 통해 남한의 국민들도 북한 사회의 실상을 더욱 정확히 파악 하는 계기가 되어 지금 우리 사회는 더 이상 북한 사회에 대한 오해가 많이 해소 되어 통일이 됐을 때 이해의 폭이 넓어져 문화 및 생활의 이질감이 줄어들 것으로 보인다.

제3장 한국사회의 통일운동

1. 한국 사회의 통일운동

한국사회의 국민들이 통일에 대한 소망은 살아서 소원도 통일이고 꿈에서 소원도 통일이다. 통일은 전 국민이 바라는 바이며, 염원하고 있다.

그러나 독일 통일 이후 젊은 세대를 중심으로 통일비용 등의 이유와 엷어진 민족의 개념으로 통일에 대한 관심이 점차 줄어들고 있다.

우리 사회의 통일운동은 보수진영과 진보진영이 선명하게 갈려 있는 편이며 비교적 보수주의자들은 통일 운동에 대해 소극적으로 나타내고 있다. 그들은 원론적인 부분에 대해서는 통일을 찬성하지만 각론으로 들어가 통일운동의 실체를 말하면 종북주의자로 몰아붙이는 경향이 있어 대체적으로 우리 사회에서 통일운동을 적극적으로 나서기 어려운 부분이 이 때문이다.

지금까지의 통일 운동은 정치적 통일을 중심으로 전개되어 왔다. 대부분 체제의 문제를 중심으로 연방제 실시 등을 중점적으로 논했다.

대한민국 정부 수립을 전후해서는 이승만과 미국중심의 남한 단독 정부를 수립하는가와 아니면 김구선생이 외치던 한반도의 통일된 정부를 수립 하는가에 대한 통일 운동이 최초로 시작됐다.

정부 수립 이후 학원민주화운동·신생활운동 등의 실패경험을 통해 4월혁명의 이념에 대해 깊이 고민하던 학생들은 민족통일이야말로 4월혁명의 궁극적 목표라는 확신을 갖고 학생 주도의 통일 운동이 적극적으로 개진됐다. 1961년 4월 4·19 첫 돌을 맞아 서울대생들이 발표한 〈4월혁명 제2선언문〉에 뚜렷이 나타났다. 학생들은 〈선언문〉에서 「이 땅의 역사를 전진적으로 변혁시키기 위해서는 반봉건·반외압세력·반매판자본 위에 세워지는 민족혁명을 이룩하는 길뿐」이라고 전제하고 「이 민주·민족혁명 수행의 앞길에는 깨어진 조국의 민족통일이라는 커다란 숙제가 놓여 있다」고 선언했다. 이러한 의식적 각성과 더불어 조직화운동도 활발히 전개되어 1960년 11월 18일 〈서울대 민족통일연맹〉이 결성된 데 이어, 이듬해 2월 16일에는 성균관대를 비롯한 전국 10여 개 대학에서 〈민족통일연구회〉가 발족했다. 5월 5일에는 전국 17개 대학대표 50여 명이 참석한 가운데 〈민족통일전국학생연맹 결성준비대회〉를 열고 남북학생회담 개최를 요구하는 데까지 발전했다.

학생들의 이러한 요구에 대해 장면정부는 즉각 불허방침을 천명했으나, 이는 통일을 열망하는 세력들을 한데 결집시키는 계기가 되어 5월 13일에는 민자통 주최로 〈남북학생회담 환영 및 통일촉진 궐기대회〉가 열렸다. 이처럼 4·19 이후의 학생운동의 질을 높이고 각계각층의 지지와 호응을 얻으며 전개되던 학생들의 통일운동은 5·16군사쿠데타가 일어남에 따라 6개월여 만에 막을 내리게 됐다.

1960년대부터 80년대 후반까지 집권한 박정희 전 대통령의 통일 정책은 선(先)건설 후(後)통일 노선에 따라 뚜렷한 통일방안이 없이 경제건설에 매진했다. 그러나 1970년대 초부터 미국과 중국의 수교 등 국제정세의 변화와 정권유지의 필요성 때문에 1970년 8월 15일 광복절 기념식에서 '평화통일구상선언'을 발표했다. 이어서 1972년 역사적인 '7·4남북공동성명'을 발표하고, 자주·평화·민족 대단결의 3대 원칙에 합의했다.

그 후 정부당국간의 '남북조절회의'와 민간차원의 '남북적십자회담'이 서울과 평양을 오가며 동시에 진행됐다. 1974년 8월 15일 박정희는 '한반도 평화정착→상호 문호개방과 신뢰회복→남북한 자유총선거'라는 '평화통일 3단계 기본원칙'을 발표했다. 그러나 1975년 3월 이후 남북대화는 사실상 중단됐다. 당시의 남북대화는 실질적 성과보다는 정권유지의 목적으로 이용됐다.

전두환 정권 시절 통일정책은 1982년 1월 22일 제109회 임시국회에 참석한 대통령 전두환은 국정연설을 통해 '민족화합민주통일방안'을 제안했다.

주요 내용은 남북간 민족적 화합에 기반해 통일헌법을 제정한 후 통일국회와 단일정부를 수립함으로써 통일민주공화국을 완성시키자는 것이다. 기본적으로는 1민족 1체제를 지향하는 체제통일론(體制統一論)이었다.

1984년 11월부터 모두 5차례의 남북경제회담이 열렸고, 1985년 5월 남북적십자회담이 재개됐다. 1985년 9월 20일 분단 후 처음으로 이산

가족 고향방문과 예술공연단 교환방문이라는 민간교류가 이루어졌으나, 정부차원에서는 큰 진전이 없었다. 민간차원의 통일논의는 탄압의 대상이 됐다.

노태우 정부의 통일정책은 1988년 7·7선언을 발표한데 이어 1989년 9월 11일 정기국회 연설에서 '한민족공동체통일방안'을 제안했다. 주요내용은 자주·평화·민주의 3대 원칙 아래 '공존공영→남북연합→단일민족국가'라는 3단계를 거쳐 통일을 실현하자는 것이다.

이 방안은 점진적 교류를 중시하는 기능주의적 통일방안이다. 전두환 정부의 통일방안과 마찬가지로 1민족 1체제를 목표로 하지만, 남북연합이라는 과도체제를 설정한 점에서 다소 진전된 내용을 담고 있다. 민간차원의 통일방안으로 김대중의 연방제안과 재야·학생운동세력의 연방제 방안이 제기됐다.

1990년 9월 4일 제1차 남북고위급회담이 서울에서 개최된 이래 1년 반의 회담을 거쳐 1991년 12월 13일 서울에서 열린 제5차 회담에서 '남·북간의 화해와 불가침 및 교류·협력에 관한 합의서'가 채택됐다.

김영삼 정부의 통일 정책은 1993년 7월 6일 평화통일정책자문회의 제6기 개회식 연설문에서 '3단계 통일방안'을 제안했다. 민주적 절차의 존중, 공존공영의 정신, 민족 전체의 복리라는 3가지를 기조로, '화해·협력의 단계→남북연합의 단계→1개 국가'라는 3단계 통일을 이룬다는 것이다. 이 방안은 한민족공동체통일방안과 마찬가지로 남북연합이라는 과도기를 거쳐 1민족 1체제의 완전통일을 지향한다.

김대중 정부의 통일정책은 남북이 평화와 화해와 협력을 통해 관계를 개선함으로써 통일로 다가섬을 목적으로 하는 대북화해협력정책, 이른바 햇볕정책을 전개했다. 이를 위해 첫째 남북 간에 평화를 파괴하는 일체의 무력도발을 허용하지 않고, 둘째 흡수통일을 배제하며, 셋째 이 두 전제하에서 남북이 공존하면서 화해와 협력의 길을 적극적으로 모색해나간다는 세 가지 원칙을 설정했다. 이러한 노력으로 2000년 6월 평양에서 분단 55년만에 처음으로 남북 정상이 만나 통일 문제의 자주적 해결, 낮은 단계의 연방제 방향으로 통일 지향, 이산가족 방문단 교환 및 장기수 문제의 조속한 해결, 경제협력 및 사회·문화·체육·보건·환경 등 제반 분야의 협력과 교류 활성화를 통한 신뢰 강화, 합의사항 실천을 위한 남북대화 조속히 개최 등을 내용으로 한 '6·15 남북공동선언'을 발표했다. 이후 이를 토대로 이산가족 상봉, 경의선·동해선 연결 등 교류 활성화, 민간의 통일운동 강화, 금강산 관광 등 화해와 협력 체제를 구축해 나갔다.

노무현 정부의 통일정책은 김대중 정부의 햇볕정책을 계승, 발전해 한반도의 평화를 증진하고 남북한의 공동 번영을 추구하는 평화번영 정책을 전개했다. 구체적 추진 전략으로는 북한의 핵 불용(不容)과 대화를 통한 평화적 해결, 대한민국의 적극적 역할을 3대 원칙으로 북한 핵문제를 해결하고, 한반도의 평화체제를 구축하며, 이를 바탕으로 동북아시아의 경제 중심을 건설하고자 했다. 2007년 10월 대한민국 대통령으로는 처음으로 노무현 대통령이 군사분계선을 도보로 넘어 평양을 방문했다. 남북 정상이 6·15 남북공동선언에 기초하여 남북관계를 확대·발전시켜 나가기로 합의해 '남북관계 발전과 평화번영을 위한 선언(10·4남북공동선언)'을 발표했다. 노무현 정부는 총체적으로 북한에 대한 경제적 지원을 확대하고 금강산관광에 이어 개성관광,

백두산관광 등 남북교류의 영역을 확장해 남북 평화공존을 꾀했다. 한편으로는 보수 세력으로부터 이러한 정책이 결과적으로 북한 정권만 공고히 할 뿐이고 북한 민중의 삶은 더 피폐해지게 하는 것이라는 비난을 받기도 했다.

이명박 정부의 통일정책은 실용주의를 표방하고 있다. 이명박 정부는 이전의 김대중 정부·노무현 정부와 달리 북한이 핵을 완전히 폐기하고 개방에 나서면 10년 안에 북한의 1인당 국민소득을 3000달러까지 끌어올릴 수 있도록 경제적으로 지원하겠다는 이른바 '비핵 개방 3000구상'을 대북 노선으로 견지했다. 북한이 이에 반발해 남북관계는 경색됐고, 금강산 관광객 피살사건과 2차 핵실험, 천안함 사건, 연평도 폭격 사건 등이 이어지면서 남북교류는 거의 단절됐다.[71]

2. 북한의 통일정책

북한은 1960년 8월 14일 남북연방제를 처음 제안한 후 1973년 통일국가의 국호를 고려연방공화국으로 할 것을 제안했다. 1980년 고려민주연방공화국방안을 제안해 줄곧 연방제를 주장하고 있다. 남한과 북한에 존재하는 사상과 제도를 그대로 두고, 남한과 북한 및 해외동포의 3자 대표로 연방정부(최고민족연방회의 및 연방상설위원회)를 구성하고, 그 산하에 별도의 남·북한 지역정부를 두자는 방안이다.

---

71) 각 정부의 통일 정책은 두산백과 사전에서 정리한 내용을 인용하였음

연방중앙정부는 정치·외교·국방을 담당하고 대외적으로 통일국가를 대표하며, 지역정부는 자치제로서 독자적인 제도와 사상을 갖도록 하자는 것이다. 이 방안은 기본적으로 1민족 1국가, 2체제 2정부 방안으로서, 남한의 주장과 차이가 있다.[72]

3. 김대중 전 대통령의 햇볕정책 통일대박

우리 사회에서 찬반 여론이 뚜렷한 '햇볕정책'이란 말은 김대중 대통령이 1998년 4월 3일 영국을 방문했을 때 런던 대학교에서 행한 연설에서 처음 사용했다. 이는 이솝우화에 나오는 내용을 인용한 것으로서 "겨울 나그네의 외투를 벗게 만드는 것은 강한 바람(강경정책)이 아니라, 따뜻한 햇볕(유화정책)"이라는 말로 대북정책에 있어서 평화의 길로 나오게 하는 방법론을 제시한 것이다. 이에 따라 이후 비료 지원 및 쌀 지원, 당시 정주영 현대그룹 명예회장의 북한 방문, 금강산 관광 사업 등이 햇볕정책을 기조로 실시된 것들이다.

'햇볕정책'은 김대중 정부가 추진한 대북 유화정책의 기조를 지칭한 용어다. 이는 화해와 포용을 기본태도로 하고 남북한 교류와 협력을 증대시켜 북한을 개혁·개방으로 유도한다는 대북정책을 말한다. '대북 포용정책(engagement policy)'이나 '대북 화해 협력정책'도 같은 의미를 가진 용어이다.

---

72) 북한의 통일 정책은 두산백과 사전에서 정리한 내용을 인용하였음

이 정책은 '평화, 화해, 협력'을 통한 남북관계 개선이라는 목표와 '1. 평화를 파괴하는 일체의 도발 불용의 원칙, 2. 흡수통일 배제의 원칙, 3. 화해·협력 적극 추진의 원칙'이라는 대북정책 3대원칙에 기초해서 안보를 튼튼히 하는 가운데 화해·협력을 적극 추진해서 남북관계를 개선해 나가는 정책이다. 햇볕정책은 권력이 아닌 북한 사회가 스스로 변화할 수 있도록 유도해 나가는 정책이다. 단순한 유화정책이나 일방적인 시해정책이 아니라 강자만이 선택할 수 있는 여유 있는 정책으로 우리 정부가 적극적인 개입을 통해 실시할 수 있는 정책이다.

김대중 정부 이후 노무현 정부에서도 이 햇볕정책을 그대로 승계, 유지 발전시켜 개성공단 등 일정한 성과를 이루었다. 다만 우리 사회의 일명 보수라고 지칭되는 정파에서 햇볕정책을 두고 일방적인 퍼주기 정책이라고 비하하며 그 정책에 반대를 해서 지금은 중단이 됐다.

이명박 정부 시절에는 5.24조치로 완전히 교류가 중단이 됐으며 박근혜 정부까지 이어져 왔다.

여론적으로는 햇볕정책이 실패한 정책처럼 보이나 실제적 내용적으로 보면 성공한 정책이다. 최근 들어 그 결과가 남북한 사회에 실증적으로 나타나고 있다. 햇볕정책을 통해 약 3만여 명의 탈북인이 북한 사회를 탈출해 남한 등 여러 국가로 나와서 인권을 갖고 삶을 유지하고 있으며 북한 사회 내부에서도 한류 바람이 불고있어 남한 사회에 대한 동경심이 일고 있다.

이런 햇볕정책의 결과는 북한 사회 내부의 자본주의 바람을 일으키고 있어 장마당, 포전담당제 등의 자본주의 경제 체제가 정착되고 있다. 남한도 햇볕정책을 통해 세계 각 국가로부터 안정적인 한반도의 평화정책에 대하여 높은 점수를 받아 국가 신용도가 상승되는 효과를 가져와 경제적으로도 이득을 보았다. 김대중 대통령은 햇볕정책을 통해 남북 교류의 물꼬를 트고 김정일 위원장과 남북대화를 최초로 실시하여 노벨평화상을 수상하기도 했다.

鳳凰의 나라
대륙을 품다

3

한 · 러공생국을 통한 통일론

제1장 ● 러시아의 위기

1. 크림반도 사태와 러시아의 위기

1) 크림반도 사태

1991년 12월 구 소련은 고르바초프의 인간적인 삶에 대한 민주적 사회주의 건설에 대한 결단과 옐친의 정권찬탈이라는 절묘한 이해관계가 맞아 떨어져 붕괴되고 만다. 이로서 냉전시대의 막이 내리고 국제사회는 새로운 질서 체제로 바뀌고 오늘에 이르고 있다.

구소련의 붕괴는 여러 가지 교훈을 주고 있다. 특히 인위적인 구속력을 가진 국가 단위는 민족, 문화, 종교 등에 의해 이합집산 될 수밖에 없다는 사실과 붕괴에 따른 또 다른 교집합 사이에서 민족 난민자를 만들어 낸다는 사실이다. 지금도 러시아 외의 국가에 약 2,500만 명의 러시아인이 구소련의 타국에서 살고 있는데 크림 반도도 마찬가지로 우크라이나에서 민족단위로 국가분열을 시도했고 성공한 케이스가 되는 것이다.

구소련의 붕괴당시 러시아를 중심으로 CIS라는 연합체로 모두가 뭉치는 과정에서 이탈을 시도하고 서구사회 중심으로 축을 옮겨간 국가가 바로 우크라이나이다. 우크라이나에는 구소련의 핵폭탄을 상당히 많은 량을 보유하고 있었다. 이 당시 미국을 믿고 모든 핵폭탄을 러시아에게 인계를 하는 조건이었으며 서방 세계도 이를 인정해 주었다. 그러나 20여년이 지난 지금 만약 우크라이나에서 핵을 보유하고 있었다면 지금처럼 쉽게 허물어 지지 않았으리라는 것이 전문가들의 의견이다.

크림반도는 1954년 우크라이나에 편입이 됐으나 구소련의 연합국 지위로 있다가 1991년 우크라이나 내의 크림자치공화국으로 구성되어 있다. 2013년 우크라이나의 키예프에서 빅토르 야누코비치 정권에 반발한 시민들이 저항운동을 전개 했다. 이를 계기로 친 러시아 세력과 친 서방 세력 간의 정치 투쟁으로 번지게 되면서 크림반도 내부에서도 우크라이나로부터 분리, 독립 운동이 펼쳐지게 되어 문제가 된 것이다.

〈크림반도 지도〉

크림반도 내의 인구분포를 보면 백러시아계와 타타르족이 전체 인구의 약 85%를 차지하고 있어 분리 독립을 하고자 하는 욕구가 컸고 투표를 실시했는데 투표인구의 95%가 찬성을 했다. 투표 종료 후 즉각적으로 크림반도 내의 우크라이나 군대는 해산했고 2014년 3월 18일 러시아로 귀속을 요청했다. 푸틴 대통령은 즉각 의회에 보고를 하여 의회에서 승낙을 얻어 러시아의 영토로 편입을 한 것이다. 물론 국제사회는 아직 인정하고 있지 않지만 분리 독립한 크림자치공화국은 러시아와 합병조약에 서명을 완료 한 상태이다.

자국의 영토는 누구도 지켜주지 못한다. 국제사회의 새로운 질서도 한 국가를 전면적으로 지켜주지는 못하는 것이다. 이래서 자주국방이라는 말이 중요한 것이다. 우리 사회에도 국방에 관해 미국의 의존도가 너무 높고, 많은 기대치 속에 의지하고 있는데 조금 다른 관점과 시각에서 바라볼 필요가 있다고 생각한다. 한 국가를 바로 보는 국제사회의 관점은 힘이 있을 때 보호하여 주고 힘이 없어지면 국제질서도 때로는 외면하고 마는 것이다. 크림반도의 교훈에서 보면 우리는 자주국방을 해야 하며 외국 특히 미국의 의존도에서 벗어나야 한다. 늘 우방이며 고마운 나라이며 미래의 동반자이기도 하지만 국제사회 질서는 여건, 환경에 따라 항상 변하는 것이다.

우크라이나의 사태를 보면 이웃과 편하지 못한 관계가 사태를 문제로 만드는 것이다. 우리의 경우를 보아도 중국과의 보이지 않는 불편한 관계, 그리고 일본과의 영토문제를 비롯한 역사인식 관계에서 문제가 되고 있다. 이런 불편한 관계가 문제가 됐을 때 미국이라는 나라의 선택에 의해 엄청난 변수가 생길 수도 있는 현실을 우리는 인정하고 대비해야 한다는 것이다.

크림반도 사태의 결정적 요소는 인구문제이다. 인구 동태학적으로 일정지역을 유지 하는데 인종과 민족 등을 고려 할 때 절대 다수의 인구가 일정 지역을 범하고 있을 때 모국이 있다면 반드시 그 지역의 자치는 모국과 합하려는 정치적 상향을 갖고 있다. 크림반도는 국가라는 단위는 법률적으로 우크라이나에 속해 있지만 민족과 인종이라는 범주 안에서 모국인 러시아로 돌아가려는 국가 분리 및 분열 이론에 의해 절대다수를 점하고 있는 인구 구조가 크림반도 사태를 만들은 것이다.

2) 러시아의 영토와 인구문제

러시아는 세계에서 가장 큰 영토를 보유하고 있는 영토 대국이다. 러시아의 영토는 동서로 길게 늘어져 있는 구조를 가진 국가로서 유럽으로부터 동아시아까지 연결되어 있다. 서구의 옥토로부터 시베리아의 동토까지 영토를 보유하고 있다.

러시아는 영토에 비해 인구는 적은 편이다. 러시아의 총 인구는 약 1억 4천만 명으로 영토대비 인구는 아주 적은 편이다. 러시아의 고민은 적은 인구가 아니라 대부분의 인구는 모스크바 중심의 서측에 밀집되어 있다는데 있다. 동측은 시베리아 벌판으로 총인구의 13%에 해당하는 약 1천 9백만 명 정도 살고 있다.

러시아는 영토에 비해 인구가 절대적으로 부족한 편이다. 특히 인구의 대 다수가 유럽 쪽에 밀집해 생활을 하다 보니 자원의 보고라고 하는 시베리아와 연해주 지역은 거의 방치 되는 수준이다. 러시아는 시베리아 지역의 인구 부족 사태로 인한 관리를 하고 있지 못하다 보니 고민스러운 상태인데 이는 중국인들의 시베리아 지역 진출문제이다.

이미 크림반도 사태를 겪은 러시아는 크림반도 사태의 역 현상을 우려 하는 것이다. 크림반도 사태는 러시아 인구가 다수를 차지하던 크림반도 내에서 지방정부를 장악하게 되고 투표를 통해 민족 중심의 국가분열 현상이 일어나 지금은 러시아 영토가 됐다. 시베리아 지역에 중국인의 진출은 어느 시기에 이 지역의 정치, 경제, 문화 등 모든 분야를 중국인들이 점령하게 될 것이고 이렇게 되면 시베리아 지역은 자연스럽게 중국 영토가 될 것을 우려하고 있는 것이다.

2. 팍스 차이나

1) 세계중심 국가 중국 - 팍스 차이나

지금이 '팍스 차이나(Pax China)'의 시대라고들 한다. 팍스 차이나라는 말의 기원은 로마제국 당시 로마제국에 의한 평화를 상징하는 '팍스 로마니아(Pax Romana)'로, 또한 영국이 세계를 제패하고 지배할 시기에는 '팍스 브리태니커' 이후 서양의 평화에 있어 미국이 강력한 국력을 바탕으로 국제 평화 질서를 이끄는 의미로 '팍스 아메리카나(Pax Americana)'라고도 사용됐다. 중국이 '세계의 공장'으로 표현하는 것은 구시대적인 표현이 될 정도로 이제는 중국의 위상은 높아졌고, 중국의 13억 인구가 지니는 힘은 중국을 세계 시장에서 절대 우위에 자리 잡게 하고 있다. 2020년에는 중국경제가 두 배로 성장해 미국을 넘어설 것이라는 전망도 있다. 이제 중국의 행보와 변화는 아시아는 물론 글로벌 경제의 흐름을 바꿔놓을 정도가 됐다.

중국이 '팍스 차이나'로 불리는 그 이면에는 인구가 있다. 실제적으로 13억의 인구라고 하지만 통계에 잡히지 않는 인구가 많이 있다고 한다. 중국은 인구 억제 정책으로 자녀를 1명만 낳아 기르는 정책을 한 동안 사용해 왔기 때문에 이 시기에 출산된 2명 이상의 자녀들은 등록이 되지 않아 통계에 잡히지 않는다는 것이다.

중국은 인구를 중심으로 해서 세계 진출을 꾀하고 있는데 가장 유리한 점은 세계 어느 도시를 가나 차이나타운이 있다는 것이다. 중국인들은 어느 도시를 가나 민족끼리 타운을 형성해 문화를 지켜나가는 성향이 있는데 이 차이나 타운이 팍스 차이나를 형성해 나가는데 많은 도움이 되고 있다.

2) 신 실크로드-일대일로

중화사상에 기초를 두고 세계 패권국으로 성장 목표를 하고 있는 중국은 세계를 단일 시장을 만들고 중국 중심의 경제 체제를 만들기 위해 일대일로 정책을 강하게 추진하고 있다. 일대일로 전략은 중앙아시아와 유럽을 잇는 육상 실크로드(일대)와 동남아시아와 유럽, 아프리카를 연결하는 해상 실크로드(일로)를 뜻하는 말이다.

시진핑(習近平) 중국 국가주석이 2013년 9~10월 중앙아시아 및 동남아시아 순방에서 처음 제시한 전략이다. 최근에도 중국은 이 전략을 국가의 최대 정략으로 정하고 세계 정상들과 일대일로에 대한 외교를 꾸준히 하고 있다.

중국이 태평양 쪽의 미국을 피해 육상 실크로드는 서쪽, 해상 실크로드는 남쪽으로 확대하기 위하여 600년 전 명나라 정화(鄭和)의 남해 원정대가 개척한 남중국-인도양-아프리카를 잇는 바닷길을 장악하는 것이 목표이다. 육상 실크로드는 신장자치구에서 시작해 칭하이성- 산시성-네이멍구-동북지방 지린성-헤이룽장성까지 이어지며, 해상 실크로드는 광저우-선전-상하이-칭다오-다롄 등 동남부 연안 도시를 잇는다. 중국과 중앙아시아, 남아시아, 서아시아를 연결하는 핵심적 거점으로는 신장자치구가 개발되며 동남아로 나가기 위한 창구로는 윈난성이, 극동으로 뻗어나가기 위해 동북 3성이, 내륙 개발을 위해서는 시안이 각각 거점으로 활용된다. 중국과 아시아 연결하는 해상 실크로드의 거점으로는 푸젠성이 개발된다.

일대일로가 구축되면 중국을 중심으로 육·해상 실크로드 주변의 60여 개국을 포함한 거대 경제권이 구성된다. 유라시아 대륙에서부터 아프리카 해양에 이르기까지 60여 개의 국가, 국제기구가 참가해 고속철도망을 통해 중앙아시아, 유럽, 아프리카를 연결하고 대규모 물류 허브 건설, 에너지 기반시설 연결, 참여국 간의 투자 보증 및 통화스와프 확대 등의 금융 일체화를 목표로 하는 네트워크를 건설한다. 2049년 완성을 목표로 하며 인프라 건설 규모는 1조 400억 위안(약 185조 원)으로 추정된다.

이를 위해 중국은 400억 달러에 달하는 신(新) 실크로드 펀드를 마련하고 AIIB를 통해 인프라 구축을 뒷받침할 계획이다.

일대일로 구축으로 중국은 안정적 자원 운송로를 확보할 수 있게 되고 이는 경제 성장까지 이어질 것으로 보인다. 중국의 과잉 생산을 해소하는 방안이 되고 건설 수요 급증으로 지역 간 균형적 발전을 이룰 수 있다. 또 중국이 세계 최대 규모인 외환보유액을 효과적으로 활용

할 수 있는 방안으로 분석되고 있다.

세부 방안으로는 정책소통, 시설연통, 무역창통, 자금융통, 민심상통 등 5통이 꼽혔다. ▷정책소통은 각 정부 간 전략, 대책 교류 및 협력 강화 ▷시설연통은 도로, 철도 등 교통망과 통신망, 에너지 운송 및 저장을 위한 기초시설 연결 ▷무역창통은 자유무역지대 및 투자무역 협력대상 확대(투자 및 무역 장벽 제거) ▷자금융통은 위안화 국제화, AIIB와 브릭스(BRICS)개발은행 설립 추진 ▷민심삼통은 민간의 문화교류 강화를 뜻한다.

한편 중국이 중심이 되고 주변국으로 뻗어나가는 형태의 일대일로 전략이 중화주의(中華主義, 중국의 자문화 우월주의)의 부활이 아니냐는 우려가 높아지고 있다. 또한 오바마 미국 대통령이 2015년 2월 의회에 제출한 국가안보전략 보고서인 아시아 재균형정책(미국 주도로 아시아 태평양 지역을 군사적·경제적으로 묶는 전략)과 대립되면서 아시아 지역에 대한 두 국가의 주도권 경쟁이 치열해지고 있다.[73]

3) 중국의 동침전략

중국은 인구가 넘쳐난다. 공식적 인구 외의 통계에 잡히지 않는 인구가 상당히 많다 보니 모든 것에 대하여 인해전술로 해결을 하려한다. 중국은 세계의 공장이라고도 하나 가장 핵심적인 부분은 수요자 시장이다. 중국 제품이 세계 1위를 차지할 수 있는 이유가 13억 인구

---

73) 일대일로에 대한 내용은 박문각에서 펴낸 시사용어사전의 내용을 발췌하여 인용하였음.

의 시장규모이다. 다른 나라에서는 도저히 따라 갈 수 없는 시장의 규모를 갖고 있다 보니 전 제품에 대해 앞으로는 중국제품이 점유율 1위를 달성할 것이다.

　비공식적으로 동북 삼성의 인구 규모는 약 3억 명 정도라고 한다. 엄청난 규모의 인구이다.
　중국의 대외 전략 중에서 동해로 진출하여 태평양으로 나가기 위한 전략이 있는데 한반도에 가로 막혀 진출이 안 되고 있다. 그래서 북한과의 나진, 선봉지역의 특구개발에 열을 올리기도 하는데 근본적 대책을 위해 연해주 방면으로 진출을 꾀하고 있다.

　현재 동북삼성의 많은 중국 인구가 러시아의 연해주 방면으로 이동하고 있다. 모두 경제적인 이유인데 시베리아의 광활한 대지에 자원을 채취하기 위한 노동력 시장에 진출 하고 있는 것이다. 이런 조짐으로 계속하여 진행이 된다면 이 지역은 중국인구들로 넘쳐나게 되며 경제, 문화, 정치 등 다 방면에서 중국인들이 점령할 것이다. 이 점을 러시아는 두려워하는 것이다.

제2장 　 공생국이란?

1. 공생국이란?

　공생국이란 두 나라 이상이 일정한 지역에 특수한 목적을 갖고 새로운 국가를 수립해 운영되는 국가를 말한다. 신설된 국가는 국가의 체제를 갖추고 국가를 운영한다. 각 국가는 각국 헌법에 의해 그대로 존재하면서 신설된 국가에 대해서는 각 국가의 헌법에 기초해 운영되는 국가로서 각국은 특별법 제정으로 제3섹터의 공생국에 참여하게 된다.

　각국은 공생국 건설을 위해 협정 체결을 한다. 협정 체결은 공생국 수립을 위한 목적을 더 명확히 하여 제3섹터에 공생국을 건설하는데 국가의 체제를 갖추고 운영한다. 다만 공생국은 국제법에 따른 합의에 의해 운영 및 관리 되는 국가이다. 당사자 국가인 협정 제휴 국가가 공생국의 일정한 지분을 갖고 운영 및 관리를 해 나간다.

　일반적으로 기업에서도 기업의 운영에 있어서 특정 상품, 영업 등을 더욱 원활하게 하기 위해 타사와 일정부분의 목적을 가지고 전략적 제휴를 하기도 하는데 이와 같은 형태로 보아도 무관하다.

국내서도 유사한 형태의 목적성 특별법을 가지고 운영되는 지자체가 있는데 바로 제주특별자치도이다. 제주특별자치도의 경우 군사, 외교는 내륙의 대한민국 법에 따르고 그 이외의 나머지는 특별법으로 운영 관리 되고 있다.

공생국 건설을 위해서는 가장 중요한 것이 공생국 건설을 위한 목적이다. 양국이 모두 동의하여 협약을 해야만 성립이 되기 때문에 양국의 목적이 명확해야 하며, 양국 모두 국내법에 의해 특별법 제정 등을 통해 협약에 따른 법적 지위를 마련해야 하고 내국인이 동의를 해야 참여가 가능하다.

영토를 취득하는 전통적 방법으로는 정복, 할양, 선점, 시효, 첨부가 있다. 공생국에 따른 영토 취득은 시효에 해당할 수 있다. 정복과 할양, 선점, 첨부는 한 국가 영토를 취득해 영유권을 선언하게 되면 국제법에 의거 별 다른 문제가 없다면 그 국가가 영구적으로 영토를 보유하게 된다. 시효는 상호간 협약에 의거 목적 달성까지 일정 기간 영토를 취득하고 시효가 끝이 나게 되면 영토의 영유권도 소멸한다. 쉬운 예로 홍콩을 들 수 있다. 아편전쟁을 통해 영국은 청나라와 일정기간 동안 홍콩지역의 영유권을 시효 기간 내 취득하는 것으로 협약을 맺어 홍콩은 영국령이 되어 영국의 통제를 받으며 100년간 지속됐다. 시효가 만료됨에 따라 영국은 중국에게 홍콩을 반환했으며 반환일로부터는 중국의 영유권이 되어 중국의 통제를 받게 된 것이다.

공생국은 자치국으로서 국제적으로 활동을 하게 되는데 정치 및 사회 구성 등은 당사자 국의 협약 내용에 따라 통치하게 된다. 이는 통치를 위한 자국 내의 헌법 제정, 정치 체제, 경제 체제 등 당사자 양국이 협약을 통해 결정하고 자치국으로 활동한다. 다만 협약에 의하여 공생국의 지분은 명확하기 때문에 의사 결정 등은 지분구조에 따라 결정하나 모든 의사 결정은 자치국의 체제와 제도에 따라 행해진다.

아직 지구상에 공생국이 없었기 때문에 공생국의 국제적 지위에 대한 적당한 예를 들 수는 없지만 공생국의 지분국가인 당사자 국의 협약 내용에 따라 국제적 지위를 결정 할 수 있을 것이다. 이는 유엔 가입 및 유네스코 등 유엔 산하 단체 가입 등을 말하는데 이는 협약에서 정의할 문제이다. 또한 공생국가의 시효에 대해서도 당사자국가의 협약에 의해 결정지어질 문제이다.

2. 한·러공생국 제안의 탄생 배경

1) 러시아의 인구 동태학적 문제 대두

러시아의 인구는 약 1억 4천만 명이 되는데 대부분의 인구는 러시아 서쪽인 유럽 지역에 거주하고 있다. 이들은 시베리아 쪽으로 대부분 이주를 하지 않으려는 경향이 있다. 그러다 보니 광할한 시베리아 벌판은 거의 방치되고 있는 상황인데 러시아 인구 중 약 1,900만 명이 시베리아에 거주 하고 있어 실질적으로 러시아에서는 영토 관리가 되지 않고 있는 실정이다.

그러나 이 지역은 세계에서 가장 많은 지하자원을 갖고 있으며 에너지원 등 천연자원의 보고이다. 그러나 현재 러시아의 인구로는 이 지역을 관리 할 수도 없는 지경이라 천연자원에 대한 채취 및 개발은 엄두를 내지 못하고 있다. 특히 연해주를 비롯한 극동지방은 러시아 인구가 약 670만 명이 살고 있다. 최근에는 중국인들이 많이 진출해 이 지역이 경제를 쥐락펴락 하고 있는 실정이다. 이미 일정 지역에는 중국인이 러시아인보다 많이 거주하고 있어 상권은 물론 정치적인 부분에 까지 영향을 미치고 있다.

러시아가 이 지역에 대해 한·러공생국을 연구하게 된데에는 인구 동태학적인 부분이 절대적 영향을 주었다. 영토 면적에 비해 인구가 적은 러시아인데 그 인구의 대부분이 서쪽 유럽에 거주하고 있어 첫째는 시베리아의 광활한 영토를 관리 할 수 없으며, 둘째는 천연지하자원이 많은데 개발할 인구와 개발 능력이 부족하고 셋째는 중국인들이 대거 진출하면서 정치, 경제, 문화적 측면에서 빠르게 중국화가 되어 감에 따라 특별한 대책이 요구됐던 것이다.

따라서 이런 문제에 적극적으로 대처하기 위해서 인접국가인 대한민국과 이 지역에 공생국을 만들어 운영하는 방안을 연구한 것이다.

공생국을 건설하게 되면 러시아는 영토를 지키며, 공생국을 통한 이익 배분을 받게 되며 시베리아 지역의 개발에 다른 후손들의 안정적인 생활이 보장되는 것으로 연구됐던 것이다. 또한 가장 중요한 영토를 지킬 수 있는 방법론으로 가장 좋기 때문에 공생국가 건설을 본격적으로 연구하고 제안한 것이다.

지금도 공식적으로 중국인들이 많이 들어오지만 불법적인체류자가 많아 고민하고 있다. 이들의 불법체류자가 경제 활동을 통해 중국으로 가져가는 경제적 가치가 엄청나게 크기 때문에 특별한 대책을 수립하지 않을 수 없는 상황이다.

2) 중국인의 시베리아 진출

러시아의 가장 큰 문제는 극동지역에 중국인의 진출 문제이다. 이미 크림반도 사태를 겪은 러시아의 입장에서는 중국인이 시베리아로 대거 진출함에 따라 영토를 국가 분열에 따른 중국에 영토를 점유 당한다는 인식이 팽배해 있다.

러시아는 중국과 매우 긴밀한 관계인 것처럼 보인다. 특히 냉전 이후 미국의 일방주의에 대항하는 카르텔을 형성하고 있는 것처럼 보인다. 그러나 러시아와 중국의 원만하고 가까운 관계는 그리 오래된 일이 아니다. 냉전시절 소련과 중국은 같은 사회주의 국가이면서도 갈등관계에 있었으며 심지어는 만주 지역 북쪽 아무르강 유역 국경지대에서 무력 충돌도 있었다.

1970년대 미국은 소련에 대해 군사적 위협을 느끼는 중국을 포용함으로써 소련을 견제하기까지 했었다. 그러한 갈등의 기저에는 19세기 후반 청나라 영토였던 아무르 강 이북 지역과 연해주를 러시아에 빼앗겼던 역사적 사실이 도사리고 있다. 중국은 그 지역을 회복해야 할 자신들의 영토라고 학교에서 가르치고 있다고 한다. 중국은 외견상 미국의 일방주의에 대항한다는 차원에서 러시아와 우호적인 관계를 유지하고 있으나 내심으로는 '실지수복(失地收復)'의 의지를 다지고 있는 것이다. 한마디로 러시아와 중국의 관계는 동상이몽(同床異夢)이라고 표현하는 것이 사실에 가깝다.

이미 극동지역의 우수리스크 지역은 상당히 많은 중국인의 진출로 이미 경제권 등은 중국인에게 넘어가 있는 실정이다. 이 지역은 농업지역으로 블라디보스토크로부터 서북쪽으로 약 2시간 거리인데 인구 측면에서 보면 중국화가 되어있다. 이 지역의 특징은 동북삼성과 가까운 거리에 있어 중국인들의 왕래가 비교적 쉬워 많은 인구가 이 지역에 진출해 지역 경제를 지배하고 있다.

중국인 중에서 이 지역을 지배하는 곳은 동북 3성인데 동북 3성은 중국의 전체 면적에 약 8.2%이며, 인구는 전체 중국인구의 약 8.3%를 차지할 정도로 많은 인구를 갖고 있다. 그러나 실제적인 인구는 유동인구를 포함해 약 3억 명 가까운 인구가 유동하고 있다고 하니 러시아 입장에서는 특별한 대책을 세우지 않을 수 없는 형편이다.

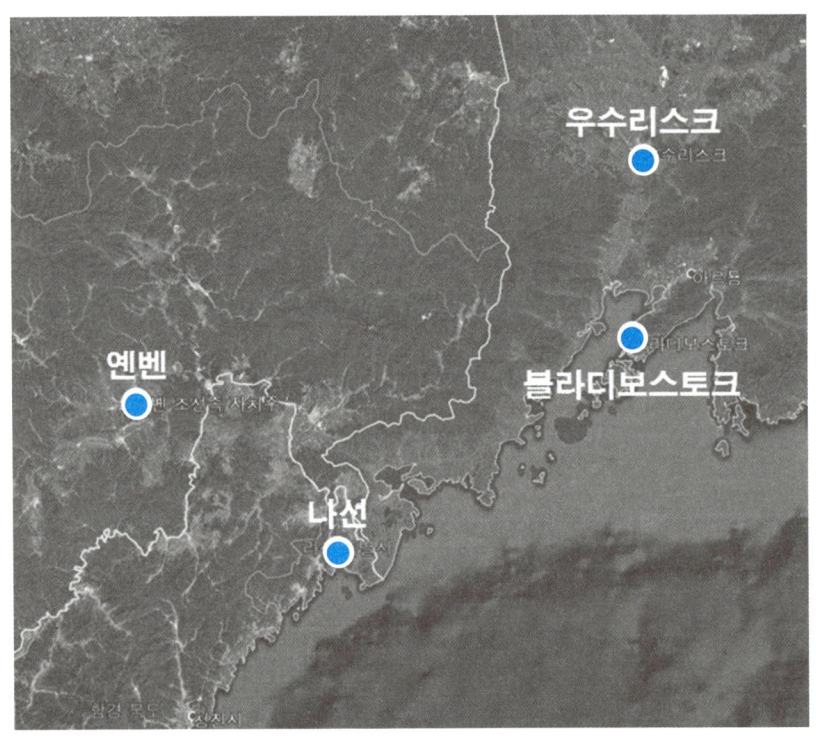

〈연해주 일대의 지도〉

동북삼성은 흑룡강성, 길림성, 요령성으로 이 지역은 특히 우리나라와도 관계가 깊은 지역으로 우리 선조들의 문화와 얼이 서려있는 곳이다. 이 지역은 조선족들이 집단 거주하고 있는 지역으로 일제강점기 시절 전까지는 연해주와 더불어 간도지역으로 우리나라와 관계가 깊은 지역이다.

　중국은 시베리아 지역에 대한 진출에 관심을 많이 갖고 있다. 흑룡강성의 헤이어시로부터 러시아의 블라고베셴스크 지역으로 연결하는 교량 설치에 관심을 가지고 러시아에 요청을 하고 있으나 러시아 당국

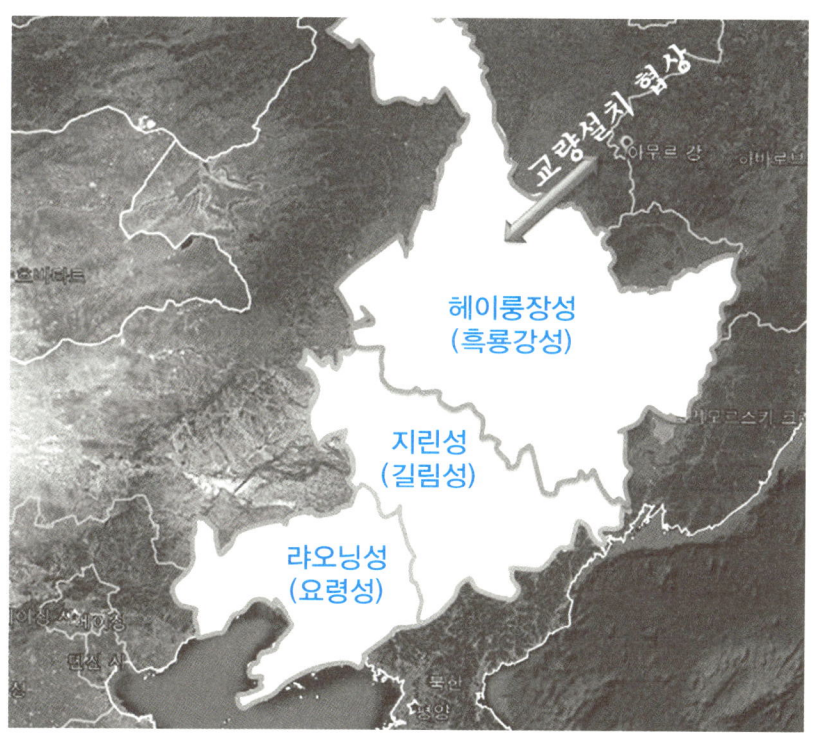

〈중국의 동북3성〉

에서는 허락을 하지 않고 있다. 만약 아무르강을 연결하는 교량을 설치하게 되면 엄청나게 많은 중국인들이 러시아 국경을 넘어 시베리아로 진출하게 될 것다. 이렇게 되면 이 지역의 경제권을 우선적으로 장악할 것을 예측하기 때문에 절대 허락을 하지 않고 있다.

러시아의 인식은 다수의 중국인들이 시베리아로 진출을 하게 되면 경제권을 우선 장악하게 될 것이고 이후 다수의 인구로 정치를 장악하게 되면 문화권이 중국화 되면서 자연스럽게 영토까지 중국으로 넘어갈 것을 우려하고 있다. 러시아는 이미 크림반도에서 경험이 있기 때

〈아무르강 인근의 중국 헤이어시와 러시아의 블라고베센스크〉

문에 크림반도 사태를 교훈삼아 시베리아의 영토를 지키기 위한 고민을 많이 하고 있는 것이다.

　최근 중국에서 러시아의 영토를 도발한 사건이 있었다. 중국의 민간 기업에서 자바이칼스키 지역의 영토를 장기간 임대하고자 러시아 당국에 신청을 한 것이다.
　중국 기업 우아에 싱방은 자바이칼스키 지역에 서울 면적에 두 배에 해당하는 1,000Km2를 49년간 장기 임대하는 계획서를 제출하여 러시아와 가계약까지 체결을 했다. 그러나 러시아 내의 여러 부수 정치인

〈러시아의 자바이칼스키〉

들이 인구동태학적으로 장기간의 임대정책과 인구의 상관관계를 주목할 시 영토를 잃어버린다는 판단에 가계약을 파기하고 임대계획 자체를 없었던 것으로 한 사건이 있었다. 이처럼 러시아는 중국인들의 극동지방 및 시베리아의 진출에 대해 민감하게 반응하고 있으며 인구동태론의 연구 발표 이후 시베리아 지역에 대한 관심이 높아지고 있다.

이처럼 중국은 교량설치와 더불어 시베리아 벌판에서 버려진 듯한 토지에 대하여 끊임없이 관심을 보이고 있으며 반면 러시아는 철저하게 방어하는 자세로 중국의 진출을 막고 있다.

만약 중국인들이 교량 설치나 임대를 장기간 하게 된다면 러시아 시베리아 지역의 영유권을 중국에 뺏기는 것은 시간문제일 것이다. 이러다 보니 러시아 입장에서는 이 지역에 대한 특별한 계획을 수립하지 않을 수 없는 입장이다.

냉전 시절 극동러시아 지역은 군사적인 목적을 위해 폐쇄된 지역이었다. 현재는 개방됐으나 사회간접자본 투자가 아직 충분하지 않아서 경제적으로 낙후되어 있으며 대규모 투자를 필요로 한다. 러시아 전체 영토의 30%에 이르는 땅에 인구는 700만에도 미치지 못한다. 그런데 바로 이웃한 중국의 만주 지역은 인구가 이미 1억이 넘었으며 활발한 경제활동이 이루어지고 있다. 극동 러시아 지역의 주민들은 소비재의 상당부분을 주로 중국에 의존하고 있으며 앞으로도 획기적인 조치가 없다면 이러한 추세는 심화될 것이다. 나아가 이 지역이 러시아 핵심부인 우랄산맥의 서쪽지역과 경제적으로 분리될 가능성도 있다고 한다. 중국인들의 합법 및 비합법 이주도 계속되고 있다고 한다. 즉 러시아는 중국의 '평화적 잠식' 위협에 놓여 있다고 볼 수 있다. 역설적으로 군사적 위협보다도 '평화적 잠식'이 더 우려되는 것이다.

제3장 한·러공생국 이유

1. 역사학자 블라디미르 수빈

지난 2005년 한국과 러시아 공생을 바탕으로 한 '코리아선언'(한·러 공생국가론)을 주장해 두 나라의 학계에 상당한 관심을 불러일으킨 블라디미르 수린(Surin) 박사는 한·러공생국 건설을 주장하면서 "양국은 갈수록 국가적 의존을 강화하면서 협력해야 21세기를 선도할 수 있다"고 강조했다.

수린 박사는 모스크바 교육대학에서 역사학을 전공했으며 주로 인구동태론을 주장했다. 그는 '주요사회문제연구소'를 운영하면서 러시아 내부의 사회문제를 주로 연구하는 학자이다. 그는 인구를 중심으로 한 영토문제에 대해 깊은 관심을 갖고 있다. 특히 인구동태론을 연구하다 보니 중국의 팍스 차이나를 경계하면서 러시아의 미래를 고민하게 된 것이다. 그는 주로 이 문제 대해 러시아 정치평론지 '폴리트크라트'[74] 등에 기고를 해 왔다. 그 동안 수린 박사가 연구한 부분의

---

[74] 러시아 내에서 정치, 경제인들이 가장 많이 읽는 시사지로서 러시아 내에 영향력이 큰 시사지.

주요 논문으로는 '황금 10억 인구의 계승자', '오일달러 시대의 끝', '출산계획에 대한 변증론' '베링해협 터널과 한·러 공생국가론' 등이 있다.

2008년 한국의 평화통일재단 초청으로 방한한 수린 박사는 한 언론과의 인터뷰에서 "공생국가'이란 러시아와 벨로루시가 추진해온 통합국가의 개념과 근본이 다르다"고 말했다. "러시아와 벨로루시는 국가 통합 형태인 1+1=1의 개념으로 추진하면서 갈등의 골이 깊어졌지만, 러시아와 한국은 1+1=3의 개념"이며 "국가 체제를 유지한 채 양국의 공동 이익을 위해 결합하는 형태"라고 말했다. 공생국가의 모델을 비즈니스 세계에 비교한다면, 법인과 법인의 전략적 제휴와 같은 것이라고 설명했다. 국가의 틀을 그대로 유지하면서 서로의 강·약점을 활용하고 보완하는 관계로 보았다.

수린 박사는 러시아의 미래를 위해 '한·러 공생국가론'을 주장했으며 그 핵심을 시베리아·극동 개발에서 찾았다. 러시아의 절대적 인구 부족으로 시베리아의 넓은 영토를 관리 할 수 없어 방치 상태에 놓여 있는 현실에 대해 근본적인 대안으로서 '한·러 공생국가론'을 주창하여 러시아의 미래를 열어가자는 것이다.

수린 박사는 한국의 언론과의 인터뷰에서 "러시아는 석유·가스 등 자원부국이지만 시베리아·극동 개발이라는 중대 현안에 직면해 있다"며 "인구와 노동력 감소 등 사회·경제적 문제가 고조되면서 이 지역은 러시아의 힘만으로 해결이 어렵다"고 말했다. 하지만 "남북한 인구 6700만 명, 러시아 고려인 20만 명으로 이 문제를 해결할 수 있다"며 "이 지역 개발에 필요한 2500만 명 수준의 노동력을 남·북한에서 충족할 수 있다"고 말했다.

또 "한국은 자원이 없는 수출경제 구조를 갖고 있기 때문에 자원 강국인 러시아를 파트너로 삼아야 한다."며, "러시아의 영토가 우랄에서 아시아에 이르는 것을 감안한 지정학적 차원에서도 양국의 공생론은 확연할 수밖에 없다"고 말했다.

수린 박사는 러시아가 현재대로 인구 감소를 방치하면서 이민 문호를 개방하지 않는다면 빈곤상태에서 몰락으로 이어질 것이며, 러시아가 부유해지고 생존을 유지하기 위해서는 고려인을 비롯한 남·북한과의 공생 추진이 열쇠라고 말했다.

2005년 러시아에서 '한·러 공생국가론'에 대한 연구논문을 발표하고 나서 러시아 내의 유력 정치 평론지에 연구에 대한 결과를 게재함으로서 러시아 내의 주요 정치인, 언론인들에 주요 이슈가 됐다. 이를 바탕으로 2008년에 러시아 국민에게 '한·러 공생국가론'에 대한 여론조사를 실시했다. 여론 조사의 결과는 99%가 찬성하는 것으로 나타났다. 찬성의 이유로는 아주 현실적인 것으로써 러시아 내부의 인구 감소로 극동지역의 영토 관리가 실질적으로 불가하며, 러시아인은 시베리아로 가지 않으려는 분위기이고, 중국의 팍스 차이나 정책으로 영토 침범이 충분히 우려 되는 상황이다. 지금의 상태가 지속된다면 경제 상황 등으로 러시아 몰락 가능성이 있기 때문으로 밝혀졌다.

수린 박사가 주창하는 '한·러 공생국가론'에 대해 러시아 내의 정치권 분위기는 아주 좋은 평가를 받고 있다. 이는 러시아 최고 권위가 있는 잡지에 수린 박사의 한·러공생국가 건설 특별 기고가 있었고, 이 기고문의 내용을 러시아 내의 유력 정치인들은 모두 알고 있는 것

〈블라디미르 수린 박사〉

으로 알려지고 있다.

지금도 러시아의 지도층은 한려공생국에 대한 이해가 높은 것은 기본이고 실행되기를 기대하고 있다고 한다. 러시아 사회에서 인구동태론을 중심으로 한 시베리아 지역의 관리 문제는 실제로 심각하게 받아들이고 있으며 이 문제가 러시아의 미래를 좌지우지할 것이라고 믿고 있다.

2. 왜 한·러공생국인가

러시아의 현실적 문제를 해결하기 위한 한국사랑은 아주 현실적이다. 특히 한류 바람까지 불고 있어 한국에 대한 이미지가 좋은 시기인데 인구동태학적으로 시베리아 벌판과 연해주 지역에 대한 관리 부재가 연일 러시아의 뉴스를 장식 할 무렵 대안으로 한국과의 공생국가 건설을 제안하자 많은 러시아인들은 동조하는 분위기였다. 이는 블라디미르 수린 박사가 단순히 한·러공생국가를 주장 한 것이 아니라 왜 한국과 공생국가를 건설해야 하는가에 대한 당위성을 논문을 통해 자세히 언급했기 때문이다. 그렇다 보니 러시아 내부에서는 연해주지역과 시베리아를 지켜내기 위해서는 한국과 공생국가를 건설해야 하는 것이 아주 당연한 것으로 알고 받아들여지고 있다.

러시아가 한국과 공생국가를 건설해야 하는 당위성에 대해 블라디미르 수린 박사가 연구한 내용에다 필자가 필요한 내용을 추가해 학문적 완성도를 높여 글을 발표하고자 한다.

1) 러시아가 공생국 파트너로 한국을 선택한 이유

■ **한국은 국경을 마주하는 이웃나라**

러시아는 지금 한반도와 국경을 마주하고 있다. 아이훈 조약을 통해 러시아는 청나라로부터 연해주 지역의 영토를 획득하고 오늘 날까지 한반도 북측의 지역과 국경을 마주하고 있기 때문에 공생국 파트너로서 영토 관리가 용이하다. 물론 지금은 통일이 되지 않아 남한과 직접 국경을 대하지는 않지만 통일이 되면 남한과도 국경을 마주하게 되어 공생국가 관리가 용이 할 것으로 본다.

■ **근대사를 함께한 역사적 배경**

러시아와 대한민국은 근대사를 함께 해 왔다. 한반도는 근대화 과정에서 강대국과 함께 해 왔는데 러시아와 더불어 중국과 미국, 일본이 영향을 많이 미쳤다. 이 시절 러시아도 한반도에 많은 영향을 미쳤는데 조선사회에서 대한제국 그리고 일제 강점기와 해방, 대한민국 정부 수립의 과정에서 늘 러시아와 근대사를 함께한 역사적 배경을 가지고 있다. 단지 그 과정 속에서 아관파천 등 우리 사회가 러시아에 의존한 시기도 있었고 대한민국 정부 수립을 전후 한 냉전체제에서는 다른 이념으로 불편한 시절도 있었다.

■ 자원빈국으로도 세계 12위권의 경제 대국

일제강점기와 한국전쟁을 겪은 대한민국은 폐허에서 새로 출발한 국가로써 세계의 이목이 집중되는 것은 가장 짧은 시간 내에 가장 발전적인 속도로 경제 성장을 이룬 나라이기 때문이다. 대한민국은 폐허에서 제조업을 중심으로 경제구조를 완성 시켜 수출 주도형 국가로서 세계 시장에서 상당히 영향력이 있는 경제 국가로 자리 메김을 하고 있다. 최근에도 지식정화 사회에 접어 들어서도 세계경제를 주도하고 있는 국가이다.

■ 근면 성실한 민족성

대한민국이 공생국가의 파트너로 적당한 또 하나의 이유로는 한국 사회의 높은 교육열과 국민들의 높은 의식수준을 들 수 있다. 이미 광복 이후 정부수립 시기부터 전 세계에서 문맹률이 가장 낮은 나라로 정립됐고 지금도 국민들의 지식수준, 의식수준 정도가 높은 국가이며 국가 안성성과 더불어 사회 안전망이 잘 구축되어 모범적인 국가 이미지를 가지고 있어 민족성에 대한 찬사가 높은 편이다. 대한민국의 민족은 이스라엘의 유대인과 더불어 세계에서 가장 좋은 인식을 갖고 있다.

■ 공생국 운영이 가능한 인구 구조

현재 러시아가 공생국가를 제안하는데 기초하는 것이 바로 인구문제이다. 최근 세계적 추세를 보면 선진 국가는 인구가 감소하는 추세이고 아프리카 등 후진 국가는 인구가 증가하는 추세이다. 넓은 영토를 관리하기 위해서 가장 필요한 것은 인구와 기술이다. 그 중 기술 문제는 별개로 하고 기본적으로 인구가 받침이 되어 주어야만 공생국가를 운영, 유지, 관리 할 수가 있다.

대한민국은 지금 약 5,177만 명의 인구 구조를 가지고 있어 세계 27위의 인구 강국이다. 북한도 약 2,530만 명의 인구로서 세계 51위이며 재외동포가 약 750만 명으로 한민족도 인구 강국에 속한다. 우리 민족은 전체인구가 약 8,500만 명으로 영토에 비해 많은 인구 구조를 갖고 있어 공생국가 건설 시 충분히 운영 및 관리가 가능한 국가와 민족으로 평가된다.

또한 재외동포 750만 중에서는 러시아와 러시아 연방국에 거주하는 고려인들이 약 50만 명이 있다. 이들은 한민족으로 공생국가를 운영 유지, 관리하는데 있어 아주 중요한 매개 요소이며 함께할 수 있는 인구 자산이다. 공생국가가 건설된다면 이들의 역할과 기능이 중요할 것으로 판단된다.

■ 안심할 수 있는 국가 품격

대한민국은 한마디로 세계경제 12위의 경제대국이며 역사와 전통을 자랑하는 품격있는 국가이다. 대한민국의 역사를 살펴보면 한반도를 중심으로 영토를 잘 관리한 역사성을 가진 나라로서 비교적 외세의 침략을 많이 받았지만 잘 관리한 민족이며 특히 다른 나라를 침범하지 않은 민족이다.

일본은 2009년에 한·러공생국의 진행이 되지 않자 일·러공생국을 제안 한 적이 있다. 그러나 러시아에서 공식적으로 거절을 했다. 이유는 과거에 이미 러일전쟁 등 일본이 러시아를 침략한 전력이 있기 때문이다.

　최근 들어 중국이 일부 영토에 대해 장기 임대를 제의하는 등 경제 협력을 요청 하는데 대해 러시아는 대부분 거절 하고 있다. 이유는 다름 아닌 중국은 인구를 중심으로 한 인해전술 전력을 통해 러시아의 영토를 빼앗을 수 있다는 러시아 정부의 판단이다. 이 모든 것의 결론은 주변국에 비해 대한민국의 민족은 품격이 있기 때문에 다른 문제를 일으키지 않으리라는 판단이 우선되기 때문이다.

■ 다종교 국가로서 민족문제가 없을 것에 대한 확신

　공생국가를 건설 하는데 있어서 양국이 협약에 의해 건설되고 후에는 공생국가의 헌법에 의해 운영, 유지, 관리가 된다. 그러나 인위적으로 한 공간에서 두 국가와 민족이 합해 공생국을 이루어 나가는 데는 여러 가지 문제가 예상된다. 그 중 하나가 바로 종교와 민족의 갈등요소이다. 러시아는 러시아 정교를 믿는데 거의 단일 종교가 러시아 사회를 지배하고 있다. 반면 한국은 다 종교 국가로서 비교적 타 종교에 대해 관대한 편이다. 그래서 세상의 모든 종교가 한국 사회에는 쉽게 접근이 되고 받아들여서 종교적 갈등이 없는 국가이다. 반면 일본의 경우에는 타 종교가 쉽게 들어 갈 수가 없다. 지금도 한국은 기독교가 성행하지만 일본은 그렇지 못하다.

　만약 일본과 공생국가를 건설한다면 종교와 민족 문제로 갈등이 예상된다. 그러나 한국과의 공생국 관계는 그런 문제에 대해 자유롭고 문제가 되지 않기 때문에 공생국가 건설의 좋은 파트너로 생각하고 있는 것이다.

■ 양국 간 역사적 앙금이 없다

　러시아와 한국 사이에는 역사적 앙금이 비교적 없는 편이다. 그런 시각이라면 상호 간 미래지향적 시각에서 함께 한 방향을 바라 볼 수 있기 때문에 공생국가를 건설해도 미래 사회에 별 문제가 발생 될 일이 없다

러시아와 한국 사이에 긴 역사적 흐름 속에서 바라보면 근대사에서 냉전시대의 우리민족 끼리 일으킨 한국 전쟁이 있는데 이 시기에 러시아는 구소련으로서 팽창주의 시각에서 공산주의의 원초적인 국가로 행세를 했다. 하지만 구소련은 해체되고 지금의 러시아는 다른 국가로서 이미지를 갖고 있다. 또한 지금은 냉전체제의 이념적 갈등이 아닌 세계 질서를 가지고 있기 때문에 이런 것은 문제가 되지 않는다. 지금도 비교적 러시아와 한국은 상호 간에 좋은 이미지를 갖고 세계 시장에서 동반자적 역할과 기능을 하고 있다.

■ 자원 없는 수출 경제 체제

대한민국은 세계에서 12위에 해당하는 경제 대국이다. 수출 주도형 경제 체제를 가지고 있는데 전자산업, 화학, 조선업 등 다양한 부분에서 세계 경제를 지휘하고 있다.

그러나 대한민국은 지하자원이 거의 없다. 자원빈국으로서 수출을 주도하고 있는 대한민국은 인적자원이 최대의 무기이며 이를 통해 세계 시장에 진출하고 경제 대국으로 자리 메김을 하고 있는 것이다.

러시아의 시베리아에 있는 천연자원과 한국의 인적자원을 합해 새로운 시장을 만들 수 있다는 생각을 하게 된다. 한국과 시베리아와의 접목은 러시아와 대한민국에 새로운 길이 열릴 것으로 기대한다.

■ 한국의 첨단 기술과 러시아의 자원 결합

대한민국은 첨단 기술을 가진 국가이다. 수출 주도형 국가로써 수출품의 대부분이 과거에는 경공업 제품이었으나 지금은 첨단 기술 산업

제품으로 세계 시장에서 무시 할수 없는 규모와 기술력을 가지고 있다.

이를 통해 경제 시스템을 만들어 나간다면 러시아와 한국 두 나라의 경제적 이득은 물론 새로 만들어 지는 공생국가의 자생력 또한 크다고 생각한다. 공생국가는 만드는 것이 중요한 것이 아니라 만들어진 공생국가가 자생하여 세계 시장에서 역할과 기능을 할 수 있는가에 초점을 맞추어야 한다. 한국과의 공생국가 건설은 첨단기술이 있기 때문에 충분히 가능하다고 판단되어 한국을 파트너로 생각하는 것이다.

■ 러시아 보유의 첨단기술 응용 가능한 국가

러시아의 가장 큰 강점은 우주과학 등 기초과학에 근거로 한 첨단기술 보유국이라는데 있다. 기초과학의 발달로 일찍이 우주 산업에 미국과 함께 선두 주자였으며 자금도 기초과학 분야에서는 세계 최고이다.

반면 한국은 응용과학이 발달한 국가로서 공생국을 통해 러시아의 기초과학과 접목을 한다면 최고수준의 과학국가로서 자리 매김을 할 것이라 본다. 과학국가로써 정립이 되면 엄청난 부가가치를 만들어 낼 수 있는데 공생국이 새로운 경제 부국으로 갈 수 있는 기본적인 요소가 될 것이다.

다시 말해 러시아의 기초과학과 대한민국의 응용과학이 만나면 세계 최강의 과학국가로 발돋움 하리라 예상한다.

■ 러시아는 자원 의존형 경제구조에서 탈피

러시아가 한·러공생국을 주장하는 또 다른 하나의 이유는 러시아의 경제구조를 근본적으로 바꾸어 보려는 것이다. 지금까지 러시아는 기초과학이 세계에서 가장 발달한 나라 중의 한 국가이지만 응용과학이 발달하지 못해 대부분 자원에 의존하는 경제구조였다.

러시아는 한국과의 공생국가 건설을 통해 러시아의 기초과학에다 풍부한 자원을 중심으로 하여 한국의 응용과학을 접목하면 러시아의 경제구조를 바꿀 수 있다는 생각에서 한국과의 공생국가 건설을 희망하는 것이다.

■ 한반도 통일을 통한 동북아 세력 균형

한국과 러시아가 공생국가 건설을 통한 제3섹타의 공생국의 탄생은 동북아시아에 엄청난 변화가 일어날 것이다. 러시아가 가장 두려워하고 우려하는 부분은 중국의 팽창주의이다. 팍스 차이나 전략으로 세계 패권을 꿈꾸는 중국은 인구를 중심으로 항시 연해주 일대 및 시베리아 지역의 진출을 노리고 있다. 그러나 한국과 공생국가 건설이 된다면 중국의 북방진출을 견제 할 수 있어 동북아 지역에 세력의 균형을 가져 올 것이며 중국의 패권주의에 대한 적당한 경계가 상호 이루어져 균형이 유지 될 것으로 판단된다.

한·러공생국의 설립이 되어 공생국가가 운영이 된다면 당연히 북한 노동자의 참여가 자연스럽게 이루어지게 된다. 이럴 경우 글로벌 햇볕정책으로 북한 사회는 자본이 풍부하게 될 것이며, 이를 통해 북한의 권력이 아닌 인민들의 삶이 더 풍부하게 되어 북한사회 내부의 변화가 기대된다. 다시 말하면 글로벌 개성공단이 만들어지는 것이다. 공생국가의 건설에 따른 북한 노동자의 시장이 형성되기 때문에 북한의 경제는 한층 좋아질 것이고 결과적으로 북한 내부의 변화는 통일을 앞당기는 결과를 가져 올 것이다.

한·러공생국이 건설되면 북한의 경제는 분명 좋아질 것이다. 북한의 경제가 좋아지면 북한의 내부 변화는 자연스럽게 이루어지고 남북한의 통일은 반드시 이루어지게 되어있다. 한반도에 통일이 이루어진다면 동북아의 균형은 중국의 일방적인 측면에서 통일한국과 자연스럽게 균형이 유지될 것이다.

■ 지정학적 측면서 상호 보완으로 경제효과

대한민국을 보고 한반도라고 하는데 한반도라는 용어는 사실 사용한지 얼마 되지 않는다. 우리는 대륙에 붙어있는 지정학적 위치를 비정하고 있는데 일본 같은 섬나라에서 바라볼 때 반도인 것이다. 일본이 우리를 보고 조선반도라 불렀다. 그 이후 정부 수립 시 제헌의회에서 헌법을 만들 당시 장병만 의원에 의해 앞으로 조선반도라는 말 대신 한반도라는 말을 사용하자고 약속하면서 오늘에 이르고 있다.

우리는 대륙국가의 끝에 위치하고 있다. 다시 말해서 한반도의 끝자락에서 출발을 하면 유럽대륙 끝까지 장애 없이 갈 수 있다는 것이다. 그래서 오래 전부터 부산에서 출발해 연해주를 거쳐 시베리아를 관통하는 유럽에 이르는 열차 노선을 여러 정부에서 논의하곤 했다.

러시아와 한국은 지정학적으로 동일한 연장선상에 위치하고 있다. 일본과 중국 등지에서 생산된 모든 상품들이 남북 간 그리고 동서 간 유통되는 길목을 한반도와 러시아가 점하고 있는 것이다. 함께 고민하면 지정학적 위치에 따른 협력이 엄청난 시너지 효과를 만들어 낼 수 있는 것이다.

한·러공생국이 건설이 되면 공생국은 물류의 중심지가 될 것이며 아시아와 유럽을 연결하는 중심지역으로 러시아는 유통망에 있어 중심지가 될 것이다.

■ 중국의 팍스 차이나 견제

앞에서도 언급한 바와 같이 러시아의 최대 고민은 적은 인구로 넓은 영토를 관리할 수 없다. 중국은 많은 인구를 중심으로 세계의 패권 국가가 되기 위해 팍스 차이나 전략을 구사하다 보니 러시아 입장에서는 중국이 두려울 수밖에 없다. 무기 중심의 전쟁이 두려운 것이 아니라 무기 없는 전쟁이 더욱 두려운 것이다.

최근 들어 중국은 러시아에 시베리아에 대한 많은 것을 제의하고 있다. 그러나 러시아의 입장에서는 그 어떤 달콤한 제의도 수용 할 수 없는 입장이다. 바로 팍스 차이나 전략 때문이다. 좋은 의견을 제시해서 수용한다고 하면 그것을 필두로 하여 엄청나게 많은 인구가 유입이 될 것이고 그렇게 되면 영토에 대한 문제는 반드시 일어나게 되어있다.

한·러공생국이 건설 된다면 중국의 팍스 차이나 전략에 대한 두려움은 모두 사라질 것이다. 중국을 견제하는 수단으로써 한·러공생국 건설은 아주 유용할 것이다.

■ 경제구조의 상호 보완

러시아와 한국은 경제구조가 서로 다르다. 러시아는 지하자원 중심으로 기초과학이 발달했는데 대한민국은 자원 없는 수출주도형 국가로서 응용과학이 발달했다.

한·러공생국이 건설 된다면 기초과학과 응용과학의 만남이면서 천연자원과 제조기술의 만남이 되는 것이다. 서로 부족하고 없는 부분을 채워 줄 수 있는 구조를 가진 두 나라이기 때문에 두 나라의 만남은 상생을 넘어 시너지 효과를 충분히 발휘 할 수 있을 것으로 본다.

■ 수출주도형 국가인 한국의 국제 경쟁력

세계 경제의 12위를 자랑하는 경제 규모를 가진 대한민국은 자원 없는 수출주도형 국가이다. 대한민국의 경제는 자국의 노력보다는 사실 외부 환경에 더 취약한 편이다. 다시 말해 환율이나 외국 증시에 영향을 많이 받는 국가인데 그 보다 가장 큰 영향을 받는 것이 바로 원자재 시장이다.

가장 기초가 되는 에너지 부분에 있어 원유시장의 가격 변화는 한국 경제 전체를 흔들기도 한다. 자원 없는 수출국가 이기에 모든 원자재

를 외국으로부터 수입을 해야 하기에 국제 원자재 시장에 민감할 수밖에 없는 것이다.

따라서 한·러공생국이 건설 된다면 한국으로서는 안정적인 원자재 시장을 확보할 수 있어 국가 경쟁력에 있어 아주 유리한 입장에 놓일 것이다.

■ 동아시아를 축으로 하는 국가로서 국제현안을 보는 시각에 있어 동일한 전략관

우리가 잘 알다시피 한반도는 근대화 과정으로부터 지금까지 외세의 영향을 아주 크게 받고 있는 나라이다. 우리가 일제로부터 강제로 강점을 당 할 무렵도 우리의 의사와 상관없이 강대국의 상호간 이해관계에 의해 강점되고 한반도의 허리가 잘린 부분도 마찬가지이다. 또한 최근에 일어나고 있는 남북한의 관계에 있어서도 우리의 의지와 상관없이 미국, 일본, 중국 그리고 러시아의 입김에 의해 의사가 결정되는 등 우리로서는 균세전략이 절대로 필요했다.

그러나 만약에 한·러공생국이 건설 된다면 이런 불상사는 다시 일어나지 않을 것으로 보인다. 강대국의 네 나라 중에서 러시아와는 한 몸이 되기 때문에 더 이상 네 나라의 이해관계 속에서 한반도가 좌지우지 되는 일은 없을 것으로 본다.

이는 특히 일본의 패권주의를 예방 할 수 있으며 중국의 팍스 차이나 전략에 대해 경계를 할 수 있는 구조를 갖고 가기 때문에 한·러공생국이 건설되면 동아시아의 힘에 균형이 정립되고 더 이상 한반도가 강대국들의 놀이터가 되는 일이 없을 것이다.

2) 한·러공생국 건설에 따른 영향과 일·러공생국 제안

러시아는 위의 여러 가지 이유를 들어 한·러공생국을 제안한 것이다. 여러 가지이유를 종합해 정리해 보면 지정학적 측면서 경제적 측면 그리고 민족과 문화적 측면으로 정리 할 수 있다. 공생국 파트너로서 한국을 선택 하는 것은 러시아의 가장 큰 고민인 시베리아 벌판의 영토를 방치한 것에서부터 체계적인 관리가 가능하며, 경제적으로 상호 보완이 되는 한국이 최적의 파트너가 될 수 있는 자격이 있는 것이다.

지정학적 측면에서 보면 한국은 이웃나라로서 함께 할 수 있는 국가이며, 경제적 측면에서는 상호 보완 할 수 있는 경제 구조를 양국이 갖고 있어 최적의 파트너가 될 수 있다. 또한 민족과 문화적 측면에서도 종교와 문화의 수용성, 역사를 함께 바라볼 수 있는 시각의 문제 등을 살펴보면 한국과 러시아가 공생국의 파트너가 되는 것은 그 어떤 문제도 없는 것으로 분석이 된다.

새로운 동반 관계로 한·러공생국가 만들어진다면 새로운 이데올로기 창설에 가장 합리적이고 완벽한 파트너 국가가 될 수 있다. 러시아 입장에서 보면 대한민국이 민족성, 민족 품격, 역사 등 공생할 수 있는 유일한 민족이며 국가이다.

한·러공생국이 공식적으로 2005년도에 제안을 했는데 한국 정부는 이에 대해 어떤 반응도 보이지 않았으며 학자들 사이에서도 연구를 하지 않고 폐기처분됐다. 그러는 사이에 자원 빈국인 일본에서 일·러공생국 제안을 2008년에 하게 되는데 일본의 자본과 기술로 시베리아 개발에 참여하겠다는 일본의 적극적 의지를 표명했다.

일본의 요청으로 푸틴과 일본의 후쿠다 총리는 시베리아의 개발 등에 대해 기본합의는 했지만 결과는 불발됐다.

러시아 내의 일본에 대한 불편한 시각이 작용한 것이다. 한국과는 민족과 품격 그리고 역사의 문제에 있어서 어떤 장애물도 없지만 러시아와 일본의 관계는 복잡한 문제가 얽혀있다.

먼저 역사적 관계에 있어서는 1905년에 러일전쟁이 있었다. 이 때문에 양국은 근대사에서 엄청 불편한 관계에 놓여 있었다. 사실 따지고 보면 러일 전쟁은 러시아와 일본만의 당사국 전쟁이 아닌 이면에 미극과 영국이 함께 한 전쟁이다. 이런 역사적 앙금이 있는 양국이 공생국 수준의 협력 관계는 사실상 어렵다고 보아야 할 것이다.

그뿐 아니라 지금 현재도 러시아와 일본은 북방 4개 섬들에 대한 영토 분쟁을 하고 있다. 일본은 북방 4개 섬을 영토화하기 위해 러시아 영유의 영토에 대해 일본 내에서 특별법을 만들어 관리하고 있다. 그러다 보니 양국의 관계는 그리 좋지 않기 때문에 영토를 주고받는 공생국가 건설에 대해서는 자국민이 허락하지 않고 있는 실정이다.

3. 한·러공생국을 위한 제2의 코리아선언 필요성

1) 코리아 선언

　코리아 선언은 러시아 역사학자 블라디미르 수린 박사에 의해 2015년에 발표된 한·러공생국 건립에 대한 내용이다. 수린 박사는 코리아 선언을 통해 러시아의 인구와 영토에 대한 문제점을 지적하고 그 대안으로서 한국과 공생국 건설을 제안한 것이다.

　코리아 선언의 배경이 된 러시아 내부의 문제점으로는 세계에서 가장 넓은 영토를 보유한 러시아가 적은 인구 구조로 시베리아 등 극동지방을 지켜낼 수 없다는 논리에서부터 출발을 했다. 또한 러시아의 대부분 인구는 유럽에 편중되어 있다 보니 극동지방은 방치하고 있는 상태이다. 이에 대한 대비책으로 국가의 품격과 역사적 관계, 인구구조, 경제 구조와 능력 등을 고려해 한국과 공생관계를 제안한 것이다.

　러시아의 역사학자가 제안한 내용에 대해 그동안 대한민국 정부나 학계 등은 일제 반응이 없었다. 우리 사회가 충분히 검토할 가치가 있고 미래를 준비하는 과정에서 중요하나 남북의 대립과 국내의 정쟁 등에 묻혀 이슈화 되지 못했다.

　한·러공생국 건립은 간단치 않다. 우선적으로 양국의 법적 관계가 정리 돼야 하고 공생국의 성격 규정 등 정부 차원에서 결정해야 할 부분이 많기 때문에 국내법과 국제법 학자들이 적극적으로 연구한다. 공생국을 건립하기 위해서는 법학 외에도 도시공학, 경제학, 지역학, 사회학, 자원학 등 다양한 분야에서 함께 고민하고 연구를 해야만 진행이 되는 국가 과제이다. 한·러공생국 건립은 우리가 일반적으로 생각하는 것보다 큰 프로젝트이다. 그러나 지금까지 정부나 학계나 시민사회가 관심을 가지지 않았는데 한·러공생국 건립 이면을 연구해 보면 우리사회가 반드시 해야 하는 또 다른 이유가 있다.

따라서 필자는 본 연구를 통해 블라디미르 수린 박사가 제안한 내용에 대한 평가와 더불어 우리사회가 한·러공생국 건립을 왜 동참해야 하는가에 대하여 또 다른 방향에서 연구하고 제2의 코리아 선언을 통하여 더 구체적인 실행계획을 수립하여야 한다.

2) 제2의 코리아 선언

블라디미르 수린 박사가 연구해 발표한 한·러공생국에 대해서는 그동안 충분히 연구 검토했으며 평가를 통해 우리 사회가 절대적으로 필요하다는 결론에 이르렀다. 이는 대한민국의 미래를 위해 경제적 관점, 민족적 관점, 남북의 통일의 관점, 글로벌사회의 한민족 화합의 관점, 사회적 관점 등에서 분석해 보면 한·러공생국의 필요성과 과업 수행에 대한 성공의 가능성이 높다고 판단된다.

따라서 코리아 선언을 지속적으로 수행해 나가기 위해서는 실행 계획을 만들어 정부, 학계, 시민단체가 함께 공동 목표를 설정해 진행해 나가야 하는데 우선적으로 우리 사회가 제2의 코리아 선언을 해야 하는 이유에 대해 검토해 보자.

(1) 대한국토 통일을 위한 전초기지

대한국토는 냉전시대에 냉전논리에 의해 강대국으로부터 정치적, 이념적, 사상적 분단이 됐다. 그리고 약 70여 년이 지난 지금까지 분단의 상태로 있는데 지금도 남북은 이념적 문제가 통일에 있어 가장 큰 걸림돌이 되고 있다. 분단 이후 지금까지 긴 기간 동안 이념적, 정치적 통일을 시도 해 보았지만 조금의 진전도 없었다. 이유는 정권의 권력자들이 통일을 논하다 보니 이념적 정치적 사상적 괴리 때문에 진행이 될 수 없는 구조적 문제 때문이다.

남북의 통일은 이념과 사상을 배제하고 경제적 논리로 풀어 나가야 한다. 퍼주기 논란으로 우리 사회에서 크게 환영을 받지는 못했지만 가장 성공한 정책은 햇볕정책이다. 탈북민이 나타나고 시장경제 체제가 만들어지는 등 이미 검증된 통일의 방안 중 하나이다. 한·러공생국을 통해 북한 사회가 경제적으로 더 발전해 북한 사회 내부의 변화를 끌어내야 한다. 이는 역사에서 배워야 하는데, 우리사회도 먹고 사는 문제가 해결 된 뒤 인권문제와 민주화에 본격적으로 관심을 갖기 시작을 한 것이다. 이를 통해 본다면 북한 사회의 경제적 성장이 북한 사회 내부의 변화를 가져 오고 그런 여건 속에서 통일의 여건이 만들어 지는 것이다.

현재 북한은 18,000여명의 시베리아 벌목공과 중국의 단동지방 일대에서 외화벌이를 하는 인원을 포함하여 약 3~4만 명이 외국에서 달러를 벌어들이고 있다. 그 외화로 북한 경제를 유지하고 있는 것이다. 한·러공생국이 건립될 경우 러시아는 영토와 자원을 한국은 기술과 자본을 그리고 북한의 인력이 함께 한다면 엄청난 부가가치를 만들어 낼 수 있다. 약 1백만 명이 참여한다면 북한 사회 경제는 급속히 발전해 나갈 것이며 경제 발전을 통해 개발의 길로 들어서게 될 것이다.

따라서 한·러공생국을 건립해 북한의 인력이 함께 한다면 이는 '글로벌햇볕정책'이 될 것이며 '글로벌개성공단'이 될 것이다. 이는 북한 경제 발전에도 도움이 되지만 남북이 교류를 통한 '소통의 장'이 되기 때문에 통일의 직접적인 계기가 될 것이다.

(2) 북방영토 회복을 위한 전진기기

만약에 지금 당장 중국이 민족 간 분열이 되어 조선족이 독립을 한다면 대한민국이 간도를 찾을 수 있는 절호의 기회가 되지만 실질적인 방법은 쉽지가 않다. 중국과 국경을 마주하고 있지 않기 때문이다.

일본은 1905년 대한제국과 을사조약을 체결하고 1909년에 불법으로 간도협약을 청과 체결을 한다. 그때 간도 땅을 청에게 넘겨주는데 경계가 압록강과 두만강 이북지역이었다. 영토학적으로는 이 경계를 간도협약선이라고 한다. 지금도 우리가 대한국토의 경계를 압록과 두만으로 인식하고 있는 이유가 여기에 있다. 간도 협약 이후 일제강점기가 이어지고 광복이 됐지만 다시 남북이 분단이 되면서 대한민국은 간도지방과 국경을 마주하지 못한 채 지금까지 오고 있는 것이다.

중국은 통일과 분열이 반복되는 역사를 가지고 있는데 지금은 분열기에 들어서 있다. 이미 신장위그루와 티베트가 분리 독립을 주장하고 있는데 이런 현상으로 중국이 민족 간 분열이 일어난다면 모국을 가지고 있는 조선족도 당연히 분리 독립을 주장 할 것이다. 우리는 이에 대비해야 하는데 국경을 마주하고 있지 못하다 보니 북방영토 회복에 상당히 애로가 있다.

한·러공생국을 건립한다면 북방영토 회복의 전초기지가 될 수 있는 것이다. 연해주 지방의 아무르 강은 중국과 국경을 마주 하고 있다. 만약 중국이 빈부격차, 민족, 인종, 언어, 종교 등의 이유로 국가분열이 된다면 북방영토를 회복할 수 있는 전초기지로서 역할을 할 수 있다. 한·러공생국은 절대적인 기능을 하기 때문에 우리로서는 반드시 공생국 건립을 해야 한다.

(3) 안보식량 및 에너지를 확보를 위한 전진기지

우리사회는 늘 안보문제가 이슈 거리가 되고 있다. 분단국가이기 때문이다. 만약에 남북이 통일이 된다면 안보문제가 사라질까? 그렇지 않다. 북한을 주적으로 인식하고 있는 국민들도 많지만 현대 사회에서 주적의 개념은 없는 것이 옳다고 생각한다. 우리와 이해관계가 있는 모든 국가가 각 국가에 대한 이익을 중심으로 움직이기 때문에 중국이나 일본 등 모두가 잠재적 적국이 되는 것이다. 그런 여건이기 때문에 주적의 개념보다는 자국 이외의 모든 국가는 잠재적 적국으로 인식해야 한다.

인류가 멸망하지 않는 한 전쟁은 계속될 것이다. 국가 간의 문제, 민족 간의 문제, 종교 간의 문제, 문화적 갈등, 빈부의 격차 등으로 인한 갈등 요소는 항시 존재하기 때문에 전쟁은 피할 수 없다. 따라서 국가 단위에서는 항상 전쟁을 대비해야 하고 철저한 준비를 해야 한다.

현대 사회의 전쟁은 과거와는 조금 다른 양상이다. 인적 개념에서 물적 개념으로 바뀌어 나가고 있다. 물론 미래에는 사이버 전이 더욱 중시되겠지만 지금의 전쟁양상은 무기체계를 중심으로 한 군수전으로 볼 수 있다. 따라서 군사에 대비하는 것 중 가장 중요한 것은 안보 식량과 안보 에너지이다. 전쟁이 나게 되면 농사를 지을 수 없어 안보 식량은 항상 국가에서 가장 중시하는 군수품 중에 하나이다. 또한 현대전은 무기전이라고 할 수 있는데 모든 무기의 가동은 에너지를 필요로 한다. 전쟁 시 에너지를 확보 할 수 없으면 비행기나 탱크 같은 모든 무기는 무용지물이 되기에 에너지의 중요성은 아무리 강조해도 지나치지 않다.

한·러공생국을 통한 안보 식량과 에너지를 공급 받을 수 있다면 안보적인 측면에서 너무나 중요할 것이다. 우선적으로 연해주 지역은 동해를 중심으로 연결이 되어있어 거리가 비교적 가까운 편이며 운송의 수단에 있어서도 좋은 여건이다. 이는 남북 간의 관계만이 아닌 잠재적 적국들과의 문제가 발생됐을 때 유용하게 사용이 되리라 생각한다. 따라서 타국과의 전쟁에 대비 할 수 있는 안보 식량과 에너지 공급처를 확보 한다고 하는 것은 대한민국의 미래를 준비하는 일이 될 것이다.

(4) 한국 경제의 대 전환점

한국 전쟁 폐허에서 일으킨 한국 경제는 세계 각국에서 부러워할 만하다. 우리 민족의 우수성과 근면 성실함이 만들어 낸 결과물이다. 우리는 가진 것이 전혀 없는 상황에서 한강의 기적을 만들어 냈다. 주요 경제 전략은 가내수공업으로부터 시작해 오늘날의 첨단산업까지 수출 주도형으로 세계의 장벽과 싸워 '메이드 인 코리아'를 심은 것이다.

우리는 자원 빈국이다. 자원 없이 수출을 하는 국가이다. 모든 원자재 및 자원은 외국에서 수입해 국내서 제조, 가공해 수출을 하고 있다. 그러다 보니 우리 경제에서 가장 취약한 부분은 세계 시장에서 자원의 가격 구조이다. 원유 가격이 올라가면 수출 가격 인상으로 수출에 문제가 되는 현상은 계속해 반복되는 현상이다.

우리는 한·러공생국을 통해 안정적인 자원 확보로 새로운 경제 질서를 만들어 나가야 한다. 산업의 구조까지 개편해 자원을 중심으로 한 틀을 다시 만들어 세계 시장에 대응해야 한다. 안정적인 자원의 확보는 우리 경제의 체질을 바꿀 수 있어 경제 발전에 대 전환기를 맞이할 수 있다

한·러공생국 건립은 대한민국의 새로운 기회이다.

제4장 ● 문재인 정부의 북방정책

1. 9-브릿지 정책

문재인 정부가 추진하는 북방경제 정책의 기본적인 요소가 바로 '나인브릿지론' 이다.

범정부적으로 전개되는 '러시아 극동개발 9대 역점 전략' 이 문재인 정부의 신북방정책과 러시아의 신동방정책 간 경제협력을 강화하는데 가교 역할을 할 전망이다.

'나인브릿지론' 은 신북방정책 중 러시아의 극동지역 개발에 있어서 9개의 역점 사업을 말한다. 이를 9개의 다리에 비유하여 동시에 개발

하자고 제안한 것이다. 2017년 9월 문재인 대통령이 러시아 블라디보스토크 극동연방대학교에서 열린 '제3차 동방경제포럼'에 참석해 제시한 '나인브리지(9-Bridge)' 전략을 발표했다.

이에 따라 정부는 북방경제협력위원회를 설치하고 정부부처가 참여하는 가운데, 러시아 극동개발을 위해 전력·천연가스·조선·수산·북극항로·항만·철도·산업단지·농업 등 9개 분야의 한·러 협력사업인 '나인브릿지' 전략을 추진하는 것으로 신북방정책을 가다듬어 정책으로 진행 중에 있다.

정부에서는 각 부처가 주도하여 9개 분야별 TF를 구성·운영하고 있다. 러시아 정부의 극동개발부와 공동으로 구체적인 협력과제를 발굴해 내년 2018년도 9월에 블라디보스토크에서 열리는 동방경제포럼에서 다시 이를 확인하여 발표 하고 세계시장과 함께 나아간다는 전략이다.

러시아는 최근 극동지역의 인구 문제와 더불어 열악한 인프라 조성을 위해 우리 정부와 협력 체계를 갖추고 있다. 우리나라의 산업통상자원부는 러시아 정부와 긴밀한 관계를 갖고 전력분야에서 '동북아 슈퍼그리드' 구축에 나서고 있다. 동북아 슈퍼그리드는 극동 시베리아, 몽골 고비사막의 청정에너지를 한·중·일, 남·북·러가 공동사용하기 위한 전력망 연계 프로젝트다. 이를 위해 정부 간 협의 채널을 마련하고, 오는 2022년까지 일부 구간에 대해선 착공을 진행해 실용화에 박차를 가하고 있다.

한국은 러시아의 신규 LNG 프로젝트 수요처로 급부상하고 있어 러시아에서도 한국 시장을 눈여겨보고 있다. 우리 나라는 가스 도입선을 다변화하여 러시아와 이를 협력 할 태세이다. 2018년 제13차 장기 천연가스 수급계획을 마련하는데 러시아 가스 프로젝트에 참여한다는 계획으로 '나이브릿지' 전략에 구체적인 방안을 갖고 협력하고 있다.

우리가 상당히 국제적 경쟁력을 갖고 있는 조선 분야에서도 정부는 즈베즈다 조선소 현대화를 계기로 선박건조 시 부품·기자재 공급을 추진하고 있다. 러시아 어선 신조·개조 사업에 대해서도 한국 중소 조선사가 참여할 수 있도록 지원할 계획이고 기자재 물류센터 신축, 대학·연구기관 간 인력 교류 등도 검토되고 있다. 조선 산업은 러시아 정부와 상당히 공감이 가는 분야로서 우리정부에서도 최근 조선산업의 불황 타개전략으로 좋은 계기가 되기 때문에 양국의 협력이 절실한 편이다.

정부의 해양수산부 역시 수산·북극항로·항만 분야에서 러시아와의 협력하고 있다. 해수부는 극동지역 수산물류가공 복합단지 투자로 한·러 수산협력의 신 모델을 창출하는 동시에 고부가가치 수산업 진출을 확대할 계획이다. 현재 우리나라는 연근해의 수산업은 한계가 있기 때문에 러시아 인근의 수산물을 중심으로 확대해 나가고 있다. 특히 수확한 수산물에 대해 가공 단지 조성에 초점을 맞추고 있으며 고부가가치의 수익성을 만들어 내기 위해 물류가공 수산단지 등을 계획하여 러시아 당국과 협의를 하고 있다. 현재 한국 기업이 블라디보스토크에 1100억원 규모의 수산물류가공 복합단지 투자를 위해 러시아 측과 세부방안을 협의 중이다.

러시아 정부의 수산식품 클러스터 프로젝트 참여와 수산물류가공 복합단지를 연계한 수산투자 확대로 '시푸드 밸리(Seafood Valley)' 등 고부가가치 산업에도 나선다. 여기에 북극 자원 및 에너지 개발과 연계한 물동량을 확보하기 위해 북극항로 운송 참여 사업도 해수부가 추진하려는 사업 분야다. 해수부는 북극 자원개발·해운·조선 산업 간 연계방안을 찾고, 북극해 정기 컨테이너선 항로 연구를 위해 국적 선사와 러시아 극동개발부와 실무 작업반을 운영할 계획이다.

극동지역 항만을 유라시아 진출의 전초기지로 만들고, 우리 항만을 유라시아와 동북아시아를 연결하는 물류거점으로 육성한다는 전략도 제시했다. 이런 다양한 접근을 동시에 이루어 내는 '나이브릿지' 전략은 방치된 러시아의 극동지역에 대한 진출을 통해 러시아에서는 새로운 활력소가 만들어 지는 것이다. 또 우리는 자원 획득과 더불어 수출을 할 수 있는 새로운 자원이 만들어 지는 개념이기 때문에 양국이 협력해 새로운 시장개척과 더불어 부가가치를 만들어 내고자 하는 것이다.

한·러공생국 건설의 주요 내용과 문재인 정부가 추진 중인 '나인브릿지론'은 같은 방향으로써 하나의 정책으로 묶을 수 있는 것이다. 방향이 같기 때문에 충분히 상호 연계성을 가지고 검토할 수 있는 부분으로 연구할 가치가 있다.

근본적으로 '나이브릿지론'은 경제 활동에 대한 각론이라고 하면 한·러공생국 건설은 단순한 경제 체제를 넘어 이런 경제 활동을 할 수 있는 공간적 개념을 만들어 안정적이고 장기적인 체계를 만들어 나가자는 것이다. 따라서 두 정책은 동일한 방향을 갖고 있기 때문에 이를 하나로 묶어 장기적으로 국가체계에서 정책적, 전략적 접근을 통해 수행해야 할 것이다.

한·러공생국과 나인브릿지

전 세계가 북핵문제로 한반도에 시선이 모여 있다. 참으로 신기한 것은 외국서 볼 때는 바로 전쟁이라도 날 것 같은 분위기 인데 우리 사회는 전혀 그렇지 않다. 이상할 정도로 차분하다. 자세히 들여다보면 안보 불감증도 있지만 민족끼리의 통일에 대한 담론을 통해 기대감이 있어 전쟁의 공포를 희석시키고 있다고 볼 수 있다. 다시 말해 통일은 반드시 된다.

통일에 대한 갈망도 있고 사회적 분위기도 무르익었지만 정작 실현 가능한 통일의 정책은 찾아보기 어렵다. 개인적으로 김대중 전 대통령의 햇볕정책이 실현 가능한 정책으로 믿고 있었는데, 국내에서 퍼주기 논란으로 인해 정책 자체의 가치보다는 정치적 문제로 저평가돼 사라질 위기에 있어 안타까움도 있다. 통일 정책은 전 국민이 같은 목표를 향해 바라보고 지향해야 된다. 통일정책에 대한 통일이 우선이다.

오늘 또 하나의 통일 정책을 펼쳐 본다. 문재인 대통령이 블라디보스토크에서 개최된 동방경제포럼에서 발표한 나인브릿지 정책과 러시아의 수린 박사가 주장하는 인구동태론적 입장에서 제시한 한·러공생국에서 답을 찾고자 한다.

러시아의 고민 – 크림반도 사태와 인구 문제

2014년도에 크림반도에서 벌어진 우크라이나와 러시아의 영토 분쟁은 세계가 주목하기에 충분했다. 영토를 취득하는 전통적 방법으로는 첨부, 할양, 정복, 선점, 시효 등 5가지가 있는데 냉전시대의 마감으로 최근에는 국가 분열론과 분리론이 주류를 이루고 있다. 분열론과 분리론은 민족, 종교, 인종, 빈부격차 등으로 진행이 되는데 구소련의 분열과 체코와 슬로바퀴아의 분열 등이 대표적이다.

크림반도 사태는 국가 분리론과 더불어 인구동태학적 변화에 따른 결과이다. 크림반도는 법적으로 우크라이나 영토였지만, 이 지역 내의 거주민 중 70% 이상이 러시아인과 타타르인이다. 그러다 보니 그들이 지방정치를 장악하고 민족 분리를 주장하여 러시아에 도움을 요청하여 이루어진 민족과 영토의 분쟁이다. 최근 스페인서도 카탈로니아의 분리 독립운동이 전개되고 있고 중국 내의 신장위그루나 티베트에서도 같은 현상이 일어나고 있다.

러시아는 세계에서 가장 큰 영토를 보유하고 있으나 인구는 약 1억 4천만 명으로 세계 9위에 해당한다. 러시아 대부분의 인구는 유럽에 가까운 모스크바를 중심으로 거주하고 있다.

시베리아에는 1900만 명이 거주하며, 극동지방은 약 670만 명만이 거주할 정도이다. 따라서 러시아는 이 지역에 대해 영유권은 보유하고 있으나 영토의 관리는 전혀 되지 않고 방치하고 있는 실정이다. 대신 이 지역에 살고 있는 중국인은 유동인구를 포함하여 정확히 파악은 안 되고 있지만, 수천만 명이 경제활동과 더불어 살고 있는 것으로 파악된다.

러시아의 가장 큰 고민은 여기에 있다. 불과 수년 전 일어났던 크림반도 사태의 역현상이 시베리아와 극동지방에서 일어날 수 있는 여건과 환경이 조성되고 있다는 점이다. 역사학자이면서 인구동태론을 주장하는 러시아의 수린 박사는 이런 문제점을 파악하고 연구해 한·러공생국을 통해 해결 가능하다는 논문을 연구 발표했다.

한·러공생국가란?

공생국가라는 말이 조금 생소할 것이다. 기업으로 말하면 각 기업은 별도로 존재하면서 일부 사업에 대한 전략적 제휴를 말하는 것이다. 한국과 러시아는 각국이 국내법에 의해 존재하지만 연해주 및 시베리아 일대에 제3의 국가인 공생국을 건립해 양국이 주인이 되어 개별 국가를 운영하는 형태를 말한다.

우선적으로 러시아가 공생국 건립을 제시하는 환경은 러시아의 인구 감소와 더불어 영토의 관리 문제가 대두되고 있다는 점이다. 그런 측면에서 한국을 파트너로 하여 한·러공생국을 만들어 시베리아와 더불어 연해주 일대를 관리하고자 하는 제안이다. 한국의 여건과 환경도 마찬가지이다. 자원 없는 수출주도형 국가로 발전한 한국은 자원의 문제로 항시 몰락할 수도 있고 국제사회에서 어려움을 겪을 수 있기 때문에 공생국 건설을 통하여 이런 문제를 해결할 수 있는 좋은 기회인 것이다.

러시아가 공생국을 만드는데 한국을 선택한 이유는 자명하다. 첫째 한반도와 국경을 마주하는 이웃국가이고, 둘째는 남북한이 약 7천만 명의 인구를 가진 국가로서 공생국을 운영할 수 있는 인구구조를 가지고 있으며, 셋째는 중국처럼 인해전술로 러시아를 침공하지 않는 역사를 가진 국가로 인정한다는 점이다. 넷째는 종교적 편향이 비교적 적어 민족문제를 일으키지 않는다는 점이며, 다섯째는 부지런하고 교육열이 높아 고급인력을 확보한 국가이다. 여섯째는 한국은 자원 없는 수출 경제체제이기에 천연자원이 풍부한 시베리아와 접목이 가능한 국가이며, 일곱째는 러시아가 보유, 확보하고 있는 우주기술 등 첨단 기술을 받아들일 수 있는 나라이다. 이외에 여러 가지 이유로 러시아는 한국을 선택한 것이다.

결론적으로 한·러공생국의 건립은 가장 믿을 수 있는 한국과 공생관계를 통해 러시아의 시베리아 영토를 지켜내면서 실질적인 이익을 가져갈 수 있다는 점이다. 우리 또한 자원 빈국으로서 연해주와 더불어 시베리아의 진출로 5천년의 역사를 찾을 수 있으며 공생국을 통해 북한의 경제를 도와 통일을 이룰 수 있는 것이다.

글로벌리즘 햇볕정책

우리 사회에서 햇볕정책은 현재까지 성공한 정책이다. 햇볕정책을 통해 북한에 장마당이 만들어지고 탈북자가 나오는가 하면 한국 사회에 대한 이해가 높아졌으며 점점 자본주의적 사고를 그들이 갖기 시작했다. 최근에는 텃밭이 아닌 가구당 300여평 정도의 토지를 주고 개인이 운영하는 경제체제로 전환되고 있는 북한이다.

공생국을 통해 얻어지는 이익의 분배 구조는 러시아가 이미 제시를 했다. 러시아가 30%의 이익을 가져가겠다는 것인데 나머지 부분을 한국 사회와 북한에다 주어 글로벌리즘 햇볕정책을 펼쳐보자는 것이다. 이렇게 하여 북한에 우선적으로 자본주의를 심어서 그들이 개방정책을 펼 수 있도록 해서 통일을 이루어 나가자는 것이다. 이제는 더 이상 퍼주기라는 말도 안 나올 것이다.

정치통일보다는 경제통일이 우선 – 나인브릿지 정책

지금까지 우리 사회는 북한의 통일을 말할 때 통일국가의 체제, 정권의 문제 등 정치통일을 주로 고민해 왔다. 다시 말해 체제 문제의 정책을 주로 말했는데 1국가이든 2국가이든, 1체제든 2체제든 우선적으로 경제 통일을 하자는 것이다. 개성공단이 지금은 중단됐지만 사실 개성공단이 주는 의미는 상당히 크다고 할 수 있는데 아쉬움이 많다. 한·러공생국 관계는 남·북이 공생국 참여를 통해 경제통일을 먼저 하자는 것이다. 공생국을 통해 남북한 주민과 러시아에 살고 있는 고려인이 모여 경제주체가 된다면 충분한 부가가치를 만들어 낼 수 있고, 이를 통해 북한 사회에 햇볕이 들어가 북한사회의 자본주의화를 통해 우선적 개방 사회를 만들자는 것이다.

이번에 문재인 대통령이 블라디보스토크에서 열린 동방경제포럼에서 나인브릿지 정책을 발표했다. 바로 이 9—브릿지 정책이 펼쳐지는 공간과 법적 지위가 한·러공생국이다. 9개의 다리를 동시에 놓겠다는 것인데 9개의 다리는 가스관, 철도, 항만, 전력, 북극항로, 조선, 농업, 수산업, 일자리이다.

자원 없이 수출에 의존하는 우리나라로서 한·러공생국을 통해 9개의 다리를 동시에 만들어 낼 수 있다고 하면 우리의 미래는 밝아질 것이다. 또 이를 통해 북한과의 경제 통일을 우선 이룰 수 있고, 경제 통일을 통해 북한 내부의 변화를 만들어 내 완전 협의 통일을 할 수 있을 것이다.

삼위일체 민족통일

우리 민족의 인구는 현재 크게 3등분 되어 있다. 남한 사회에 약 5천만 명이 살고 있으며, 북한 사회에 약 2천만 명 조금 안 되는 인민들이 살고 있다. 또 러시아 일대의 약 30만 명의 고려인을 포함해 재외동포가 약 720만 명이 있다.

우리 민족이 하나의 경제 공동체가 될 수 있는 공간이 바로 한·러공생국이다. 이 공간에서 남한과 북한의 주민뿐 아니라 재외동포까지 경제협력을 통해 하나가 될 수 있는데 이렇게 되는 것이 완전 통일이다. 경제를 매개로 하여 민족의 구심점을 만들어내자는 것이다. 현재는 남북이 갈려있어 하나가 될 수 없지만 한·러공생국의 제3섹터 공간에서 경제 활동을 통해 민족통일을 만들어 낼 수 있는 것이다. 지금까지 남북이 공동공간에서 경제 활동을 한 것은 개성공단이 유일했는데 폐쇄로 다시 제3섹터에서 경제공간을 만들어 민족의 인적통일을 만들어내어 경제 통일을 이루고 다시 정치통일을 견인하자는 것이다.

시베리아를 비롯한 러시아 동부의 공간을 활용해, 러시아와 국경을 접하고 있는 북한, 그리고 경제가 발달한 남한이 함께 경제 활동을 한다면 정치적 충돌 없이도 가까워지고 통합할 수 있다고 본다. 한국과 러시아가 공생국가를 건립한다면, 북한 역시 자연스럽게 교류와 협력에 나설 수밖에 없다.

남한, 북한, 재외동포 등이 '三位一體(삼위일체)'가 되어 한민족 경제를 이끌어나간다면 세계적으로 영향력 있는 '한민족경제권'을 형성할 수 있을 것이다.

한·러공생국을 통한 통일의 걸림돌과 국제 정세

한·러공생국 전략을 통해 우리는 과거의 지위인 대륙적 국가를 형성할 수 있다. 인류에게 남은 마지막 보고로 불리는 시베리아를 한국인이 개발한다면 한국 역시 세계를 주도하는 강한 국가가 될 수 있을 것이다.

우리가 한·러공생국을 만든다고 하면 4대 강대국들의 반응은 어떻게 나올지가 궁금할 것이다. 우선 우리와 우방인 미국의 입장에서 보면 미국이 세계 시장을 바라보는 시각에서 가장 우려하는 부분 중 하나가 팍스차이나(Pax China: 중국이 세계의 주도권을 갖는 현상) 문제이다. 백인의 출산율 저하와 인구 감소로 인해 팍스 아메리카나(Pax Americana)의 시대는 무너지고 있으며, 중국을 필두로 남미, 이슬람 국가, 인도 등이 세계 지도자 국가로서의 지위를 주장하는 형국이 될 것이다. 이런 부분을 한·러공생국 전략을 통해 일정 부분 제지할 수 있고 중국 패권주의가 시베리아의 광활한 대지를 침범하는데 있어서 막아주는 기능을 할 수 있어 미국의 입장은 중국과 러시아의 극동지방 균형을 위해서 크게 반대하지 않으리라 생각한다. 이는 미국 입장에서 중국과 러시아의 균형을 잡아주어야 하는데 공생국 개발을 통해 러시아의 자본주의화에 일정 부분 기여를 할 수 있고 중국에 대하여는 극동지역 진출을 막아내는 기능을 하기 때문에 외교력을 통해 설득한다면 반대만을 하지는 않을 것으로 예상한다.

중국의 반응은 당연히 반대 여론의 흐름이 예상된다. 경제적인 측면에서 한국에 극동지역을 선점 당한다는 생각을 가질 것이고, 특히 북한의 참여는 북한 개방과 관련이 있어 북한을 잠재적 영토로 생각하고 있는 중국은 반대할 것이 분명하다. 일본 역시 좋아할 이유는 없을 것이다. 따라서 미국을 제외하고 일본과 중국의 반대가 국제적인 여론을 형성해 나갈 것이 예상된다.

그러나 국제법이나 국제 사회 환경으로 보아서는 제3국에서 개입할 수 있는 여지는 사실상 없다. 적절한 예시가 될지는 모르지만 이미 우리나라도 제주도가 특별법으로 운영이 되고 있다. 제주자치도는 외교와 국방을 제외하고는 독자적인 법을 가지고 자치적으로 운영을 하고 있다. 이 부분을 타국에서 개입을 할 수 없는 것과 마찬가지로 한·러공생국도 러시아 내의 특별법을 통하여 러시아 내의 영토에서 한국과 전략적 파트너로 법적 지위를 가지고 움직이는 행태이기에 제3국의 개입은 가능하지가 않을 것이다.

무엇을 해야 하나?

한·러공생국은 미래의 먹거리이며 북한을 개방시킬 수 있는 좋은 기회라고 생각한다. 한·러공생국이 건립된다면 우리는 100년 전까지 우리의 영토였던 연해주를 찾을 수 있으며 이를 통하여 중국이 점유하고 있는 서간도를 찾을 수 있는 기회가 될 것이다. 현재 우리는 중국과 직접 국경을 마주하지 못하다 보니 간도에 대한 영유권 자체를 언급하지 못하고 있다.

한·러공생국 설립은 개성공단의 글로벌리즘으로 보아도 무방할 것이다. 경제공동체를 통해 민족이 만나고 그 결과적 부산물을 통한 북한사회의 개방을 유도하여 통일을 이루어야 한다.

이를 위한 첫 걸음은 경제적 교류의 활성화로 이미 동방경제포

럼을 통해 밝힌 9개의 다리 건설을 정책에 반영해서 실행해야 한다. 정치권에서는 한·러공생국 설립을 위한 각국의 자국 내 법적 절차를 연구하여 만들어 나가야 하며, 학계에서는 공생국의 설립, 개발, 운영, 관리를 위한 학술 활동을 통해 차분히 준비해 나가야 할 것이다. 누가 주체가 되는 것이 아니라 정계, 학계, 경제계가 모두 발 벗고 나서야 할 것이며 여론 확산을 통한 사회적 담론으로 분위기가 만들어져야 할 것이다.[75]

---

75) 천지일보 2017년 10월 20일 기사 전문. 장계황 필자 기고문

鳳凰의 나라
대륙을 품다

4

통일 대한민국

제1장 경제통일론

1. 한국사회의 통일론

1) 김대중 대통령의 통일정책

한국사회에서 통일에 대한 염원은 아주 크다보니 정권이 바뀔 때 마다 각 정부는 통일 정책을 내 놓는다. 사실 대한민국 통일정책은 하나이어야 하나 정권이 바뀔 때마다 통일정책이 바뀌어 아마 이를 바라보는 북한도 혼란스러울 것이다. 대한민국의 통일 정책은 한 방향으로 하나가 돼야 한다.

과거의 통일 정책에 대한 분석은 접어두고 근래 정부의 통일정책에 대해 간단하게 분석하고자 한다.

먼저 김대중 정부 시절 햇볕정책을 통하여 남북통일을 하고자 했다. 이는 상당히 현실적이면서 역대 정부의 통일정책 중에서 가장 실현 가능한 통일 정책이었다. 김대중 대통령은 햇볕정책을 통해 북한사회의 내부 변화를 꾀하면서 3단계 통일론을 제시했다.

김대중 대통령은 남북한 통일에 대해 자주, 평화, 민주라는 통일의 3대 원칙을 정하고 열린 민족주의와 적극적 평화주의를 앞장세워 통일운동을 전개했다.

3단계 통일론은 전쟁이나 폭력에 의한 통일을 배격하고 있다. 3단계 통일론의 제1단계는 1민족, 2국가, 2체제, 2독립정부, 1연합의 남북연합(남북공화국연합)이다. 이 단계에서는 2개의 남북한의 독립된 국가가 서로의 다른 체제를 인정하면서 국가연합의 체계를 형성하여 한반도를 유지하는 것이다.

1단계에서 가장 중요한 것은, 급격한 체제변화는 상호 거부반응이 일어나기 때문에 지금의 이념과 사상을 그대로 유지하는 것이다. 기존의 모든 주권과 권한을 그대로 보유한다. 남북의 연합은 남북의 협력을 제도화 하여 통일 과정을 효율적으로 관리하려는 목적 하에 설정된 것이다. 1단계에서 남북은 상호 화해와 협력을 바탕으로 평화와 번영을 추구하는 가운데 민족의 동질성 회복을 위해 노력하는 단계이다.

제2단계는 연방제이다. 제 2단계에서는 1민족, 1국가, 1체제, 1연방정부, 2지역자치정부로서 이 단계에서는 하나의 체제아래 외교, 국방 그리고 주요 내정을 중앙정부가 관장하고 그 밖의 내정은 2개의 지역자치정부가 담당하는 체계이다. 제2단계에서는 통일헌법에 따라 연방대통령을 선출하고 연방의회를 구성해 한반도를 운영하는 체계이다.

제3단계는 완전통일단계로서 중앙집권제 또는 여러 개의 지역자치정부들을 포함하는 이는 미국이나 독일식 연방제를 채택하는 단계이다. 사실 남북지역자치정부로 구성되는 연방으로의 진입만으로도 한반도의 통일이 실현 된 것으로 볼 수 있다. 최근의 추세가 지방분권화, 지방자치화를 향해 나가고 있기 때문에 연방으로부터 중앙집권체계로 나갈 것인지 아니면 여러 개로 세분화된 연방제 즉 미국이나 독일식 체계로 갈 것인지 국민들의 의사에 따라 결정하면 될 것이다.[76]

(1) 남북연합단계

남북연합단계는 '3단계 통일론'의 제 1단계로서 남북 간 화해·협력을 촉진하는 제도적 장치로써 남북연합의 단계에서부터 시작을 한다. '3단계 통일론'에서는 민족적 합의와 남북 당국의 정치적 결단에 의해, 그리고 현실적인 몇 가지 여건이 조성된다면 항상 가능한 것으로 가장 기초적인 단계이다.

① 남북연합의 의의

남북연합은 남과 북이 현존상태 그대로 상이한 이념과 이질적인 정치·경제 체제 및 두 정부를 유지하면서 긴밀한 협력 기구를 형성하여, '분단 상황을 평화적으로 관리' 하는 한편 '통합과정을 효율적으로 관리' 해 나가는 제도적 장치를 의미한다. 이는 분단 구조의 영구화를 지향하는 선린우호관계가 아니라 '통일 지향적 특수 관계'를 발전시켜 나가려는 노력의 소산인 것이다.

따라서 '3단계 통일론' 은 현 남한 정부의 통일 방안이 화해·협력의 심화를 남북연합의 전제 조건으로 설정하고 있는 것과는 달리 화

---

[76] 아태평화재단 홈페이지 발췌

해·협력을 진지하게 이끌어내는 장치로서 남북연합을 상정하고 있다. 곧 핵문제의 해결을 위시해 최소한의 정치적 신뢰만 조성되면 남북연합이라는 협력 장치를 만들어 남북 협력을 제도화하고, 이를 통해 화해·협력을 의도적이고도 적극적으로 성취할 수 있다고 보는 것이다. 그러므로 '3단계 통일론'에서 설정하고 있는 남북연합은 남북 교류·협력의 결과가 아니다. 민족적 합의와 남북 당국의 정치적 결단의 결과이자 동시에 양자 간의 화해와 협력을 심화시키는 촉진제인 것이다.

그렇다면 화해·협력의 성숙 없이 어떻게 남북연합에 진입할 수 있겠는가 하는 의문이 제기될 수 있다. 혹자는 예멘의 예를 들어 화해·협력이 충분히 조성되지 않은 상태에서의 정치적 통합은 위험하다고 지적할 수도 있다. 그러나 분명한 것은 '3단계 통일론'이 상정하는 남북연합은 정치적 통합이 아니라는 점이다. 즉 남북연합은 남북통일을 의미하지 않으며, 따라서 예멘의 사례는 적절한 비유가 되지 않는다. 부언하건대, 남북연합은 국가 대 국가의 공존을 전제로 하며, 화해·협력을 촉진시키기 위한 제도적 장치로서의 의미가 강하다. 그러므로 설사 남북연합 진입 후 진행 과정에 차질이 생긴다 하더라도 위험 부담이 적다.

남북연합의 주된 임무는 평화 공존·평화 교류·평화 통일의 3대 행동강령을 실현하는 데 있다. 평화 공존은 남북한의 상호 인정에서부터 출발해 체제 공존을 도모하며, 정치적 신뢰 구축을 통해 어떠한 경우에도 무력 대결이 일어나지 않도록 제도적·실질적 차원에서 평화 장치를 마련함을 뜻한다.

평화 교류는 남북이 정치, 경제, 사회·문화 등 모든 분야에서의 교류·협력을 촉진시켜 상호 이익의 증진과 민족 동질성 회복에 전력을 다하고, 이를 통일을 향한 징검다리로 승화시키는 것을 의미한다. 특히 경제 및 사회·문화 분야에 있어서의 교류·협력의 활성화는 남북 간의 상호 의존성을 제고함으로써 자주적, 평화적, 민주적 통일을 약속하는 하부구조적 기반이 될 것이다.

평화 통일은 통일의 기초가 마련되어 연방으로의 진입을 모색하게 될 때, 어느 일방의 힘에 의하지 않고 대화와 협상을 통해 통일의 과정이 평화롭게 진행돼야 함을 의미한다. 6·25전쟁이나 월남 전쟁과 같은 무력에 의한 통일이나 적화 혁명 방식의 통일은 절대로 용납될 수 없다. 우세한 경제력을 이용한 일방적 흡수 통일도 배제돼야 한다.

② 남북연합으로의 진입 조건

'3단계 통일론'의 첫 번째 단계인 남북연합은 남북한 주민들 자신이 통일을 원하고, 이들의 뜻을 반영해 남북 당국이 이를 위한 정치적 결단을 내릴 경우, 어렵지 않게 이루어질 수 있다. 이 점에서 남북한 간에 신뢰가 구축된 이후에야 남북연합이 가능하다고 보는 현 정부의 입장과는 '통일에 대한 적극적 의지' 표명의 측면에서 기본적으로 문제의식을 달리하고 있다.

그러나 남과 북은 지난 50여 년 동안 여러 분야에서 심한 이질화 과정을 겪어온 탓에 남북연합으로의 진입을 합의하기 위해서는 양자 간에 최소한의 정치적 신뢰(minimal political confidence)가 구축돼야 한다. 이는 북한 핵문제와 밀접한 관련이 있다. 그러나 북·미간에 극적으로 체결된 '제네바 합의' 속에 해결의 큰 틀은 이미 주어졌다고 본다. 앞으로 경수로 제공의 세부 실천 사항을 둘러싸고 우여곡절이 있을 수 있으나, 관련국들의 명분과 이해관계의 역학을 고려할 때 '핵'과 '외교 및 경제 협력'을 동시에 교환하는 일괄 타결 방식으로 문제가 자연스럽게 해결될 것으로 판단된다.

이외에도 남북 기본 합의서의 이행을 통한 남북간 정치적 신뢰 조성, 군사적 긴장 완화 조치의 실행, 주변 4강의 남북한 교차 승인 등이 남북연합 형성을 촉진시키는 여건이 된다. 그러나 이들 여건은 남북연합 진입에 반드시 필요한 전제 조건이라기보다는 남북연합 진입 시기를 앞당기는 데 일정 부분 기여하게 될 촉진 요인에 가깝다고 볼 수 있다. 따라서 남북연합으로 들어갈 것이냐, 들어간다면 언제 들어갈 것이냐 하는 문제는 전적으로 남북 주민과 당국의 결단에 달려있다.

③ 남북연합의 기구 및 운영

남북연합에서는 분단 상태를 평화적으로 관리하고 연방으로의 효율적인 진입을 위해 3대 행동강령에 입각한 6대 과제를 실행에 옮기게 된다. 6대 과제에 대해서는 후술하겠지만, 이들 과제를 달성하기 위해 다음의 남북연합기구를 둔다. 곧 최고의사결정기구로서의 '남북연합정상회의' (이하 정상회의), 대의기구(代議機構)로서의 '남북연합회의' (이하 연합회의)와 '남북연합회의사무국' (이하 사무국), 그리고 집행기구인 '남북연합각료회의' (이하 각료회의) 및 분야별 '남북연합위원회' (이하 연합위원회)가 그것이다.

'남북연합헌장' (이하 연합헌장)은 남북연합단계에서 남북관계를 규율하는 기본법으로서 통일(연방)헌법 제정 시까지 유효하다. 이는 남북 정상들에 의해서 채택되고 남북 의회에서 인준을 받아 발효된다.

최고의사결정기구인 정상회의는 정례 회의로서 남북을 오가며 개최된다. 정상회의에서는 민족 문제, 통일 문제, 그리고 남북관계를 통일 지향적으로 발전시키기 위한 주요 현안 문제에 대해 정치적 결정을 내린다. 또한 정상회의는 연합회의의 의결 사항을 심의하여 수용여부를 결정하고, 각료회의의 합의사항을 승인하며, 그 집행 상황을 감독한다.

상설 대의기구인 연합회의는 남북 각지를 순회하며 개최된다. 연합회의는 평화 공존 · 평화 교류 · 평화 통일의 3대 행동강령을 추진함에 있어 남북 주민들의 의견을 청취 · 토의 · 의결하여 정상회의에 회부한다.

연합회의에서의 의사 결정 방식은 국가 대 국가의 연합이라는 남북연합의 기본 정신을 살려 양측이 독립적인 입장을 견지할 수 있는 만장일치제를 채택한다. 연합회의는 양측 의회에서 선출한 대표로 구성되며, 여기서 의결된 사항은 정상회의에서 수용 여부를 검토한다. 정상회의는 연합 회의로부터 회부된 의결안에 대해 거부권(veto)을 행사할 수 있다.

사무국은 연합회의의 운영 업무를 지원하는 기구로서 남북 양측에서 파견된 사무요원으로 구성한다.

정상회의에서 의결된 사안은 각료회의에 회부되어 실행에 옮기도록 한다. 각료회의는 의결 사항을 정책화하고 집행 조치를 강구하는 기능을 수행한다. 각료회의는 분야별 세부 사항에 대한 협의와 이행 대책의 마련 등을 위해 분야별로 남북연합위원회를 둔다. 예를 들어,

남북연합군사위원회는 군사적 우발 사태에 대한 대책, 군사적 신뢰 구축 조치, 군축 협상, 감시 체제 구축 등과 관련한 문제들을 협의하고 이행 대책을 마련하는 업무를 수행하게 될 것이다.[77]

(2) 연방단계

① 연방의 성격과 의의

연방으로의 진입은 통일을 의미한다. 연방제하에서는 외교와 국방 그리고 주요 내정을 연방정부가 관장하며, 그 밖의 일반적인 내정에 대해서는 지금까지의 양 공화국이 이제는 지역자치정부의 입장에서 관리하게 된다. 이에 대한 구체적인 역할 규정은 십여 년 이후의 상황을 고려해야 하므로, 여기서는 대강의 윤곽만 제시하도록 한다.

연방제는 왜 필요한 것인가? 다시 말해서 남북연합단계로부터 완전통일단계로 진입하기 이전에 과도적 단계로서 연방제를 실시하는 이유가 무엇인가? 그 이유는 다음과 같다.

첫째, 통합을 추진할 경우 남과 북의 경제·사회 발전 단계의 차이와 반세기 이상 이질화 과정을 거쳐 온 정치·사회·문화 구조 등의 전반적 상황을 고려해야하기 때문이다. 즉 남북한 주민들이 일상생활 영역에서부터 가치관에 이르기까지 겪게 될 체제 통합의 충격을 완화하기 위해서 연방제가 필요하다. 둘째, 북한 체제의 특수성과 북한 주

---

77) 아태평화재단 홈페이지 발췌

민의 자존을 존중해 지역 자치를 실시할 필요성이 있기 때문이다. 셋째, 연방정부가 북한 지역을 상당 기간 '특별 지원' 해야 할 필요성이 있기 때문이다. 특히 북한 지역에 사회간접자본 건설을 위한 투자를 집중함으로써 통합된 노동 시장의 교란을 최소화하고 사회복지 예산을 합리적으로 배분하기 위해서는 북한 지역에 대한 특별한 배려가 필수적이라 하겠다.

이러한 이유로 인해 연방과 같은 과도적 단계를 설정하지 않고 남북연합단계에서 곧바로 완전 통일로 진입하자는 현 남한 정부의 안은 많은 무리가 따르리라 예상된다. 또한 별도의 준비 단계 없이 서로 다른 두 체제를 그대로 유지하면서 곧바로 연방제로 진입하자는 북한의 주장 역시 남북 분단의 현실을 무시하고 있다는 점에서 실현 가능성을 결여하고 있는 주장이다. 따라서 연방제는 남북연합이라는 예비단계를 상당 기간 거친 후에야 비로소 진입이 가능한 단계로서, 완전 통일에 앞서 체제 통합의 충격을 완화하고 연방정부가 북한 지역에 대해 특별 지원을 하기 위해 반드시 거쳐야 할 필수적 과정이라 하겠다.

② 연방으로의 진입 조건

남북연합에서 연방제 단계로 진입하기 위해서는 다음과 같은 요건이 충족돼야 한다. 첫째, 북한이 복수 정당제와 자유선거 제도 등을 도입함으로써 민주화돼야 한다. 남북 공히 민주주의 정치 체제를 수용해야만 이 양자 간의 정치적 통합이 가능해질 것이다.

둘째, 북한이 시장경제체제를 받아들여 남북 경제 공동체가 형성되고, 더 나아가 화폐·금융·재정 등에 있어서의 통합이 가능해져야 한다.

 셋째, 남북이 군비 통제를 통해 '축소 지향적 군사력 균형'을 이룩하고 나아가 군대 통합이 가능해져야 한다. 이 과정에서 하나의 주권국으로서 국제무대에서 당당히 권리를 행사할 수 있도록 외교적 통합도 가능해져야 한다.

 넷째, 남북 간의 사회·문화적 이질성이 상당 부분 해소되어 민족적 일체감이 회복되고, 더 나아가 사회·문화적 통합을 이루어 나갈 수 있어야 한다.

 '3단계 통일론'은 앞서 제시한 사회 각 부문에서의 변화가 외부적 강제에 의해 이루어지기보다는 남북한 당사자의 자발적인 의지와 절실한 요구에 의해 추진될 것으로 보고 있다.

 연방제의 구성 및 운영 방안을 간략히 개괄해 보면, 외교와 국방, 그리고 주요 내정은 연방정부가 관장하고, 그 밖의 일반적인 내정은 남북의 지역자치정부가 관리한다는 것은 앞서 밝힌 바 있다.

 연방제 하의 남과 북은 지역자치정부로서의 자율성을 가지게 될 것이며, 양 지역정부를 통할하는 연방정부는 21세기의 보편적 가치로 자리 잡아 가고 있는 시장경제와 민주주의 그리고 사회복지를 바탕으로 하는 민족 번영과 발전을 위해 범국가적 차원에서 총력을 기울이게 될 것이다.
 연방제 하에서는 남북 합의에 의해 마련된 연방헌법에 기초해 연방대통령과 연방의회를 구성한다. 연방의회의 형태는 지역 대표성과 직능 대표성을 감안해 상하 양원제로 한다.

연방제 하의 남북한은 UN에서 연방의 이름으로 단일 회원국으로 대표되며, 이에 따라 세계 각국과의 국교도 단일화 될 것이다. 나아가 모든 국제기구에 단일 국가로 가입해 한민족 전체의 이익을 대변하게 될 것이다.[78]

(3) 완전통일단계

'3단계 통일론'은 남북연합단계 다음에 남북의 지역자치정부로 구성되는 연방제 형태를 거쳐, 중앙집권제 또는 여러 개의 지역자치정부들을 포함하는 미국이나 독일식 연방제를 설정하고 있다. 사실 남북 지역자치정부로 구성되는 연방으로의 진입만으로도 한반도의 통일은 이미 실현된 것이다. 오늘날 지방 분권화·지방 자치화를 향해 나아가고 있는 세계적 추세를 고려해 연방으로부터 중앙집권적 체제로 나아갈 것인지, 아니면 세분화된 연방 즉 미국·독일식 체제로 나아갈 것인지 여부는 그때에 가서 국민 의사에 따라 결정하도록 한다.

중앙집권제든 세분화된 연방제든 완전 통일이 최종적으로 이룩되는 시기는 그다지 중요하지 않다. 더 중요한 것은 남북 간 신뢰를 완전히 회복하고 통일된 공동체의 건설 작업을 착실히 진행해 가는 것이다. 남과 북의 지역정부로 구성되는 연방제하에서 한반도 전체가 통일

---

78) 아태평화재단 홈페이지 발췌

적이고 균형적인 발전을 이룩하고 사회·문화적 동질성을 충분히 확보하게 되면 완전통일단계로 나아갈 수 있다.[79]

2) 노무현 정부의 통일정책

노무현 정부는 통일·대북정책과 관련해서는 역대 정부가 지향해 온 남북 간 평화공존과 공동번영을 계속해서 추구해 나가며, 「6·15 남북공동선언」 등 남북 간의 기존 합의사항과 성과 역시 존중하고 승계한다는 입장이다. 이러한 입장에서 노무현 정부는 출범과 함께 대북정책으로 「평화번영정책」을 제시했다. 노무현 정부는 김대중 정부에서 추진하던 햇볕정책을 그대로 수용하면서 평화노선에 중점을 둔 통일정책을 진행했다.

「평화번영정책」은 '한반도 평화 증진' 과 '남북한 공동번영 실현 및 동북아 공동번영 추구' 라는 두 가지 목표를 설정했다. '한반도 평화 증진' 은 북한 핵문제를 비롯한 안보현안을 해결하는 토대 위에서, 남북 간 실질협력을 증진시키면서 군사적 신뢰구축을 통해 불안정한 정전체제를 항구적인 평화체제로 전환시켜 나간다는 것이다. '남북 공동번영 실현 및 동북아 공동번영 추구' 는 남북 모두의 이익을 창출·확대할 수 있도록 경제협력을 활성화시켜 나감으로써 중장기적으로 남북경제공동체를 건설하고, 이를 통해 동북아 이웃국가들의 번영에도 기여하겠다는 것이었다.

---

[79] 아태평화재단 홈페이지 발췌

한편, 노무현 대통령은 2007년 10월 2일부터 4일까지 평양에서 김정일 국방위원장과 남북정상회담을 가졌다. 이때 남북은 정전체제의 종식과 항구적인 평화체제 구축의 필요성에 대해 공감하고, 직접 관련된 3자 혹은 4자 정상들이 한반도 지역 내에서 만나 종전을 선언하는 문제를 협력적으로 추진하는데 합의했다. 또한 정치, 군사, 경제, 사회문화 분야에서 공동사업을 하기로 했다.[80]

노무현 정부의 통일정책은 평화를 기조로 한 것으로 근본적으로는 김대중 정부의 통일 정책을 그대로 이어가면서 평화정착에 중점을 두었으며 이 시기에 통일에 대한 진척이 많이 됐다.

3) 비핵개방 3000 및 남북 신뢰프로세스

2008년 출범한 이명박 정부는 기존의 통일 및 대북정책의 성과와 한계를 바탕으로 했다. 정상적 남북관계 정립 및 실질적 관계발전 추진의 관점에서 남북한 주민의 행복한 삶과 통일기반 마련을 궁극적 목표로 삼았다. 실용과 생산성에 기초한 정책 추진, 원칙에는 철저하되 유연한 접근, 국민적 합의에 기초한 정책 추진, 남북협력과 국제협력의 조화를 추진원칙으로 하는 「상생 공영의 대북정책」과 그 구체적 추진전략으로서의 「비핵 개방 3000구상」을 제시했다.

2013년 출범한 박근혜 정부는 과거 남북대화 · 교류 중심의 포용정

---

80) 『통일문제이해』(통일부 통일교육원, 2013)

책과 원칙 중심의 대북정책이 모두 북한의 의미 있는 변화를 견인하지 못했으며, 핵개발 및 도발 저지에 한계를 드러낸 점에 주목했다. 그러한 문제의식은 기존 대북정책의 한계를 극복하고 대북정책을 둘러싼 갈등을 해소하는데 기여할 새로운 대북정책에 대한 국민적 여망에 부응하는 것이기도 했다. 이러한 인식에 입각하여 박근혜 정부는 과거 대북정책의 장점을 수용해 통합적으로 접근하면서 남북 간의 신뢰형성을 핵심으로 하는「한반도 신뢰 프로세스」를 제시했다.

신뢰는 남북관계 발전과 한반도 평화정착, 통일기반 구축을 가능케 하는 동시에 국민적 지지와 국제사회와의 협력하에 대북정책 및 외교정책을 강력하게 추진할 수 있는 사회적 자본으로 간주했다. 신뢰 형성에 초점을 맞춘「한반도 신뢰 프로세스」는 남북 간 신뢰, 국민적 신뢰, 국제사회와의 신뢰를 모두 포괄하는 의미를 지닌다.[81]

그러나 비핵개발 3000과 남북신뢰프로세스는 사실 현실성이 떨어지는 통일정책이다. 북한의 핵 포기는 남한만의 희망사항이 아닌 전 세계에서 압박을 가하고 특히 중국과 러시아를 통해서도 비핵화를 압박했다. 그러나 오늘까지 북은 핵을 포기하지 못하고 있는데 비핵을 전제로 하여 통일정책을 내놓다 보니 대북 통일에 대한 아무런 활동을 하지 못한 채 정권이 마무리 됐다. 특히 이명박 정부 시절에 5.24 조치로 남북 간의 교류 및 왕래가 중단이 되어 통일정책에는 역행한 기간이었다.

---

81)「통일문제이해」(통일부 통일교육원, 2013)

또한 박근혜 정부에 통일 정책인 남북신뢰프로세스 정책도 북한의 권력과의 신뢰문제를 우선시 한 정책이다. 이 정책도 북한을 잘 알고 있는 현실에서 볼 때 가능성이 없어 보였는데, 신뢰문제를 논하기 전에 북핵의 문제로 개성공단을 철수하면서 남북한의 교류가 전면 중단되는 사태를 맞이했다.

2. 한·러공생국 건립을 통한 경제통일

1) 정치적 분단인 한반도 – 정치적 통일의 한계

한반도의 분단은 정치적 분단이다. 다른 말로 표현하면 이념적 분단인 것이다. 냉전 체제 아래에서 만들어진 분단의 체계는 그 당시에 미국과 소련의 이념적 갈등 속에서 북한은 소련이 김일성을 앞세워 간접 통치 방식으로 공산주의의 이념에 정부를 수립해 국가 체제를 만들어 오늘에 이르고 있다. 남한은 미국을 중심으로 자유민주공화국의 국가 체계로 정부를 수립한 것이다. 한반도가 공산주의와 자유민주공화국이라는 이념적으로 다른 체계의 국가가 남과 북에 정부가 수립이 된 것이다.

오늘날 지구촌은 냉전체제가 무너지고 최근에는 종교와 민족 간의 갈등요소만 남아있다. 지구상에서 유일하게 한반도만이 이념적인 갈등 요소에 의한 분단국이다.

한반도의 남북한 통일은 사실 정치적 통일은 불가능하다. 이미 수십 년간 남북이 각기 다른 이념으로 정치, 경제, 문화 등 생활을 해 왔는데 통일이 되는 것은 쉽지가 않다. 왜냐하면 이념적 통일은 권력자 간의 합의가 돼야 하는데 북한의 경우에는 독재 국가 체제로서 권력자가 권력을 포기하고 통일에 나서는 것은 사실 불가능한 일이라 판단되기 때문이다.

각기 다른 이념 속에서 권력자들의 속셈은 다르기 때문에 이념의 통일은 쉬운 일이 아니다. 근본적으로 통일은 권력자가 결단을 내리면 쉬운 일이 될 수도 있으나 권력은 국가 체제에서 1인만이 아니라 권력층을 형성 하고 있어 모든 권력층에서 모든 권력을 내려놓고 통일에 임하는 것이 쉽지가 않다.

따라서 정치적 분단국, 이념적 분단 상태인 한반도에서 정치적, 이념적 통일을 이루는 것은 사실 불가능한 일이다. 그간의 많은 정부에서 정부 간의 정치적, 이념적 통일을 시도 했지만 답보상태인 것이 북한의 권력층이 권력을 내려놓지 못하기 때문에 진행이 될 수 없는 구조이기 때문이다.

2) 경제적 통일론

경제적 통일론이란 북한과의 통일 문제에 있어서 정치적, 이념적 접근이 아닌 경제적 접근을 통해야만 통일이 가능하다는 통일관이다.

경제적 통일론이란 이미 김대중 정부 시절 햇볕정책을 통해 정부와 민간인들의 교류가 활발하면서 북한 인민에 대한 경제적 활동을 도와 북한 사회 전체에 대해 경제적 부가가치를 만들어 주어 북한 사회가 잘 살 수 있게 한다는 것이다. 북한 사회가 잘 먹고 안정적으로 잘 살

게 되면 북한 사회 내부의 변화가 일어나게 되어있다.

이 시기에 우리 정부는 금강산 관광 사업과 개성공단 사업 그리고 민간 기업을 중심으로 한 수산물과 지하자원의 수출입 등으로 많은 교류를 했다. 이런 교류를 통해 인민들의 생활수준이 높아져 북한 사회의 내부 변화가 이루어진 것이다.

지금은 햇볕정책의 결과가 나타나고 있다. 인민들은 햇볕정책을 통하여 한류의 드라마와 한류 음악을 접하고 있으며 이를 통해 탈북인들이 발생하고 있으며 표현은 못하지만 남한 사회에 대한 동경심이 이루어지고 있다. 어떤 측면에서는 문화적 통일은 이미 이루어지고 있는 상황이다. 북한의 당국도 자본주의 정책인 장마당과 포전담당제의 경제 시스템을 도입해 초기 자본주의의 제도를 도입해 운영하고 있는 것이다. 북한 사회가 당국이나 인민 모두가 자본주의 경제 체제에 대해 이해하고 있으며 잘 먹고 잘 살게 되면 더 많은 자유를 요구하게 되어 있으며 이런 욕구는 내부의 변화를 만들어 낸다.

이념적, 정치적으로 하나가 되기에는 너무나 긴 세월이 흘러 쉽지 않지만 북한 사회의 자본화에 따른 인민들의 요구분출 욕망은 제어할 수 없을 것이다. 이런 욕구분출은 더 많은 자유를 요구하게 되어 있으며 이런 환경 속에서는 자연스럽게 통일에 대한 노래를 함께 부를 수 있을 것이다.

3) 공생국 이익 배분구조와 북한지원

대한민국과 러시아가 시베리아와 연해주 일대에서 경제를 중심으로 한 공생국을 개발하는 이유는 남북한의 한반도 통일이 최종 목표이다.

한·러공생국은 시베리아와 연해주 일대에 도시 건설을 통한 국가를 건설하면 러시아의 천연자원과 대한민국의 자본과 기술 그리고 노동력이 합작해 세계 최고의 경제 국가가 되는 것이다.

이미 러시아의 수린 박사는 연구를 통하여 한·러공생국을 대한민국에 제시 할 때 공생국에서 발생하는 부가가치에 대해 이익금의 분배까지 제안했다. 공생국가에서 발생 하는 이익에 대하여 33%를 러시아가 수익으로 가져가는 것이고 나머지 67%는 대한민국과 공생국의 수익이 되는 것이다.

전체 수익에서 러시아와 대한민국이 각 33%씩 66%를 가져가고 나머지 34%에 대하여 공생국의 수익으로 가져간다면 공생국가도 충분히 운영유지 할 수 있을 것이다.

공생국가를 통한 남북한의 통일은 두 가지의 방법이 있다. 첫째는 적극적인 방법론으로 러시아와 대한민국과 북한이 동시에 공생국가를 참여하여 운영하는 방법이다. 이럴 경우 러시아의 지분은 3, 대한민국 2, 북한 2, 공생국 2로 하여 운영하는 방법이 있을 수 있다. 그러나 이 경우에는 북한의 참여에 대한 여러 가지 복잡한 문제가 발생 할 수 있어 제도적 참여보다는 둘째의 방법으로 노동력의 참여 방식이다.
지분구조는 러시아 3, 대한민국 3, 공생국 3으로 하여 공생국가를 운영하는데 북한은 노동력 참여를 통해 부가가치를 얻어 가는 방식이다.

북한의 노동력 참여는 북한 사회 인민들의 수익이 보장되어 북한 사회 내부의 변화를 유도 할 수 있다. 이는 김대중 정부 시절 진행하던

햇볕정책과 같은 효과를 낼 수 있다. 다른 말로 표현하면 '글로벌햇볕정책'인 것이다.

또한 이 정책은 '글로벌개성공단정책'이라고도 할 수 있는데 햇볕정책의 일환인 개성공단은 북한 사회 내부의 많은 변화를 가져 온 것이 사실이다. 다만 개성공단이 북한의 개성에 위치하고 있다 보니 정치적인 이유가 있을 때마다 가동이 중단이 되는 사태를 맞아 문제가 됐다. 또한 박근혜 시절에 정치적인 문제로 인해 완전 중단 사태를 맞아 지금은 가동이 안 되고 있다.

만약 한·러공생국에 북한이 노동력으로 참여 한다면 '글로벌개성공단정책'이라고 할 수 있다. 공생국가가 기술과 자본을 제공하고 북한은 노동력을 제공해 부가가치를 각각 창출하는 것이다.

한·러공생국 건설에 따른 북한의 참여는 다양한 방식을 검토할 수 있다. 이 부분에 대해서는 충분한 연구가 돼야 한다.

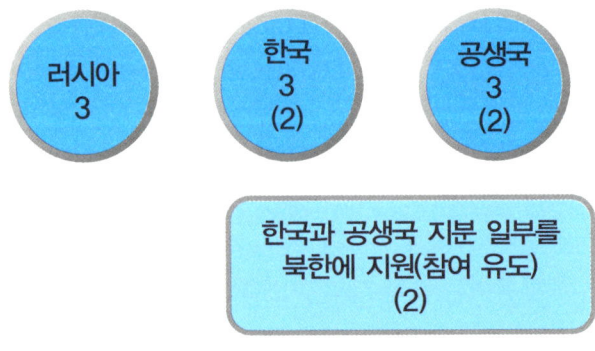

한·러공생국의 건설은 대한민국의 입장에서 보면 민족사적 생활영토론의 개념으로 받아들여 경제영토를 넓히는 의미가 되는 것이다. 이는 북한 사회도 마찬가지 개념이다.

또한 한·러공생국가의 경제영토는 대한민국 국민들과 북한의 인민 그리고 재외동포가 한데 모여 기술과 자본, 노동력으로 함께 하는 공간이기 때문에 이 공간은 한민족 3위일체가 되는 공간의 의미를 갖는다.

이 공간은 단순한 경제영토가 아닌 민족이 하나되는 공간으로서 한민족의 우수성을 전 세계에 알릴 수 있는 기회가 될 것이다.

3. 경제통일론에 의한 북한 내부 변화론

남북한의 통일은 정치적, 이념적 개념에서 접근하면 가능성이 아주 낮다. 북한 사회가 독재 권력을 가지고 있으며 두꺼운 권력층이 기득권을 버리지 못하기 때문에 권력층과의 합의를 통해 통일을 이룬다고 하는 것은 불가능한 것이다.

그러나 경제적 통일은 국가 단위나 권력자나 권력층과의 관계가 아니라 북한 내부 사회의 변화를 유도 하는 것이다.

한·러공생국가의 건설에 북한이 국가 단위의 참여나 개별 노동자들의 노동력의 참여를 한다면, 러시아의 자원 참여, 한국의 기술참여, 북한의 노동력 참여를 통해 공생국 경제의 받침이 될 것이다. 즉, 가장 좋은 구성 요건은 러시아의 자원참여와 한국의 기술 및 자본 참여 그리고 북한의 노동력 참여이다. 이렇게 된다면 공생국의 부가가치는 기본이요 북한의 자본주의화도 속도가 빨라지게 되고 이를 통해 북한 사회의 내부 변화가 일어나서 통일의 받침이 될 것이다.

이미 초기 자본주의체제를 도입한 북한 사회는 기존의 햇볕정책을 통해서 내부의 변화가 엄청나게 이루어졌다. 남한 사회의 문화가 이미 들어가 드라마나 대중가요는 남북이 거의 동시에 듣고 본다. 북한 사회는 경제력이 좋아짐에 따라 변화 하고 있는 것이다. 인민들의 욕구가 더 많아 지면서 변화의 물결에 대해 함께 하려는 태도는 인간이 갖는 기본 욕구이기 때문이다. 자본화가 심화되면 욕구도 더 크게 되며 이렇게 되면 통일도 더 앞당겨지게 된다.

북한 사회도 이미 스마트 폰의 도입 등으로 세계적 추세에 대한 변화의 물결을 함께 하고 있다. 자본의 도입을 통해 삶의 편리성을 좀 더 크게 느끼게 되면 내부 사회의 변화는 일어나게 되어있다.

북한사회의 변화는 반드시 통일로 이어지게 된다. 문화적 교류는 기본이 될 것이며 문화적 교류를 통하여 경제적 교류 그 다음은 사회적 교류가 이루어져 하나가 되는 것이다. 통일의 방법론에 있어서 체제에 대해서는 언급하지 않을 것이다. 체제의 변화 문제는 정치적인 문제로 이 책에서는 언급하지 않기로 한다. 다만 자본의 도입 등 경제적 방법을 통해 북한 내부사회의 변화를 유도해 통일을 이루어보자는 논의이다.

제2장 한·러공생국 건립을 위한 역할과 기능

1. 학계의 역할과 기능

한·러공생국 건설을 위해서 가장 먼저 학계의 연구가 시작돼야 한다. 공생국가의 성격과 방향 그리고 도시를 계획하고 건설을 이루기 위한 학문적 연구는 구체적인 공생국가 생성 방법론을 만들어 낼 것이다.

이를 위해서는 국가별로 연구가 진행돼야 하는 것은 기본이다. 이 연구 활동을 중심으로 국제 학술 세미나 등을 통해 상호 국가에 대한 이해 및 인접국가의 제반 문제 그리고 국제사회와의 관계 등에 대한 충분한 연구가 돼야 한다.

구체적으로 보면 인구학적인 측면에서 연구, 도시 및 영토학적인 측면에서의 연구, 경제학적인 측면에서의 연구, 사회학적인 측면에서의 연구, 정치학적인 측면에서의 연구, 법률적 측면에서의 연구가 필요하다.

인구학적인 측면은 도시 성립에 따른 인구분포와 공생국가의 인구 생성을 위한 연구 활동 등이 이루어져야 한다. 도시 및 영토학적인 측면의 연구는 시베리아 및 연해주 일대에 도시에 대한 개발 방법과 계획을 수립해 도시를 만들 수 있는 연구를 해야 한다. 경제적인 측면에서의 연구는 산업별로 진출 계획을 수립해 자원과 기술 그리고 노동력에 대한 연구가 필요하다. 사회적 측면의 연구는 도시 성립에 따른 도시의 성격과 이념, 문화 등 사회학의 일반적인 부분에 대한 연구를 해야 하고, 정치적인 측면에서의 연구는 공생국의 법률 및 운영을 위한 제도 등을 연구해야 한다.

한·러공생국 건설을 위한 학계의 역할과 가능은 아주 중요하다. 시민운동의 기초 자료를 만들어 주어야 하며 정부가 이 부분에 대해 실행을 할 수 있는 기초자료와 명분 그리고 실행계획에 대한 기본적인 이론이 수립, 정립이 돼야 할 것이다.

이를 위해서 학계는 공동연구조직을 만들 필요가 있다. 그리고 정부와 면밀한 협조 체제를 갖추고 추진 방향 등에 대한 방향성을 정확히 잡아 연구 활동에 임해야 한다.

2. 정부의 역할과 기능

한·러공생국의 건설은 학계에서 충분히 연구 검토해서 분위기가 만들어 지면 우선적으로 정부에서는 참여에 대한 결정을 해야 한다. 정부의 참여 결정이 나게 되면 정부 내에 특별위원회를 설치해 제도적으로 준비가 돼야 할 것이다. 정부의 참여에 따른 제도적 문제는, 국가 차원의 제도에 따라 국회의 동의를 받아 진행하면 된다. 정부의 결정을 더 쉽게 하기 위해서는 국회에서도 이에 대한 준비를 해서 위원회를 설치하고 학계와 더불어 연구를 지속적으로 해 나가고 필요에 따라 법률을 제정하거나 기존의 법률에 대한 정비를 해야 할 것이다.

정부의 참여를 위해서는 정부 내 특별위원회를 설립하고, 각 부처별 태스크포스트 팀을 구성하여 정부의 참여 방법론과 국회동의를 위한 특별법을 제정해서 공생국 참여에 기반을 마련해야 한다. 정부의 각 부처는 부처별로 참여 방안에 대해 법제화를 해야 한다.

또한 정부가 한·러공생국 건설을 위해서는 학계의 연구 활동을 지원하고 여론 확산을 위해서 시민단체의 역할과 기능에 보조하여 우리 사회에서 공생국 건설에 대한 여론을 만들어 내야 할 것이다.

정부가 한·러공생국 건설을 위해 가장 중점을 두어야 할 것은 러시아와의 관계이다. 러시아와 긴밀한 관계를 가지고 한·러공생국과 건설에 실질적인 협상을 해야 한다. 이와 함께 중요한 것은 주변국가와의 관계이다. 미국이나 중국 그리고 일본과 외교를 통한 국가적 사업에 대하여 충분히 이해를 시켜야 하며 한·러공생국 건설에 동의할 수 있도록 외교력을 발휘해야 한다.

특히 당사국인 러시아를 제외하고 미국에 대하여는 팍스 차이나에 대한 지역의 균형론을 갖고 설득해야 하며 지역 균형론과 동아시아 상생론을 들어 일본의 동의를 구해야 한다. 가장 중요한 국가인 중국은 아마 엄청난 반발을 할 것이다. 다른 이유가 아니라 한·러공생국의 근본적인 목적은 남북통일이기 때문이다. 겉으로는 남북의 통일을 바라지만 중국은 북한의 영토에 대하여 잠재적 영토관을 가지고 있어 한반도의 통일을 바라지 않는다. 또한 통일이 되면 압록강과 두만강을 중심으로 직접 중국과 국경을 마주하게 되기 때문에 군사비 증가와 더불어 중국이 가지고 있는 대북정책에 대해서는 전면적인 수정을 해야 하기에 때문에 반대할 것이다. 이런 국가들에 대해서 어떤 명분으로 외교를 통해 동의를 얻을 것인가에 대한 정부의 연구와 노력은 지속적으로 해 나가야 한다.

3. 시민단체의 역할과 기능

한·러공생국 건설은 우선적으로 한국 내 국민들이 통일에 대한 전략에 대한 이해가 필요하다. 이를 위해서는 시민사회단체에서 한·러공생국을 위한 시민운동을 전개해야 한다. 한·러공생국 기본교육과 더불어 통일에 대한 교육을 시민단체에서 진행해 국민을 설득해야 하고 여론을 만들어 한·러공생국 건설에 대한 당위성을 국민들이 이해하도록 해야 한다.

한·러공생국에 대한 이해는 국내에서 우선적으로 특별법을 제정하는데 필요하다. 추후 공생국 운영에 있어서도 노동력 제공이나 이주 문제 등에 있어서도 필요한 부분이기 때문에 공생국가에 대한 이해는 아주 중요하다.

이 문제에 대한 시민단체의 활동은 통일 운동의 연장선상에서 진행해야 하며 한·러공생국 건설이 근본적으로는 통일운동이라는데 확신을 갖고 학계와 정부와 함께 해 나가야 한다. 한·러공생국 건설을 위한 시민운동은 학계가 연구 활동을 할 수 있도록 지원하고, 정부에는 결단해 한·러공생국 건설에 앞장설 수 있도록 촉구 하는 등 역할이 크고 가능성이 중대하기 때문에 적극적인 시민운동이 이루어져야 한다.

　현재 활동하고 있는 시민단체들이 많은데 이 중에서 통일운동을 하고 있는 단체들에서 더욱 적극적인 활동이 요구된다. 한·러공생국 건설운동이 곧 통일운동이라는 등식을 인식하고 여론을 확산해 나가야 한다.

제3장 · 통일대한민국의 위상

1. 2050년 G2국가 위상론

미국의 포춘지 발표에 따르면 2050년 대한민국의 위상은 G2의 지위에 오른다고 예측을 한 적이 있다. 만약에 한·러공생국이 건설 된다면 충분히 가능한 일이라 예측되어 구체적인 실행 방안을 연구 할 가치가 있다.

포춘지의 예측 근거로는 세계의 가장 큰 수요 시장인 BRICS 국가들과의 상관관계에 있어서 대한민국과 기타 관계국가와의 관계 속에서 가능성을 예측한 것이다.

우선적으로 지금의 중국은 G2의 지위에 올라 있지만 중국의 역사를 살펴보면 통일과 분열의 반복된 역사의 구조를 갖고 있다. 중국은 한족과 55개의 소수민족으로 구성돼어 있는데 지금은 분열기에 들어선 것이다. 이미 티베트가 민족 중심의 독립을 선포했고 신장위그루가 종교 및 민족, 언어 문제로 독립을 요구하고 있다. 이런 추세라면 중국은 수십 년 내에 국가분열론에 의해 민족, 언어, 종교 단위로 분열이 될 것이 확실하다.

일본의 경우에는 G2의 지위에 올라 있다 최근에 중국에게 자리를 빼앗기고 잃어버린 20년이라는 일본 내부의 경제적 문제로 일정기간 동안 어려움을 겪었다. 그러나 장기적인 관점에서 본다면 일본은 세계의 지장이라고 하는 러시아나 중국 등과의 국가와 역사적 관점에서의 관계가 그리 좋은 편은 아니다. 따라서 일본이 다시 G2의 지위를 누리는 것은 쉽지 않은 문제이다.

한국전쟁 이후 가장 짧은 시간 내에 전후 복구는 물론 세계 12위의 경제대국으로 성장한 대한민국은 충분히 그럴만한 이유가 있다. 첫째는 민족의 우수성이다. 우리민족은 세계에서 유대인과 같이 우수한 민족으로 정평이 나 있어 세계의 흐름에 가장 적응력이 빨라 디지털 시대를 선도 하는 국가의 자리매김을 하고 있는 것이다. 둘째는 근면, 성실한 민족성을 가지고 있다. 우리민족은 사막 한 가운데서나 시베리아 벌판 어느 곳에서나 살아 갈수 있는 근면하고 성실한 DNA구조를 가지고 있다. 이런 국민성이 세계를 지배 할 수 있는 기본적인 요건인데 우수한 민족성과 더불어 근면하고 성실한 민족이다. 셋째는 지정학적으로 우리는 세계에서 가장 큰 수요 시장이라고 할 수 있는 중국과 일본, 인도, 인도네시아 등 인구강국과 이웃하고 있다. 이 시장을 제패해야만 G2국가가 될 수 있는데 대한민국은 그들 국가와 인접해 있으면서 좋은 관계를 유지 하고 있다. 넷째는 시대의 흐름에 최적화된 국가이다. 아마 세계가 지금 농업시대라고 하면 우리는 절대 상위국이 될 수 없다. 국토의 70% 이상이 산으로 둘러 싸여 있고 농토는 적어 상위국 진입이 어려울 것이다. 또한 산업사회라고 해도 우리는 산업화가 늦게 됐고 지하자원이 없어 상위국가 진입이 쉽지 않았을 것이다. 그러나 지금은 디지털 시대이다. 농토도 지하자원도 필요가 없는 시대에 살아가고 있다. 우리는 디지털 환경에 최적화 된 국가이다. 국토가 작아 인프라를 형성하는데 적은 비용이 들고 도시집중화가 잘 되어 있어 저비용의 디지털화가 가능한 국가이다.

대한민국은 민족성 자체가 우수하고 근면성실하며 디지털 세계에 최적화된 국가이다. 이미 세계 12위의 경제 대국으로 우뚝 서 있는데 한반도의 통일만으로도 경제적 측면에서 최상의 국가가 될 것이다. 만약 한·러공생국을 통해 연해주와 시베리아를 활용할 수 있다면 대한민국이 세계의 G2가 되는 것이 허상만은 아니다. 충분히 실현 가능한 일이다.

이런 목표를 달성하기 위해서는 한·러공생국 건설을 최우선 국가과제로 선정해 실행해야 한다. 한·러공생국 건설은 단순히 공생국가 건설의 차원을 넘어 남북이 하나 되는 한반도 통일정책의 기초 작업이며, 근본적으로 후손들에게 통일한국을 넘어 세계 시장을 리드하는 초일류국가 건설에 초석이 될 것이다.

한·러공생국 건설을 통해 남북통일을 넘어 초일류국가의 꿈을 꾸어본다.

2018년 4월 2일~6일 러시아 블라디보스토크에서
수린 박사와 한러공생국을 위한 국제학술대회 개최

이 학술대회를 통해
2005년 블라디미르 수린박사가 주창한 코리아선언에 대해
장계황 박사가 러시아선언을 발표.
장계황 박사와 수린박사는 양국선언(코리아선언·러시아선언)을 각각 실시하고
한러공생위원회를 통하여
한러공생국을 수립하기 위한 학술 활동을 하기로 하였다.

러시아선언 발표 현장

학술대회 사진